2025年第2辑（总第53辑）

主办 / 最高人民检察院法律政策研究室
中国检察出版社

主编 / 高景峰

中国检察出版社

图书在版编目（CIP）数据

检察调研与指导 . 2025 年 . 第 2 辑 ：总第 53 辑 / 高景峰主编 . -- 北京：中国检察出版社，2025. -- ISBN 978 -7 -5102 -3315 -9

Ⅰ . D926. 304 -53

中国国家版本馆 CIP 数据核字第 2025KN1211 号

检察调研与指导（2025 年第 2 辑）

高景峰　主编

责任编辑： 吕亚萍

技术编辑： 王英英

美术编辑： 徐嘉武

出版发行： 中国检察出版社

社　　址： 北京市石景山区香山南路 109 号（100144）

网　　址： 中国检察出版社（www. zgjccbs. com）

编辑电话：（010）86423783

发行电话：（010）86423726　86423727　86423728

（010）86423730　86423732

经　　销： 新华书店

印　　刷： 河北宝昌佳彩印刷有限公司

开　　本： 787 mm × 1092 mm　16 开

印　　张： 14. 5

字　　数： 233 千字

版　　次： 2025 年 8 月第一版　　2025 年 8 月第一次印刷

书　　号： ISBN 978 -7 -5102 -3315 -9

定　　价： 60. 00 元

《检察调研与指导》
编 委 会

目　录
CONTENTS

·专题研讨·

·调研聚焦·

·实务研究·

· 案例剖析 ·

生成式人工智能在数字检察工作中的应用探讨*

张瑞华　刘　明　钱长远**

在司法领域，检察工作作为维护社会公平正义的重要一环，正面临案件数量激增、法律文书说理要求提高等挑战。在法律监督工作对高质效办案要求越来越高的背景下，生成式大语言模型的崛起，凭借其强大的语义理解、知识推理与文本生成能力，辅助检察官优化办案链路，为数字检察的智能化转型提供了全新路径。数字检察工作深度结合人工智能技术，实现高质效的案件办理，是检察机关实现“科技强检”战略、适应数字化时代的必然选择。

随着生成式大语言模型特别是 DeepSeek R1 的迅猛发展，大语言模型呈现破圈效应，探索如何结合大语言模型和检察工作，提升法律监督质效的研究也不断涌现新成果。国内研究主要集中在利用大语言模型进行法律文本的深度理解和智能分析，完成从电子化卷宗到文书的生成工作。部分项目基于现有开源大语言模型进行法律领域知识微调，提供比基座模型更强的法律领域能力，代表为 LawGPT、LexiLaw、LawerLlama 等，其中 LawGPT 在中文基座模型的基础上扩展了法律领域的专用词表，并收集了大量中文语料法律数据集进行模型微调，提升了模型对法律相关内容的理解、推理能力。利用大语言模型开展关系抽取、实体识别等工作，普遍表现出了比传统深度学习模型更佳的处理质量和更大的优化潜力。

---

* 本文系安徽省人民检察院检察理论研究课题“数字检察战略赋能法律监督质效研究”（编号：WJ2024A02）的阶段性成果。

** 张瑞华，安徽省蚌埠市人民检察院党组书记、检察长；刘明，安徽省蚌埠市人民检察院检务保障部主任；钱长远，安徽省蚌埠市人民检察院二级主任科员。

在检察系统内部，特别是Deepseek R1推理大模型出现以后，各级检察院通过应用开源工具和供应商提供一体化解决方案等方式，部署应用不同规模的Deepseek R1模型版本，初步将大语言模型投入应用，呈现出“东部领跑、中部跟进、西部探索”的梯度格局。

一、大模型带来新应用范式的崛起

（一）传统办案辅助系统开发范式的缺陷

在电子检务和智慧检务推进期间，全国检察机关建设实施了大量各类办案辅助系统，如类案推荐、量刑辅助等。这些系统具有初步的文书处理能力，能够将卷宗中的法律要素抽取出来，结合预先定义的规则输出最终结果。这类系统的智力来源是对一线办案检察官的需求调研，再经过企业研发人员进行策略编写，内嵌至应用系统中，通过人的智力编排软件执行策略，拟合实际办案需要，属于传统的软件研发范式。

在这个范式下，即使是很小的功能修改完善，都需要经历“需求调研—评估取舍—研发测试—上线运行”的过程，存在成本较高、周期较长、用户体验反馈不及时的问题，大量已知的用户需求在这一范式中或因为使用量较小，或因为实现技术难度大或因为成本较高而被舍弃，还有很多一线检察官的突发性、临时性需求无法通过应用系统得到满足。在可预见的未来，这类矛盾作为传统软件开发范式的天然缺陷将一直存在。如在法律监督平台模型应用过程中，数据比对往往要求两组比对对象文本内容基本相同，这就给初期的数据清洗工作提出了更高的要求，在传统软件开发中，要解决这类问题成本很高。

（二）以大模型为核心的新型应用范式

大模型通过自然语言对话方式进行调用，并且支持指令遵循、工具调用等能力。通过调用大模型，让大模型根据问题去自动化完成复杂任务，可以满足检察官随时随地提出的各项需求，检察官也可以自行让大模型完成各项任务，即时性和灵活性都远超传统软件开发模式，这是全新的应用范式。

生成式大模型通过思维链指令可以显著提高文本生成质量，但是仍然需要操作人员对编写思维链指令较为熟悉，还需要操作人员进行大量的调优测试。而最新的推理大模型如 o1 mini，Deepseek R1 等支持深度思考，可以对任意问题自动生成贴合问题的思维链，并出现了在思考过程中自我纠错的新能力，使用者只需要描述清楚问题和需求，就能在具体问题回答中得到很好的结果。而通过工作流编排方式，在工作流中调用知识库、进行工具调用，嵌入脚本等，可以让大模型分步骤完成更复杂的任务。最新推出的深度思考大模型，已经能够在思考过程中自动判断，并根据判断自动调用图片理解、联网搜索等工具，将工作流编排的部分能力嵌入大模型中。

在可以预见的未来，通过应用具备深度思考能力和工具调用、工作流编排能力的大模型，检察官只需要和大模型进行对话，并根据回答效果要求大模型进行修改完善，大模型就能根据具体问题在思考过程中自动生成思维链、编排工作流、调用各种工具、自动调用可访问的知识库、生成脚本执行等任务，并自我纠错完成工作。随着大模型能力的进一步增强，检察官可以独立完成的场景越来越多，需要进行深度定制研发的场景将会越来越少，大量零散的、即时的、变化频繁的工作需求可以通过应用大模型得到满足，提升检察工作各方面质效。

二、大语言模型在数字检察工作中的应用

（一）在数字检察中应用大语言模型的意义

首先，大语言模型能够提高法律文本分析的准确性。传统的深度学习分析方法可以有效抽取关键词，但是缺乏通用领域知识，不具备跨语境的理解能力，无法有效捕捉法律文本中的复杂语义和深层含义，会造成抽取遗漏和误判。而大语言模型具备类似于人的推理分析能力，除了能够有效抽取关键词，还能够理解和解析法律文书的深层结构，结合自身的海量预训练知识，能够提供更准确的信息判断。

其次，大语言模型能够辅助检察官做出更准确的决策。通过应用大语言模型分析大量案例和法律法规，无论是通过微调增强大语言模型在法律领域的知识，还是应用 RAG（基于检索增强的内容生成）技术把案例和法律法规作为知识库辅助大语言模型思考，都可以有效地应用大语言模型

的跨领域能力，把已有数字检察法律监督模型的研判规则、办案手法等智力成果应用到其他监督领域。检察官在进行数字检察工作时，可以由大语言模型提供线索发现方向和模型创建思路，并可以深入构建智能体，把大语言模型作为法律监督模型创建工具，对研判规则和数据来源进行分析，补齐思考短板，生成模型办案指引，由检察官进行进一步的修改完善。

最后，大语言模型有助于优化法律监督流程。通过结合“大模型＋知识库＋工作流＋工具调用＋定制开发”的新范式实现自动化和智能化，可以提升法律监督的效率，减少错误和遗漏，同时，通过大模型对案件材料进行实时分析和预测，可以提前发现潜在的法律问题，实现预防性的法律监督。

（二）大语言模型在数字检察工作中可能的应用方向

1. 智能检索

现有法律监督模型平台的检索算子，都是基于传统关键字检索技术去检索模型，很可能出现搜索“农民工”关键字，遗漏涉及农民工的“弱势群体保护法律监督模型”，数据碰撞时，“第三人民医院”无法匹配“三院”的情况。应用大语言模型，利用大语言模型的自然语言理解能力，再结合 RAG 技术增强对法律监督模型的检索，基于语义理解、语义距离进行关键字匹配，能够有效提高检索的准确性和相关性。

2. 数据处理

应用法律监督模型普遍存在数据预处理的效率瓶颈，需要人工先进行数据清洗，将存在不一致的文本修正之后才能进行比对，需要预先制定清洗规则，耗费大量人力，其处理时效性也难以满足司法监督的时间周期要求。利用大语言模型扩展法律监督模型能力，可以将原始文本直接比对分析，显著降低数据预处理环节的时间成本与人力投入，有效推动办案流程向智能化、自动化方向演进。

3. 数字检察建模

应用 RAG 和工作流技术，把大量的法律监督模型办案指引作为知识库使用，可以让大语言模型具备数字检察相关的知识，并能够进一步泛化，通过学习已有法律监督模型的规则及研判要点，结合模型自身的海量领域知识、具体案例，能够生成新的法律监督模型参考，为检察官提供智力辅助。

三、大语言模型在数字检察中的具体落地方式

（一）大语言模型的部署方式选择

大语言模型的落地应用按调用和部署方式可以分为互联网平台提供大语言模型调用服务、API服务调用、互联网云资源部署、私有化部署等方式。前面三种方式对部署的软硬件要求较低，技术实现也较私有化部署容易，短期体验上成本也比私有化部署更低，检察系统现有很多的大语言模型应用就是基于第一种方式，但是前面三种方式无法做到与互联网环境隔离。在数字检察工作中，有很多敏感数据不适合上传或存放在互联网环境中，从长期深入应用的角度考量，采用私有化部署将会是较普遍的应用模式。

（二）开源大语言模型与闭源大语言模型应用选择

选择开源大语言模型或者闭源大语言模型作为数字检察落地的底座模型时，需要综合考虑包括技术能力要求、软硬件成本、定制化需求、技术支持等多个方面。

开源大语言模型的优势包括：灵活性高，用户可以根据自己的需求对模型进行修改和优化；性能上，自DeepSeek R1起始，优秀的开源模型表现出和最好的闭源模型同一水准的优异能力；能力升级上，采用开源模型可以免费获得大语言模型版本更新带来的能力提升，采用闭源模型则需要等待对应的研发企业同意更新私有化部署的版本；软硬件成本上，使用开源大语言模型只需要采购硬件资源的成本，总体成本要低很多。

闭源大语言模型的优势包括：技术支持上，由研发企业提供技术支持，用户可以获取专业的技术协助；技术能力要求上，闭源大语言模型用户只需要使用即可，对技术能力没有要求；而开源大模型需要用户具备相当的技术水平，才能解决从硬件选型、软件框架选型、模型选型、软硬件部署运行、bug分析解决等一系列问题。

在定制化开发方面，双方各有优势，采购闭源大语言模型时往往会附带定制化开发要求，用户可以根据自己的需求让供应商对应用层进行深度定制。开源大语言模型缺少定制化开发的技术支持，但是大量的优秀开源

框架弥补了这一不足，并且不需要研发成本，可以从开源社区的更新升级中获益。

选择开源或者闭源大语言模型，需要从经费和技术能力储备两方面考虑，省级院和经费充足地区的市级院，可以考虑部署闭源大语言模型。经费不充足的市级院和县级院，在技术人员能力足够的前提下，可以考虑部署开源大语言模型。经费和技术人员条件都不具备的院，可以先应用互联网大语言模型平台提供的能力，让干警对大语言模型的应用优势和能力边界有更直观的认识。

（三）根据不同的应用场景选择不同的模型

为了更高效地利用软硬件资源，应当根据不同的应用场景选择不同的大语言模型，达到成本、速度和质量的统一，在简单的信息检索、知识库索引等场景，使用 10B 左右的生成模型就能很好地完成任务。对于案件要素抽取这种场景，70B 的生成模型给出的抽取结果已经能够满足办案需求。而在复杂案件和需要深度推理的场景，即使是当前最大规模的 671B 推理模型，实际表现依然有所不足，还需要编写策略来协助完成任务。在实际工作中，根据需要把大规模模型和小规模模型结合使用，既能显著提高处理速度，也能显著降低部署成本。

（四）通过厚底座、薄应用的方式进行垂直领域落地

自 2022 年 ChatGPT 发布以来，大语言模型就进入了高速发展期，每一年的模型和上一年的模型相比较，都有长足发展，并且还远没有达到发展瓶颈。现阶段，在现有模型基础上投入大量人力物力做大量的定制开发并不稳妥，人工编写的策略很可能在更新的模型中已经内含，造成投入成本的归零。推理大语言模型可以在思考过程中生成思维链，极大地减轻对提示词工程的需求。最新的推理大语言模型进一步呈现出对工具调用自动化的探索，下一代的推理大语言模型很可能具备自动化工具调用。编排工作流的能力。在基座模型能力飞速发展的时代，不应该在某一代特定模型上进行过多投入，更不适合进行成本很高的微调，而应该结合“大模型 + 知识库 + 工作流 + 工具调用 + 定制开发”的范式，在具体场景尽量减少人的智力投入，避免无谓的投入损失，这需要检察机关的信息化部门熟悉 AI 应用开发的新理念，掌握 AI 时代应用开发的新范式，避免重复传统信息

化系统的开发模式。

四、大语言模型在数字检察工作中应用的伦理考量

（一）幻觉与准确性的挑战：模型的环境问题，法律语言的歧义处理

数字检察工作需要尽可能保证所提供的法律专业知识、意见准确，避免造成案件事实错误。但是，大语言模型存在幻觉问题，在对法律事实进行解读时，可能会因为对法律条文的理解不够精确、训练数据的质量问题、使用了已废弃或者不存在的法律条款等情况，做出不恰当的法律结论，这是在数字检察中应用大语言模型所必须解决的问题。要解决这个问题，不仅是复杂法律语境下需要模型具备更强的推理理解能力，也需要在实际应用中，全面收集对大语言模型回答准确性不足的问题反馈，从多方面进行持续改进。短期内可以通过挖掘 RAG 技术的潜力，为大模型加载最新的法律条文和司法案例，提升模型生成效果。长期则需要通过收集高质量法律文本，在模型预训练阶段着手，从最基础的层面提高模型法律理解的能力，从而提高模型应用于法律场景的效果。

（二）隐私保护与数据安全：数据处理中的隐私泄露风险与对策

在数字检察工作中，收集的数据涉及大量的政府、企业敏感信息，个人信息和案件敏感细节等，尤其需要注意数据保护，避免数据泄露造成不良社会影响。大语言模型在处理此类数据时，如果处理不当，也面临着隐私泄露的潜在风险，必须采取多层面的安全措施。ChatGPT 的研发公司 OpenAI 在对外提供大语言模型服务时，就曾经因为系统设计失误，导致用户在其网站中可以直接看到其他用户的提问，造成了一定规模的隐私泄露。从技术上分析，大语言模型本身并不存储用户信息，但是应用系统在调用大语言模型时，会将相关信息、案件材料等存储在各类数据库中，以便下次同一用户访问同一事项时使用。为了保护重要数据的安全，这些数据在存储和传输时都需要进行加密，对调用大模型的应用系统也需要加强防护措施，如使系统符合等级保护要求等办法，加强访问权限的控制，阻止非法访问数据。

五、结语

随着数字检察工作的不断发展，大语言模型在数字检察中的应用广度和深度也将不断提升。目前，大语言模型在数字检察中的应用主要是作为问答工具和传统应用领域的效果改良，以大语言模型为核心的新范式应用尚不普及。当前，各地检察机关的大语言模型应用实践探索呈现出多样性，未形成一种普遍认可、明显优于其他模式探索的最优成熟实践路径。因此，大语言模型支撑数字检察战略，赋能法律监督质效的深化发展，亟须全国检察系统的共同努力与探索，早日进入更成熟更高效的全新阶段。

通过大语言模型与数字检察的深度融合，大语言模型在数字检察工作中的应用不仅是可行的，更能够在推动数字检察工作向纵深发展、深耕法律监督主责主业、高质效办好每一个案件等方面发挥显著的作用，推动检察机关法律监督的现代化、数字化进程，为社会带来深远的正面影响。

大数据赋能强制隔离戒毒检察监督试点工作实践探索

——以浙江省杭州市Y区试点工作为样本

鲍　键　李　剑*

强制隔离戒毒作为我国戒毒体系的重要组成部分，对帮助吸毒人员生理脱毒、康复治疗、回归社会，遏制吸毒发展蔓延，减少吸毒社会危害具有重要意义。但由于长期以来缺乏有效的外部监督，一定程度上影响了强制隔离戒毒的规范开展。[①] 2022 年 3 月，最高人民检察院、司法部印发了《关于开展司法行政强制隔离戒毒检察监督试点工作的意见》，在全国开展司法行政强制隔离戒毒检察监督试点工作。同年 8 月，杭州市 Y 区人民检察院落实最高检、浙江省检察院关于开展司法行政强制隔离戒毒检察监督试点工作要求，在浙江省两个司法行政强制隔离戒毒所成立派驻检察官办公室（以下简称 Y 区院驻强戒所办公室），开展检察监督工作。Y 区院驻强戒所办公室以大数据赋能检察监督理念，对试点工作中发现的强戒执行问题开展监督。

一、强制隔离戒毒执行工作存在的问题

根据禁毒法的相关规定，对于吸毒成瘾的人员可以社区戒毒三年。社区戒毒三年期间，如严重违反社区戒毒协议或复吸，就应当由公安机关作

---

* 鲍键，浙江省杭州市余杭区人民检察院党组书记、检察长；李剑，浙江省杭州市余杭区人民检察院未来科技城检察室主任。

① 参见吴世东、林君安、章少杰：《强制隔离戒毒执法检察监督的探索》，载《人民检察》2021 年第 10 期。

出强制隔离戒毒决定二年，二年强制隔离戒毒期满后可以社区康复。如在三年社区康复期间再次复吸，则公安机关应当对该吸毒人员再次作出强制隔离戒毒决定，强制隔离戒毒决定没有次数限制。① 现有的戒毒工作体制由多个行政机关对吸毒人员开展禁毒、戒毒的收治教育工作，包括街道办事处、乡镇政府、政府禁毒办、公安机关的禁毒大队、派出所，公安机关强制隔离戒毒所、司法机关强制隔离戒毒所等。如吸毒人员涉及刑事犯罪的，还会涉及监狱和看守所。② 加之吸毒人员的社会流动，还会涉及不同区、县、市的人员衔接问题。但上述各单位之间不相隶属，相关行政机关管理涉毒人员的数据和司法机关的涉毒人员数据也未完全打通，没有完整的跨部门统一业务数据系统为涉毒人员在多部门流转监管提供保障，就会导致强制隔离戒毒执行过程中遗漏执行的问题。

（一）强制隔离戒毒与刑罚执行衔接不规范

Y 区院驻强戒所办公室在开展“强戒执行期间离所人员”专项监督活动中发现，有不少强制隔离戒毒人员在戒毒所戒断治疗期间，因涉刑事犯罪而被公安机关带离了戒毒所。检察官在翻阅这些涉刑强戒人员的档案材料时发现，这类强戒人员在被带离戒毒所后，强制隔离戒毒所就不再对这类人员开展监管。实践中，强制隔离戒毒所也只负责强制隔离戒毒所内强制隔离戒毒的执行，不对强制隔离戒毒人员被带离强戒所后的执行进行监督。而办理刑事案件的公安机关只负责强制隔离戒毒人员涉及的刑事案件

---

① 《禁毒法》第 33 条规定，对吸毒成瘾人员，公安机关可以责令其接受社区戒毒，同时通知吸毒人员户籍所在地或者现居住地的城市街道办事处、乡镇人民政府。社区戒毒的期限为三年。第 38 条规定，吸毒成瘾人员有下列情形之一的，由县级以上人民政府公安机关作出强制隔离戒毒的决定：（1）拒绝接受社区戒毒的；（2）在社区戒毒期间吸食、注射毒品的；（3）严重违反社区戒毒协议的；（4）经社区戒毒、强制隔离戒毒后再次吸食、注射毒品的。第 47 条规定，强制隔离戒毒的期限为二年。第 48 条规定，对于被解除强制隔离戒毒的人员，强制隔离戒毒的决定机关可以责令其接受不超过三年的社区康复。

② 《戒毒条例》第 36 条规定，强制隔离戒毒人员被依法收监执行刑罚、采取强制性教育措施或者被依法拘留、逮捕的，由监管场所、羁押场所给予必要的戒毒治疗，强制隔离戒毒的时间连续计算；刑罚执行完毕时、解除强制性教育措施时或者释放时强制隔离戒毒尚未期满的，继续执行强制隔离戒毒。

办理，不负责强制隔离戒毒的执行。因刑事犯罪而被带离强制隔离戒毒所的强戒人员在短期刑执行完毕或者司法机关作出不批捕、不起诉决定后，未被送回到强戒所继续执行强制隔离戒毒，此类涉毒人员流入社会对社会治安管理存在外溢风险。

（二）强制隔离戒毒与社区戒毒、社区康复衔接不规范

根据《戒毒条例》等相关规定，公安机关享有对吸毒人员责令社区戒毒、社区康复权。吸毒人员在社区戒毒、社区康复期间出现复吸或严重违反社区戒毒协议时，公安机关应当对吸毒人员作出强制隔离戒毒。[①] Y区院驻强戒所办公室在工作中发现：有的吸毒人员频繁变更居住地，导致出现社区戒毒执行机关监管不到位的情况。由于社区戒毒、社区康复的执行机关与吸毒人员强制隔离戒毒执行地或服刑地之间可能存在跨省、跨市的情况，就会出现强制隔离戒毒人员在监狱或看守所释放时，没有落实后续三年的社区康复的情况。由于社区戒毒执行机关与强制隔离戒毒决定机关沟通衔接等问题，也可能出现社区戒毒、社区康复期间复吸或严重违反社区戒毒协议，但遗漏强制隔离戒毒的情况。

（三）强制隔离戒毒执行规范不统一

根据《戒毒条例》的规定，强制隔离戒毒由公安机关作出决定后，由公安机关和司法行政机关的强制隔离戒毒所分阶段执行。[②] 多数省份强制

---

① 《禁毒法》第38条第1款第3项、第4项规定，吸毒成瘾人员严重违反社区戒毒协议、经社区戒毒、强制隔离戒毒后再次吸食、注射毒品的，应当强制隔离戒毒。《戒毒条例》第20条社区戒毒人员在社区戒毒期间，逃避或者拒绝接受检测三次以上，擅自离开社区戒毒执行地所在县（市、区）三次以上或者累计超过三十日的，属于《禁毒法》规定的“严重违反社区戒毒协议”。第37条规定，对解除强制隔离戒毒的人员，强制隔离戒毒的决定机关可以责令其接受不超过三年的社区康复。社区康复在当事人户籍所在地或者现居住地乡（镇）人民政府、城市街道办事处执行，经当事人同意，也可以在戒毒康复场所中执行。

② 《戒毒条例》第27条规定，被强制隔离戒毒的人员在公安机关的强制离戒毒场所执行强制隔离戒毒3个月至6个月后，转至司法行政部门的强制隔离戒毒场所继续执行强制隔离戒毒。执行前款规定不具备条件的省、自治区、直辖市，由公安机关和司法行政部门共同提出意见报省、自治区、直辖市人民政府决定具体执行方案，但在公安机关的强制隔离戒毒场所执行强制隔离戒毒的时间不得超过12个月。

隔离戒毒由公安机关和司法行政机关分段执行。同样是强制隔离戒毒，由于分属公安机关强制隔离戒毒和司法行政机关强制隔离戒毒，公安部和司法部分别出台了适应各自部门的强制隔离戒毒部门规章。如Y区院驻强戒所办公室发现的强戒执行期间离所人员遗漏重新强戒的问题，目前《戒毒条例》《司法行政机关强制隔离戒毒工作规定》《公安机关强制隔离戒毒所管理办法》中对于涉刑强制隔离戒毒人员在刑罚执行完毕或者被释放时，强制隔离戒毒尚未期满的，应当继续执行强制隔离戒毒已有明确规定。[①] 但监狱、看守所在释放强制隔离戒毒人员时，如何与强制隔离戒毒决定机关、执行机关衔接缺乏多部门之间更详细的规定。虽然公安部《关于〈公安机关强制隔离戒毒所管理办法〉第65条规定执行问题的批复》规定，刑罚执行完毕或者释放时强制隔离戒毒尚未期满的，监狱或者看守所应当提前七天通知原强制隔离戒毒所和强制隔离戒毒决定机关，通报上级主管部门。但从Y区院驻强戒所办公室开展检察监督工作实际情况看，因监狱、看守所未履行通知未将强制隔离戒毒人员转送强制隔离戒毒所而直接释放的情况还是多发。主要原因一方面在于上述规定系公安部下发的规范性文件，该批复文件对于监狱系统是否适用存在争议，各省监狱系统的做法存在差异；另一方面，强制隔离戒毒人员被羁押的看守所或服刑的监狱与强制隔离戒毒所可能存在跨省、市、区的情况，各地做法也存在差异。

---

① 《戒毒条例》第36条规定，强制隔离戒毒人员被依法收监执行刑罚、采取强制性教育措施或者被依法拘留、逮捕的，由监管场所、羁押场所给予必要的戒毒治疗，强制隔离戒毒的时间连续计算；刑罚执行完毕时、解除强制性教育措施时或者释放时强制隔离戒毒尚未期满的，继续执行强制隔离戒毒。《司法行政机关强制隔离戒毒工作规定》第61条规定，戒毒人员被依法收监执行刑罚或者依法拘留、逮捕的，强制隔离戒毒所应当根据相关法律文书，与相关部门办理移交手续，并通知强制隔离戒毒决定机关；戒毒人员被依法释放时强制隔离戒毒尚未期满的，继续执行强制隔离戒毒。《公安机关强制隔离戒毒所管理办法》第65条规定，戒毒人员被依法收监执行刑罚、采取强制性教育措施或者被依法拘留、逮捕的，强制隔离戒毒所应当根据有关法律文书，与相关部门办理移交手续，并通知强制隔离戒毒决定机关。监管场所、羁押场所应当给予必要的戒毒治疗。刑罚执行完毕时、解除强制性教育措施时或者释放时强制隔离戒毒尚未期满的，继续执行强制隔离戒毒。

二、以大数据赋能，探索强戒检察监督试点工作

随着信息技术飞速发展和国家大数据战略深入实施，大数据在经济社会高质量发展中的作用愈加重要、日益凸显。将数字技术广泛应用于法律监督，是全面贯彻落实习近平法治思想，是服务国家治理大局的重要举措，也是驱动新时代检察工作高质量发展，更好满足群众新期待新要求的必然选择。[①] 应勇检察长在2023年全国检察机关学习贯彻全国两会精神电视电话会议上指出，"要持续深化检察改革，深化实施数字检察战略"。[②] Y区院驻强戒所办公室正确认识加快推进数字检察建设的重要性，通过大数据赋能，结合司法行政强制隔离戒毒检察监督试点工作开展，以数字化思维提升法律监督质效。

（一）以大数据赋能，破解强戒检察监督工作难点

强制隔离戒毒检察监督工作是一项全新的内容，可借鉴的经验不多，如果仅依赖传统的监督手段、措施，依靠司法行政强制隔离戒毒所提供的档案材料，通过阅卷人力排查获取检察监督线索，实际监督的范围、深度十分有限，加之基层院行政检察力量相较于其他三大检察相对薄弱，很难发现有效的检察监督线索。数字检察、大数据法律监督是检察工作提质增效、转型升级的重要抓手与引擎。将强制隔离戒毒检察监督工作与大数据融合是开展强制隔离检察监督工作的有效抓手，也是必然趋势。一方面，以更加积极、开放的创新理念去认识、使用大数据技术，利用大数据赋能强制隔离戒毒检察监督工作，使大数据的效能在破解线索发现难、工作实效不明显等难题上不断释放，精准发现涉毒人员跨部门流转监管中的监督点，实现更高效、更精准的监督。另一方面，利用大数据开展监督，还可以有效杜绝选择性执法、随意性执法。

---

① 参见戴佳、赵晓明：《当法律监督遇上大数据——检察机关推行数字检察战略工作蹄疾步稳》，载《检察日报》2023年3月22日。

② 《最高检：以高质效法律监督促进执法司法公正维护公平正义》，载最高人民检察院官网，https：//www. spp. gov. cn/spp/tt/202303/t20230317_608770. shtml。

（二）汇聚数据资源，构建数字监督工作模式

应勇检察长强调，“检察机关要聚焦构建‘业务主导、数据整合、技术支撑、重在应用’的数字检察工作模式”。[①] 数据整合是实现大数据赋能的基础，通过信息互通、政务信息共享等机制建立涉毒人员信息数据库是开展强戒检察数字化监督工作的第一步。首先，以强制隔离戒毒检察监督试点工作为契机，Y 区院在与两家强制隔离戒毒所会签《关于推进司法行政强制隔离戒毒检查监督的工作机制》时约定了信息共享机制，以文件形式约定与两个强制隔离戒毒所建立常态信息共享机制，实现信息共享、案件流转、矛盾化解渠道畅通、规范有序。以此为据，Y 区院驻强戒所办公室从两家强制隔离戒毒所获取强制隔离戒毒执行人员的数据，包括强戒人员身份信息、执行情况、强制措施变更、提前解除情况。掌握一个强戒人员在强制隔离戒毒所从入所至出所的数据信息，通过对数据的整理和清洗形成强戒人员基础数据。其次，充分利用自有检察数据。检察业务应用系统自运用以来，已经产生了大量刑事案件数据，是一个可以深度挖掘线索的宝矿。通过检察业务应用系统归集涉毒类案件的办理情况、一审公诉案件生效判决情况，将该类案件的刑事审查报告、判决书通过文本提取、SQL 命令等方式获取案件中犯罪嫌疑人、证人、被害人等涉毒情况归纳并生成基础数据。最后，收集整合公开数据。通过公开的裁判文书提取案件信息、判决结果，运用信息提取工具对文本数据进行筛选收集，深度挖掘有关人员的强制隔离戒毒、社区戒毒、康复、刑期执行等基础数据。通过以上几个途径的数据收集、整理可以形成检察机关自有的一个涉毒领域的基础数据库。此外，在归集上述数据的基础上，Y 区院还依托浙江检察数据应用平台，将自有数据与各行政机关的政务数据进行比对、关联、碰撞、筛查，扩大基础数据库。

（三）探索研发涉毒全链条检察监督数字模型，助力检察监督

在整合数据资源的基础上，实现强戒检察监督办案模式深刻转变，构建有效、管用的大数据法律监督模型至关重要。Y 区院驻强戒所办公室以

---

① 应勇：《以高质量检察履职践行全过程人民民主保障人民当家作主》，载最高人民检察院官网，https：//www. spp. gov. cn/tt/202306/t20230614_617412. shtml。

吸毒人员管理流转路径为脉络，搭建了涉毒全链条检察监督数字系统监督模型，该监督模型包括“吸毒人员应处罚而未处罚”“应当重新作出重新强制隔离戒毒未作出”“涉毒人员行业准入监管遗漏”“应当强制隔离戒毒而未强戒”四大子场景。通过大数据的碰撞、比对和分析，梳理出吸毒人员从收治入口到收治过程中及收治后社会面管控多阶段中的检察监督线索共计16条。通过跨部门数据归集弥补吸毒人员惩治尚未形成完整的跨部门统一数据系统的问题，精准发现涉毒人员跨部门流转监管中的监督点。例如，Y区院驻强戒所办公室运用“应当重新作出重新强制隔离戒毒未作出”子场景监督模型（见图1），将从强制隔离戒毒所强制隔离戒毒的人员数据中筛选出的涉刑提前带离强制隔离戒毒所的人员数据与基础数据库中归集到的交通违法信息管理数据进行碰撞、比对，发现强制隔离戒毒人员沈某在强制隔离戒毒期间居然有社会上因交通违法处罚的记录。后经过调查核实，沈某系在强制隔离戒毒期间，因被查实漏罪被判刑后送至杭州市某监狱服刑，刑满释放时强制隔离戒毒尚未期满，但未被继续执行剩余强制隔离戒毒期限。回归社会后，因违反交通治安管理法规被公安机关交通管理部门处罚。又如，运用“涉毒人员行业准入监管遗漏”子场景

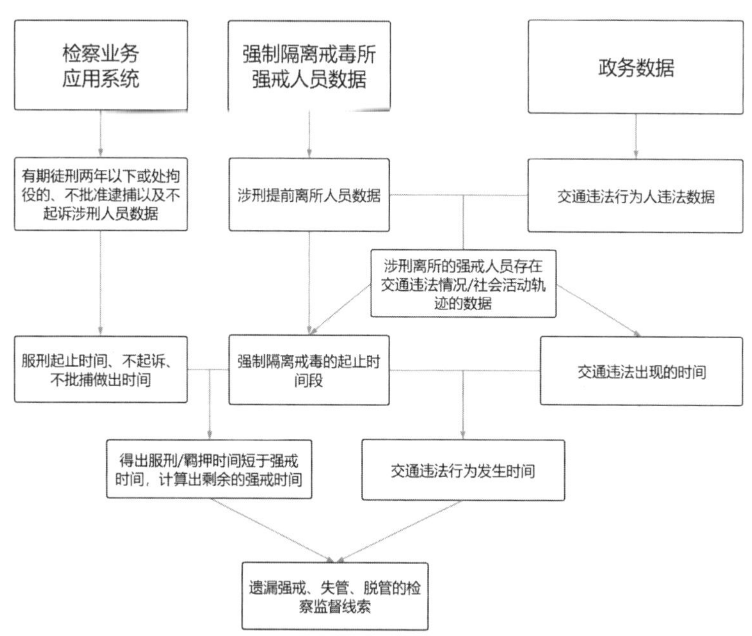

图1　“应当重新作出重新强制隔离戒毒未作出”子场景思维导图

监督模型，通过将归集到的吸毒人员数据与全市范围内的客运出租汽车驾驶员的从业信息进行数据碰撞，以吸毒人员的身份证号和客运出租汽车驾驶员的驾驶证号做交集，筛选出客运出租车驾驶员存在从业资格限制以及应当撤销从业资格的线索5条。后经查明，陈某等2人均为吸毒人员，但客运出租汽车驾驶证均未被撤销，违反了出租汽车驾驶员从业资格管理规定。

三、检察机关运用数字赋能强制隔离戒毒检察监督工作的展望

（一）构建全国一体化强戒检察监督数字办案系统

如上分析，由于强制隔离戒毒人员的流动性比较大，往往会出现决定强制隔离戒毒的机关与执行机关跨区、市、省的情况。根据目前试点工作，驻强制隔离戒毒所检察官办公室由司法行政强制隔离戒毒所驻地基层检察院派驻，驻地基层检察院作为执行地检察机关往往难以对跨区、市、省的决定机关采取有效的监督措施。检察机关对强制隔离戒毒所执行强制隔离戒毒的检察监督开展时间不久，尚未建立全国一体化强戒检察监督数字办案系统。如果能建立全国一体化强戒检察监督数字办案系统，一方面，能规范检察监督工作开展，如根据入所时间、戒毒的各个阶段定期向驻所检察官提示对强制隔离戒毒人员开展个别谈话，对谈话内容上传至强戒检察监督数字系统，实现对强戒人员谈话内容的数字化管理；另一方面，还能高效解决异地检察协作、异地制发检察建议，有效归集跨区、市、省的强戒监督线索，实现跨区域检察联动。

（二）与司法行政强制隔离戒毒所业务数据应用贯通

司法行政强制隔离戒毒所的业务数据系统已对入所的强戒人员基础信息进行了录入。如能与司法行政强制隔离戒毒所数据应用系统实现贯通，检察机关可以同步掌握强戒人员基本信息情况，通过数字化方式开展监督研判，对潜在的苗头性问题以及安全隐患向强制隔离戒毒所作出提醒。强制隔离戒毒所工作人员在日常工作当中发现强戒人员犯罪举报线索，可通过贯通的数据应用系统，将相关犯罪线索传送至强戒检察监督数字系统，

检察机关对线索审查后与检察业务应用系统中刑事案件数据进行碰撞，存在高效获取涉毒类犯罪立案监督线索的可能性。

（三）推动构建全链条、全流程、闭环式涉毒人员大数据监管系统

检察机关尚未开展对公安机关的强制隔离戒毒所的检察监督，未开展对监狱、看守所通知、转送强戒人员的检察监督，也未开展对社区戒毒、社区康复的检察监督。针对上述问题，建议将检察监督由单一的针对司法的强制隔离戒毒执行环节向前后延伸，驻强戒所检察官办公室可以在强制隔离戒毒人员刑事司法与行政执法的衔接、涉刑强制隔离戒毒人员强制戒毒与刑罚执行衔接、行政机关及司法工作人员之间的监督制约等相关方面积极探索，建立对强制隔离戒毒人员的全链条监管。建立并完善检察、司法、公安三家之间的联动协作机制。积极推动检察数据与司法数据、行政管理执法数据、监管数据以及社会团体数据等的连通，实现强制隔离戒毒人员执行信息数据在统一平台上流转、监管。

人工智能辅助刑事证据审查的实践困境与优化路径*

温蓉蓉　王　浩**

"技术革命是影响国家信息能力建构的关键变量，历次技术革命使国家掌控的组织性技术和物理性技术迭代更新，也深刻改变了国家与社会关系。"① 而人工智能正是新一轮科技革命和产业变革的最为重要的驱动力之一，其强大的功能使得社会生产和生活方式发生了巨大的变革。人工智能的兴起和发展同样引起了法律领域的变革。2021 年 6 月 15 日，党中央发布《中共中央关于加强新时代检察机关法律监督工作的意见》，为深入落实该意见，2022 年 6 月 29 日，全国检察机关数字检察工作会议召开，要求加快数字检察建设，以"数字革命"赋能、驱动新时代法律监督。2024 年 12 月 4 日，最高人民检察院印发的《关于全面深化检察改革、进一步加强新时代检察工作的意见》延续前述精神和要求，继续提出应"深入实施数字检察战略，深化'一张网'检察信息化架构""积极探索大数据、区块链、人工智能等技术辅助司法办案。构建新时代检察技术工作格局，深化业务与技术协同机制"。

---

* 本文系 2025 年浙江省人民检察院检察理论研究重点课题项目"人工智能在法律监督领域中的应用路径和未来展望"（项目编号：zjdy202565）的阶段性研究成果。

** 温蓉蓉，温州大学法学院研究人员；王浩，浙江省丽水市莲都区人民检察院第五检察部检察官助理。

① 吕俊延、刘燚飞：《国家的"视力"：技术革命与国家信息能力建构》，载《政治学研究》2023 年第 5 期。

一、人工智能辅助刑事证据审查的实践现状

2016年，在最高检和最高法提出建设“智慧检务”“智慧法院”的影响下，各地根据最高检和最高法的指导意见，相继推出智能执法办案系统，这些新兴系统的诞生为人工智能在刑事司法领域的运用提供了大量的实践样本。通过考察国内人工智能刑事证据审查系统走在前沿的地区，例如上海刑事案件智能辅助办案系统（以下简称“206系统”）、贵州法院智能辅助系统以及杭州互联网法院研发的智能证据分析系统等，总结目前实践中人工智能系统在刑事证据审查中主要发挥了哪些功能，切实了解目前人工智能的作用和不足。

（一）证据规则指引系统

开展证据审查之前，需根据法律法规、既往案例、司法人员的办案经验等制定一套人工智能系统能够识别、理解并运用的证据指引规则。[①] 证据指引规则与证据标准不同，而“证据标准”也并非“证明标准”。证据标准最初是指司法工作人员审查认定证据材料所依据的准则。[②] “206系统”的研发遵循了这一思路，区分证据规则指引与证据标准指引，前者的作用非常接近证明标准，系对所收集的证据整体需要达到何种证明程度提出了要求；而后者则侧重强调在具体类型案件中必须收集到哪些证据，以便最终构建完整的证据链，[③] 是认定案件事实在证据方面必须具备的基本要求，不涉及对案件事实的整体判断。[④] “206系统”已初步完成了对证据标准指引的功能开发和应用，首先对刑事案件进行类型化分析，其次根据每种类型的案件通常需要收集的证据种类，包括对每一种证据的收集、固定程序、形式、内容等要件作出要求，以清单形式为办案人员提供证据指

① 王晶晶：《人工智能在刑事证据审查判断中的应用研究》，载《河南财经政法大学学报》2022年第3期。

② 王牧：《也谈刑事证据审查判断标准》，载《当代法学》1988年第2期。

③ 王晶晶：《人工智能在刑事证据审查判断中的应用研究》，载《河南财经政法大学学报》2022年第3期。

④ 熊晓彪：《证据标准的具象维度与实践纠偏——兼论类案证据标准的数据化统一》，载《北京航空航天大学学报（社会科学版）》2022年第4期。

引，提高办案人员工作效率，有效弥补部分办案人员经验缺失的问题。贵州法院则采取了与“206 系统”不同的证据分析路径，并未区分证据规则指引与证据标准指引，而是全部以“证据规则”一词予以概括，但两者实质上指代的内容相同，仅对具体案件类型的分类方法不同。贵州法院以犯罪构成理论和办案逻辑为主要依据，对破案过程进行要素化、结构化分析，针对不同的案件类型形成不同的证据指引规则。

（二）单个证据校验与审查

单个证据审查的目的是核实证据是否符合证据资格，是否存在不足与瑕疵，以便把控证据入口，防止不合格的证据流入案件证据链条之中。在审查方式上，“206 系统”通过对法律法规、司法解释、业务文件、案例数据库以及裁判文书库等数据进行挖掘，辅之以办案专家经验汇总的方式，汇总出一万多个校验点提供给人工智能系统作为单个证据的审查依据，[①] 全方位判断对单个证据采集程序是否合法合规，证据是否真实，与案件事实之间存在怎样的联系等。“206 系统”对单个证据进行校验的节点内容主要集中在证据的内容以及证据的收集程序、形式等。贵州法院则在立案阶段即由人工智能先对案件进行初筛，当案件缺乏必要证据材料时，系统将自动拦截案件；通过前述阶段的审查后，系统再对每个证据进行更精细的审查，判断单个证据是否满足具体指引规则的要求。

（三）全案证据分析判断

人工智能在完成单个证据审查后，将对全案证据展开综合性审查。全案证据的综合性审查是为了确认案件是否达到证明要求，是否形成一条完整的证据链。一条完整的证据链条应围绕刑事案件七要素展开，即何人、何种动机和目的、何时、何地、何种手段、何种犯罪行为、何种危害后果。[②] 人工智能在审查分析整个案件证据时，从“案件线索来源、锁定犯罪嫌疑人及到案经过、查证犯罪事实、证据充实性及排他性说明、罪前罪后表现及其他量刑情节、涉嫌罪名”等六个环节构建证据链条，[③] 根据不

① 熊秋红：《人工智能在刑事证明中的应用》，载《当代法学》2020 年第 3 期。

② 刘金友主编：《证据理论与实务》，法律出版社 1992 年版，第 149 页。

③ 熊秋红：《人工智能在刑事证明中的应用》，载《当代法学》2020 年第 3 期。

同类型的案件特点增删环节或调整各环节的排列顺序。之后，将各个环节要素提取并分解成信息点，制作成标签贴至相对应的证据上，例如作案动机、作案时间、作案地点、作案人员、作案工具、作案手段及具体经过、赃款赃物去向等。人工智能综合审查全案证据时将以证据链条要素为基础，完成对单个证据的分类贴标后，统一展示在分析页面。办案人员能够直观地看到某一案件证据收集的所有情况，同时，人工智能将对具体个案证据展开深入分析，主要审查证据之间的内在关系，以及证据链与待证事实之间的关系，[①] 例如证据之间的印证关系、印证是否符合逻辑、证据之间是否相互矛盾等，为办案机关从全局角度判断证据提供数据支持。人工智能从多个维度、纵横对比每个证据的证据能力以及证明力，找出案件中的关键点和矛盾之处，形成专项报告并一键推送至办案人员处。标签化的处理让整个证据链条清晰易懂，减少办案人员审查人工智能系统审查结果的阻力，帮助办案人员快速厘清思路，分析案件证据是否确实、充分，达到证明标准。

（四）审查结果与风险提示

人工智能系统经过对单个证据审查及全案证据审查后，司法人员可以一键点击获取证据分析的最终结果。例如，杭州互联网法院推出的智能证据系统，综合运用了人工智能、大数据、区块链和云计算等前沿技术，为法官们办案提供参考，快速完成证据目录制作、图文比对、视频分析、金融借款核算等重复性事项，[②] 为办案人员节省大量时间。同时，在指引办案人员收集证据、审查单个证据和全案证据时，人工智能将根据证据指引规则，提示办案人员不满足要求的地方，并在后台自动阻止程序流转，防止不合格的证据信息进入下一个环节；并要求办案人员限期复核审查，补充材料或说明理由，直到满足要求。贵阳市开发的“贵阳政法大数据办案系统”将业务模块分为公安业务、检察院业务和法院业务三个板块，在每

---

① 王秀梅：《人工智能在防范刑事错案中的应用与制度设计》，载《法学杂志》2021 年第 2 期。

② 参见杭宜：《证据分析结果一键获取，杭州互联网法院上线智能证据分析系统》，载中国法院网，https：//www. chinacourt. org/article/detail/2019/12/id/4747683. shtml，2025 年 4 月 9 日访问。

个业务板块之间设定了流转的条件。只有在案件达到前一环节应当具备的条件时，才能流转到下一个环节。同时，平台也会将未达到标准的案件证据推送给具体负责的办案人员，提供其未达到的条件，要求办案人员限期内补充完善相关证据材料。[①]

二、人工智能辅助刑事证据审查的困境

（一）人工智能证据判断审查形式化

通过梳理各地区人工智能系统的实践情况，人工智能介入刑事证据审查环节，主要审查校验单个证据的证据资格、证据收集情况、证据之间是否存在矛盾、能够形成完整的证据链条以及结论是否具有排他性和唯一性等方面。如果说人工智能在审查单一证据资格、证据链是否完整时，主要校验证据是否具备法定形式，此时出现的失误，有可能是系统在认知方面存在偏差；但在分析证据之间的关联、审查证据之间是否存在矛盾等涉及证据实质内容时，人工智能出现的问题则更为棘手，其对证据的审查判断往往流于表面，容易出现偏差。

对证据是否符合证明标准，不仅需要运用客观化的标准和规则，同时也涉及价值权衡、经验法则等带有主观性色彩的判断方式。然而，运用经验法则本身就是一个相当复杂的问题：一方面，经验法则在数量上可谓是无穷无尽，除了生活常识，还包括司法人员在长期的办案过程中累积出的司法经验。并且，根据社会生活多元性和层次性以及时间的改变，这些经验也在不断产生新的变化。[②]“大数据中即便包含人类经验，也不会有相应的标识，人工智能是否能发现相应的特征量是极不确定的。”[③]另一方面，经验本身的可靠性有待判断。并不是所有的经验都能被应用到证据判断之

---

① 李阳：《刑事诉讼改革难题怎么破？仅有制度还不够——大数据唱响司法改革创新时代强音》，载最高人民法院官网，https：//www.court.gov.cn/zixun－xiangqing－50532.html，2025 年 4 月 9 日访问。

② 纵博：《人工智能在刑事证据判断中的运用问题探析》，载《法律科学（西北政法大学学报）》2019 年第 1 期。

③ 赵艳红：《人工智能在刑事证明标准判断中的运用问题探讨》，载《上海交通大学学报（哲学社会科学版）》2019 年第 1 期。

中，经验由各种元素集合而成，真正的人类经验综合了民族、地方、历史、习惯、价值等，是各种元素的集合体，这些元素中还可能混杂着刻板印象、假象、推测、偏见等元素。因此，经验能否被运用于证据审查存在特定的判断标准，是人工智能通过统计数据难以学习和把握的。人工智能对经验的不当运用，会模糊事实与价值之间的界限。①

（二）人工智能尚未实现法律推理与法律论证

1. 人工智能不能选择合理的推理方法

事实认定是一个从证据推理到待证要件事实的过程，最终结果建立在各方对事实主张判断的可能性之上。证据推理的结论具有一定程度上的盖然性，建立在证据推理上的事实认定也具有一定的盖然性。目前，人工智能推理采用以规则推理为主、判例推理为辅的混合模式，依托于大数据挖掘、机器深度学习、自然语言处理、知识图谱等技术，人工智能将传统规则推理中的大前提和小前提，即证据材料和法律规范，通过算法转化成人工智能可以理解的数据和代码。只要推理规则被设计成算法程序，将相关参数输入程序，即可得到相应的推理结论。人工智能在严格执行三段论演绎推理、涵摄法律规范体系的同时，可以参照既往案件的处理经验，加深对法律概念的理解，针对具体个案对法律规范作出最优解。但如前所述，人工智能暂时无法掌握人类经验，面对可能产生变化、存在盖然性的证据结论时，人工智能现有的推理方式存在局限性。

人工智能采取的推理方法与证据推理中所采取的方法依然存在较大差距。在事实认定的过程中，推理本质上是基于证据还原过去的事实；而人工智能采取抓取大数据深度学习的技术特性，决定了其是采用概率推理、以关联性视角展开事实认定的。人工智能的推理方法属于精确概率的范畴，但在进行证据推理时，过于精确概念不足以覆盖司法证明的性质，更无法传递司法理念当中更为丰富的内涵，甚至有可能会误导裁判者在证据审查的过程当中，对证据推理的过程进行说理是为了公开自由心证、确保司法程序透明公开、防止自由裁量权被滥用的必要之举。

---

① 参见［美］特伦斯·安德森、［美］戴维·舒姆、［英］威廉·特文宁：《证据分析》（第2版），张保生等译，中国人民大学出版社2012年版，第362—365页。

2. 人工智能无法展开详细的法律论证说理过程

目前，人工智能在证据审查中只能直接给出结论，无法像司法人员一样对得出结论的过程进行充分、详细的说理论证。所谓说理，是指“通过自然语言论证的方式将证明标准判断过程中的证据基础、经验前提、推理过程进行公开”。[①] 这让人工智能的证据审查判断呈现出一种近似于“暗箱操作”的效果，不满足公开自由心证的要求。司法人员对案件事实的认识是在收集证据的过程当中逐步加深，而非在一开始就形成准确、完整、可靠的认识。这是因为事件发展具有随机性和复杂性，加上自然语言存在模糊性、歧义性的特点，在使用自然语言进行表述时，事物之间的关系可能会变得复杂，从而具有不确定性。论证说理的过程需要正确理解、把握自然语言的多变与歧义，将证据材料中复杂的事物按照逻辑进行推理、串联，其中还涉及对经验法则、非逻辑思维的运用，都是目前人工智能无法完全模拟的。因此，人工智能无法对得出审查结论的过程展开真正有意义的说理过程。

人工智能的这一缺陷决定了不能直接采用其证据审查的结论，必须经过司法人员的审查。司法人员无法直接获知论证过程与结论之间的关联，同时，海量数据加剧了司法人员逐一复核审查的难度，“如果大数据证据所依赖的原始数据存在问题，或者数据处理过程被修改，进而导致数据处理发生变化并影响最终结果时，这种影响将无法通过人类理解的因果关系规则进行反向检验。”[②] 因此，当系统判断与司法人员发生分歧时，后者仍然只能回归到没有人工智能系统的状态，根据审查的偏差程度，修正或重新分析结论，在这种情况下，人工智能的功用性将大幅度下降。

（三）数据壁垒导致样本来源不足

数据方面的问题如果投射到制度层面，最明显的表现是数据来源相对封闭、缺乏层次。用来训练人工智能开展刑事证据审查的数据库，主要以司法机关提供的刑事案卷材料为主。理论上，案件材料中包含的信息越详

---

① 赵艳红：《人工智能在刑事证明标准判断中的运用问题探讨》，载《上海交通大学学报（哲学社会科学版）》2019 年第 1 期。

② 元轶：《证据制度循环演进视角下大数据证据的程序规制——以神示证据为切入》，载《政法论坛》2021 年第 3 期。

细，对人工智能的深度学习和理解就越有利。但已有的数据库中就已经存在较多的局限：一方面，司法机关自上而下都有各自独自的网络系统，加上历史沿革以及出于工作保密需要，各机关之间的网络系统没有相互衔接和流通，从而造成数据资源物理上的壁垒。[①] 一些地区有意打破这种物理壁垒，但也不免会遇到政策上的难题，这种政策上的不便利会在无形中增加了办案人员的工作负担。[②] 机关之间的数据壁垒限制了人工智能深度学习功能的发挥。另一方面，数据库来源并没有想象中的那么充分。目前国内人工智能法律系统的开发以各地自主研发为主，能够被筛选入库的案件数据局限于使用地。类似于上海“206 系统”的数据库建构方式，筛选分析了上海各基层法院审理的 591 件命案，归纳总结除 7 个环节、13 项查证事项、30 种证据材料和 235 项证据校验标准。数据库样本在选取之时，从案件类型到时间跨度，所涵盖的案件样本已经相对局限；同时，数据库的更新速度尚未与司法实践的发展实现完全同步，滞后的案件数据影响人工智能审查刑事证据的准确性。经过层层数据筛选与清洗之后，留在数据库中可供人工智能学习的数据更加趋向于同质化，这让人工智能只能遵循固定的模式和步骤，在高度类似的案件中发挥作用。一旦遇上稍有不同的案件，人工智能就有可能出现失误和差错，缺失应对疑难复杂案件的能力。

三、人工智能辅助刑事证据审查的优化路径

（一）明确人工智能辅助刑事证据审查的基本目标

1. 明确技术定位：人工智能始终处于辅助地位

鉴于人工智能证据审查系统有待进一步完善，作为一种不具备主体性的数字技术，应当恪守在刑事证据判断中的辅助性、工具性地位。根据最高人民法院《关于规范和加强人工智能司法应用的意见》，人工智能被明确定位为办案辅助系统，这决定了人工智能的审查结论不具有终局性与效力性。一方面，人工智能的结论需要司法人员的二次复核；另一方面，不

---

① 单勇、阮丹微：《司法大数据的现状、挑战及应用改进》，载《净月学刊》2018 年第 3 期。

② 高祥阳、宋红伟、王宏堃：《运用大数据促进检察工作转型发展》，载《人民检察》2018 年第 4 期。

具备最终效力的结论是可以被推翻的。辅助地位即意味着非强制性，换言之，司法人员可以选择接受人工智能结论，也可以选择只接受部分，或全盘否决。但司法人员作出的选择并不是毫无理由的，如果司法人员全盘接受了人工智能的结论，则司法人员的认可将作为一种“数据”被记录并被学习，作为后续算法的参考依据。当司法人员否决了人工智能的部分审查意见或全盘否决时，需给出更为详细的理由，尤其是后一种情形，这意味着人工智能对该案件或同种类型的案件出现了根本性的判断错误，急需被纠正。同理，否决的意见也将被作为一种“数据”提供给人工智能学习。仅赋予人工智能辅助地位是以司法逻辑去主导算法逻辑，算法本身具备不断自我肯定与自我强化的特性，一旦缺乏有效的法律程序去控制算法，错误的决策结果将持续性发挥影响。为了减轻后端环节司法人员的工作量，应当区分审查的主次，对案件证据争议点集中进行审查。

2. 把控运行目标：尽可能模拟法律推理过程

在人工智能机器学习领域，相对成熟的法律研究方法都是基于数据挖掘以及文本挖掘技术。在法律领域进行文本挖掘，其主要目的是从非结构化文本中提炼出结构化的信息，从而识别案件内部信息以及案件与案件之间的关系。数据挖掘技术则已被用于自动分析和提出案件中的观点，发现论点之间的联系，并用来寻找具有相关性、类似性的案例。[①] 这两种技术在人工智能系统中都不难实现，但存在前述提及的关于语言多义性、提取证据信息非结构性等问题，还需要制定合理的推理步骤，一方面，需将审查分化为明确的节点和系统的推理方法；另一方面，人工智能在刑事司法领域是以刑事司法人员为目标展开的一场“模拟”，在证据审查这一特定任务环境中，人工智能证据审查方式学习的对象应当是刑事司法人员经过提炼的审查经验和工作方法。这让司法人员更加容易掌握人工智能的推理过程，有利于后续证据争议的解决。

（二）细化人工智能证据审查节点

1. 区分证据审查的次重点

审查对象可以被初步划分为程序性事实和实体性事实，在程序性事实

① 高祥阳、宋红伟、王宏堃：《运用大数据促进检察工作转型发展》，载《人民检察》2018 年第 4 期。

审查上，人工智能在审查速度和审查质量上优于司法人员；而在实体性事实之下，根据重要程度，案件事实可以被划分为关键事实和非关键事实。[①]刑事诉讼法规定，认定案件事实需要达到“证据确实、充分”的证明标准，对定案证据的“质”和“量”同时提出了要求。但在司法实践中，受主客观因素的影响，无法查明所有的事实细节。在有限的证据条件下认定事实并不总是能够达到“确实、充分”的要求，而证据短缺又有可能进一步诱发错误裁判的风险。从另一个角度来看，这背后隐藏的问题其实是，是否所有与案件相关的事实都需要“确实、充分”的证据去证明？从狭义的角度来看，法律对于案件事实的关注集中在影响定罪量刑的事实上，而不是追求事无巨细查明所有的细节。[②]因此，在有限的诉讼时间和证据材料中，只要关键事实达到法定的证明标准就可以得出审查结论，而不追求事无巨细查明所有与案件相关的细枝末节。

2. 根据证据种类拆解单个证据的审查重点

单个证据审查的重点是确认证据能力，将不具备证据能力的证据排除出证据链条。证据三性审查从易到难，分别是合法性、关联性以及真实性。首先，合法性审查方面，人工智能可以快速浏览比对分析司法人员的各项程序进展，例如证据收集方面，人工智能可以快速识别证据来源以及收集程序是否符合法律法规的要求、手续是否完备等。其次，关联性审查方面，根据证据指引规则，每种类型的案件需要哪些证据都有具体明确的方向。人工智能根据指引可以完成关联性审查，通过关联性分析发现缺失的证据、异常的证据或识别证据中的风险，例如经常在同类型的案件中会出现的证据，在该案中却没有出现。最后，真正审查的难点是真实性，比如物证、书证等实物证据，除了自然因素导致的变化外，人为因素也有可能对其证据资格产生影响，进而影响其真实性。在实物证据收集、保管、移交鉴定的过程中，所有接触证据的人员都有可能改变甚至破坏证据，如果不能及时作出合理说明，证据的真实性将面临质疑。自然因素导致的变化只能通过技术的进步来解决，人工智能审查的重点是人为因素。相较于

---

① 关键事实是指影响定罪量刑的事实，非关键事实则是指不影响定罪量刑的事实细节。

② 刘静坤：《证据审查规则与分析方法——原理·规范·实例》（第二版），法律出版社 2022 年版，第 41 页。

办案人员，系统能够第一时间发现证据发生了变化，在出现可能影响证据能力的情况时，系统能第一时间警示并督促办案人员补充说明。否则，该证据的真实性将受到质疑，证明力也可能随之受到影响。

确认证据具备证据资格后，需确认其证明力。应根据不同类型的证据特性制定不同的审查规则和注意事项。以证人证言为例，审查证人证言时需注意识别证人与案件之间的利害关系，结合其他证据分析证人的可信度，综合评估该证人证言的证明价值等。对于关键证据和争议性证据的审查应当提出更加严格的审查要求，这种审查未必是提出比普通证据更高的证明标准，而是重复检验的次数更多。能经受住反复核对、检验的证据的证明力无疑更加稳固。

（三）人工智能辅助证据审查相关配套措施

1. 构建司法大模型司法数据库

数据是人工智能系统运转的基石。从宏观层面看，数据信息就是核心资源，是追求社会治理目标必须整合和利用的资源；从微观层面看，人工智能开展刑事证据审查需要从数据库中学习并模拟司法人员如何审查证据，如何构建证据链条，如何排除证据之间的矛盾等。参考各地司法机关研发和使用人工智能的情况，人工智能数据库来源不仅封闭，而且数据样本不够丰富、缺乏层次，公检法三机关内部也缺少一定程度上的“沟通”，需从数据来源进行调整。

除了个案之间的信息以及公知信息外，对于刑事案件办理的经验、案件信息数据等都需要得到整合。司法机关不仅是数据的收集者，更是数据的生成者，大量与司法活动相关的数据是相关部门在履行法定职责过程中收集并形成的，且这类数据相较于原始的证据材料，天然具有较高的结构化特征，[①] 更容易被人工智能学习和掌握。

2. 划定人工智能证据审查范围

对于人工智能在技术上的发展我们无法控制，只能针对现有技术的功能进行调整，设置人工智能刑事证据审查判断的负面清单。首先，在算法设计上，排除人工智能适用于需要大量运用人类情感、价值衡量、内省性

---

① 参见裴炜：《数字正当程序——网络时代的刑事诉讼》，中国法制出版社 2021 年版，第 29 页。

判断等主观方面去分析判断的证据内容。在庭审阶段，应当直接排除适用人工智能。其次，对于瑕疵证据以及非法证据的排查和判断，只保留其中的程序性事项给人工智能，实质部分仍由司法人员自行判断，最终结合人工智能的审查结果得出结论。最后，在人工智能证据审查功能不够成熟的情况下，可以限定人工智能仅在事实相对简单、清楚，或被告人认罪认罚的案件中适用。从单个证据审查的角度来看，此类案件证据相对容易分析和审查；另外，事实清楚明白或被告人认罪认罚的案件，解析此类案件的证据构成要素相对简单，全案证据通常不会出现无法排除的合理怀疑。因此，在此类案件中投入人工智能不容易出错，便于司法人员复核；且此类案件占据了刑事司法事务中的大部分，可以切实减少司法人员的日常工作量，将精力投入疑难复杂案件当中。在遇到相对复杂、事实难以认定的案件时，依然可以选择人工智能介入，作为辅助性工具发挥其优势，继续帮助司法人员分析案件、提供思路，形成可供参考的结论报告。只不过该分析结论仅供参考，相较于前一种需要司法人员复核、可被适应的人工智能审查结论，其效力可以称得上是微乎其微。

数字赋能刑事裁判涉财产部分执行检察监督路径研究

——以N市H区实践为样本[*]

练节晁　刘晨雨　王圣达[**]

司法实践中，刑事裁判涉财产部分执行情况直接关系追赃挽损成效，是被害人极为关注的环节。即使案件已在法律层面对案件作出了正确处置，被害人的经济损失没有很好挽回，也很难实现息讼罢访的社会效果。2023年最高检印发的《2023—2027年检察改革工作规划》特别指出“健全对刑事裁判涉财产部分执行监督制度”，2024年最高检印发的《关于全面深化检察改革、进一步加强新时代检察工作的意见》进一步强调要加强对财产刑执行监督。当前，研究同仁在“涉案财物处置”① “刑事诉讼对物之诉”② 等方面已形成了较系统的理论，但有关刑事涉案财产执行检察监督的研究成果还较少，特别是结合数字检察建设，探讨以机制优化与平台支撑全流程开展追赃挽损的研究较为缺乏。研究如何更好地加强刑事裁

---

* 本文系2024年浙江省人民检察院专题调研重点课题“数字检察视野下刑事涉案财产执行检察监督研究”（编号：zjdy202437）成果。

** 练节晁，浙江省宁波市海曙区人民检察院党组书记、检察长、二级高级检察官；刘晨雨，浙江省宁波市海曙区人民检察院第七检察部副主任；王圣达，浙江省宁波市海曙区人民检察院集士港检察室副主任。

① 参见李建明、陈春来：《论刑事诉讼涉案财产处置的法律监督》，载《人民检察》2017年第3期；庄绪龙：《集资犯罪追赃挽损诉求与“法益恢复”方案》，载《政治与法律》2021年第9期。

② 参见陈瑞华：《刑事对物之诉的初步研究》，载《中国法学》2019年第1期；陈卫东：《涉案财产处置程序的完善——以审前程序为视角的分析》，载《法学杂志》2020年第3期。

判涉财产部分执行检察监督工作，最大限度减少被害人损失，具有较大的迫切性和研究意义。

为提高研究的针对性，本文以N市H区刑事涉案财产执行检察监督实践为样本，重点聚焦涉众型经济犯罪案件刑事涉案财产执行，充分调研当前司法实践中的主要问题及症结，以期为检察机关办理该类案件提供有益思考。

一、刑事裁判涉财产部分执行及其检察监督的现状问题

实践中，刑事裁判涉财产部分执行及对其法律监督还存在一些短板问题，与人民群众对公平正义的需要有一定差距。造成该情况的原因，部分是由于刑事裁判涉财产部分执行法律制度本身的不足，如高位阶规范缺乏，现有规定中明确性、系统性、集成性不足等，更主要的是实践中一些刚性规定没有得到很好地落实，政法机关权责分配不够合理，全流程追赃挽损工作机制有待完善。

（一）刑事裁判涉财产部分执行相关法律制度供给不足

2014年最高人民法院出台《关于刑事裁判涉财产部分执行的若干规定》，刑事案件涉案财物执行逐步得到重点关注。党的十八届三中、四中全会明确提出要“规范处理涉案财物的司法程序”的目标。2017年最高人民法院、最高人民检察院出台《关于适用犯罪嫌疑人、被告人逃匿、死亡案件违法所得没收程序若干问题的规定》。2018年修改后的刑事诉讼法强化了对涉案财物的审查、审理和执行等规定。各地也有针对性地出台了机制，如针对涉众型经济犯罪财产执行及分配问题，2018年1月浙江省公检法三部门联合出台《关于涉众型经济犯罪案件追赃挽损工作的意见》（以下简称浙江《追赃挽损工作意见》），保障办案单位严格规范开展追赃挽损工作，维护集资参与人合法权益。

值得注意的是，刑事裁判涉财产部分执行的法律规定虽已不少，但通览之下有关规定仍较为笼统，系统性、集成性不足，容易产生履职盲区，重自由刑执行轻视财产执行的问题依然存在。特别是在公权力机关职能定位方面，一定程度上存在权责不一致的情况。如法律原则式地规定了检察机关对侦查机关、审判机关涉案财产处置方面的监督权力，但具体规定付

诸阙如，造成检察机关对涉案财物处置的监督底气不足、手段不足、力度不足。[①]

法律制度供给不足，最终需要通过法律的修改完善得到解决。目前，十四届全国人大常委会发布的立法规划已将刑事诉讼法列入任期内拟提请审议的法律草案，其中刑事裁判涉财产部分执行问题成为修法探讨的重点，[②] 相信在本次刑事诉讼法的修改中，有关刑事裁判涉财产部分执行的法律制度将得到有效完善。

（二）刑事裁判涉财产部分执行在刑事诉讼活动中存在薄弱环节

笔者通过办案系统调取2022年至2024年N市H区检察院办理的全部案件数据，三年来H区检察院共办理刑事涉案财产执行监督案件46件，涉及个案87件，将这些案件作为本课题实证研究样本；制作访谈提纲，走访这些案件的承办检察官，具体了解有关案件办理情况；同时制作调查问卷，向N市、N市J区、N市Y区、S市K区、W市L区检察院共10名刑事执行部门检察官发放调查问卷，了解共性问题。我们发现，刑事裁判涉财产部分执行在司法实践中存在以下问题：

1. 公安机关涉案财物移送不严谨

公安立案是刑事案件的起点，也是追赃挽损的起点。涉众型经济犯罪案件存在罪犯人数多、被害人损失金额大、涉案财物多等特点，相较于其他案件的办理，公安机关的侦查压力较大，部分案件涉案财物查扣、移送工作不够严谨，存在分案处理的案件人财物不匹配、团伙性案件涉案财物混乱、涉案财物移送较为随意等现象，甚至个别案件移送的不是与案件有关的财物。这一方面导致检察机关在审查起诉阶段花费大量时间梳理涉案财物，影响司法进度；另一方面也给后期追赃挽损造成困难。如在H区检察院办理的钮某某等人财产刑判项执行监督案中，公安机关在侦查阶段扣押了钮某某名下的一辆机动车，但在移送审查起诉时，该车辆没有随案移

---

① 李建明、陈春来：《论刑事诉讼涉案财产处置的法律监督》，载《人民检察》2017年第3期。

② 参见陈卫东：《三重维度下刑事诉讼法修改重点问题研究》，载《中国刑事法杂志》2024年第4期；张栋：《刑事诉讼涉案财物制度的问题与完善》，载《法学杂志》2024年第5期。

送，一直没有进入拍卖、变卖程序，出现车辆价值贬损、损害被害人利益的情况。针对本案出现的公安机关怠于移送的情形，H区检察院构建监督模型，将涉案财物管理中心数据与检察业务应用系统数据进行碰撞，筛选出公安机关未随案移送扣押机动车的案件28件，进行集中监督纠正。

2. 审判执行机关涉案财物执行不规范

执行是法院工作的重要组成部分，是刑事案件追赃挽损效果的最终体现。但囿于“重人轻物”的司法惯性，在审判、执行阶段对刑事涉案财产处置的关注不够。

在审判阶段，易出现对涉案财产处理意见不明确的情况，影响财产刑的执行和违法所得的追缴。主要表现有：（1）判项不明确。部分判决书对犯罪财物、非法所得的数额和非法所得被追缴后如何处理都未能表述，导致刑事判决书主文中涉财产部分难以执行。（2）判项表述混乱。未能区分违法所得原物是否已灭失，责令退赔和追缴等用语使用混乱。[①]（3）遗漏裁判、错误表述。如2024年H区检察院办理的一起案件中，该区法院在刘某职务侵占案件中遗漏退赔被害人损失的判项，导致被害人700多万元的损失可能存在无法追偿的风险，后经监督被纠正，为被害人挽回巨额损失。

在执行阶段，刑事裁判涉财产部分执行较民事案件更为薄弱，处置混乱情况时有发生。主要表现有：（1）久拖不执。涉众型经济犯罪案件人数多，一些罪犯判决时间不一致，甚至间隔时间较长的情况较为普遍。面对此类案件，执行部门顾虑较多，认为逐案执行将多次启动程序，常常等待全部罪犯宣判完毕后一并执行；同时也担心贸然执行可能影响执结率等指标。由此造成涉众型经济犯罪案件“久拖不执”的情况较为普遍，群众反映强烈。（2）怠于调查被执行人财产。人民法院终结本次执行程序，应当已穷尽财产调查措施，未发现被执行人有可供执行的财产或者发现的财产不能处置。但实践中未予充分调查即终结本次执行的情况屡见不鲜。如在H区检察院办理的齐某某等人财产刑判项执行监督案中，执行部门在未对被告人被查扣银行卡账户余额进行查询的情况下即终结本次执行程序。针对该问题，H区检察院将刑事裁判涉财产部分执行数据与公安机关涉案专有资金账户数据进行碰撞，筛选出法院未划转公安机关查扣账户资金的案

① 梁健：《刑事涉案财物处置的失范与规范》，载《中国刑事法杂志》2022年第5期。

件 65 件，进行集中监督纠正。

3. 政法机关落实上级规定力度不足

有法可依是法律监督的基础。但在调研中发现，政法机关对上级文件的贯彻力度有待增强。(1) 信息共享制度落实力度不够。根据浙江公检法司四部门发布的《关于刑事裁判财产性判项执行工作若干问题的规定》(以下简称浙江《财产性判项执行工作规定》) 第 26 条规定，人民法院应当建立刑事裁判财产性判项执行情况数据库，将执行情况及时录入数据库，并向刑罚执行机关和人民检察院开放查询。但实践中被监督机关对数据共享仍存在一定抵触情绪，认为数据共享后即失去了对数据应用的控制，[①] 不愿共享数据。(2) 程序流转期限未严格遵守。浙江《财产性判项执行工作规定》明确了法院执行案件的立案期限和执行期限，但在司法实践中“久拖不立”的情况依然存在。如 H 区检察院在一次执行监督办案中，发现该区法院有 27 件涉众型经济犯罪案件在裁判生效后超半年仍未移交立案部门审查立案。(3) 人员、技术力量难以达到规定要求。浙江《追赃挽损工作意见》要求，追赃工作要与抓捕、取证工作同步进行，主动与相关部门配合，对犯罪嫌疑人第一时间采取边控、报备措施，对涉案款物同步采取查询、搜查、查封、扣押、冻结等措施。该规定对公安机关追赃挽损提出了很高的要求，但实践中公安机关的人员、技术力量很难达到要求。另外，技术方面公安与法院执行查控系统相比，还没有实现财产线上一键查询功能。当前公安机关在侦查阶段对于不动产、股票债券等财产还需属地现场查询，若犯罪嫌疑人存在逃避执行心理隐瞒相关情况，查询、查扣等工作更会难上加难。申言之，当前刑事涉案财产查控甚至明显低于民事执行案件财产查控的力度。

二、数字检察助力全流程追赃挽损的价值意义

数字检察是新时期的检察新质生产力。改进刑事裁判涉财产部分执行工作，数字赋能是重要手段。数字检察主要包括监督模型建设和监督平台

---

① 如检察机关利用有关裁判数据进行数据碰撞及筛选，在“带租拍卖”领域查办了一批审判执行人员，形成了较大震慑作用。参见阙福亮、杨莹、张军方：《网络司法拍卖大数据监督案》，载《中国检察官》2022 年第 18 期。

建设两类，刑事裁判涉财产部分执行问题的解决，不仅有赖于检察机关单方面的监督工作，更需要侦查、起诉、审判、执行各阶段的参与和配合，在该问题上建设智能化平台更有现实价值。

（一）时代价值：推动“智慧法治”，实现监督制约

2021 年 1 月，中共中央印发《法治中国建设规划（2020—2025 年）》，明确要求“充分运用大数据、云计算、人工智能等现代科技手段，全面建设‘智慧法治’，推进法治中国建设的数据化、网络化、智能化”，成为新时代推进全面依法治国的系统性、阶段性部署。[①] 涉案财物是刑事诉讼的重要组成部分，刑事裁判涉财产部分执行的智能化建设可聚焦涉案财物数据的全类型监管和全流程流转，打破政法机关“数据壁垒”，从而健全侦查权、检察权、审判权、执行权相互配合、相互制约的体制机制，发挥法治固根本、稳预期、利长远的保障作用。

（二）法治效果：贯彻顶层部署，破解现实难题

追赃挽损事关国家长治久安，是党委政府重点关注的领域。2022 年，中共中央办公厅、国务院办公厅印发《关于加强打击治理电信网络诈骗违法犯罪工作的意见》，要求健全涉诈资金查处机制，最大限度追赃挽损。追赃挽损与财产刑判项执行关系密切，涉案款物的及时查扣可以保障财产刑判项顺利执行。司法实践中，涉案财物的管理处置是“老大难”问题，浙江省将该问题纳入“八个多跨”领域着力破解，通过数字检察开展刑事犯罪全流程追赃挽损工作，可以有效规范涉案财物的调查取证、查封扣押冻结、接受保管、流转处置等工作，确保刑事诉讼活动顺利进行。

（三）社会需求：化解信访风险，维护民生民利

近年来，非法吸收公众存款、集资诈骗、电信网络诈骗等涉众型经济犯罪案件呈多发、高发态势，对经济活动和社会稳定产生极大影响。诸多案件中的受害人因经济利益受损后无法挽回损失而发生大规模、群体性信访事件。例如，以上文中提到的钮某某等人财产刑判项执行监督案为例，

---

① 蔡长春、张晨：《推动科技与法治融合发展，全面建设“智慧法治”》，载《法治日报》2021 年 7 月 28 日。

该案背景为钮某某等人的判决生效后，审判机关在三年多的时间里没有对涉案财物进行处置、分配，导致发生群体信访事件。刑事裁判涉财产部分执行问题攸关人民群众切身利益，有必要通过数字化、智能化手段对追赃挽损和财产刑判项执行工作进行“集中管理，统一指挥”，从而促进综合治理，化解信访风险，维护民生民力。

三、推进刑事案件全流程追赃挽损的完善路径

以数字赋能解决刑事财产执行问题，推进刑事案件全流程追赃挽损，可以从机制、实体、平台三方面着手协同推进。

（一）建立区域刑事裁判涉财产部分执行协同工作机制

理想状态下，刑事裁判涉财产部分执行制度由中央层面以立法的形式予以进一步完善，这样既保证了司法标准的统一，又由于立法的较高位阶，有利于提升制度刚性。在实然层面，检察机关作为法律监督机关，可以及时推动建立区域刑事裁判涉财产部分执行协同工作机制，强化追赃挽损力度。一方面，修法需要一定的周期，但人民群众的合法权益不能搁置。这期间的案件处理仍可通过优化工作机制的方式，切实提高人民群众对公平正义的感受。进一步讲，即使在法律修改后，具体的执行仍需要具体的人去落实，区域性政法机关联动机制也属必要。另一方面，数字平台的数据采集、共享，平台的具体应用，都需要工作机制予以支撑支持。区域刑事裁判涉财产部分执行协同工作机制建设与智能化平台建设是互为表里、相互促进的关系。2023 年底，H 区检察院牵头与法院、公安、司法等政法单位签订《关于加强和规范财产刑执行监督的实施办法》，细化明确各方在刑事裁判涉财产部分执行工作中的职能职责，经一年多的运行已取得了良好工作成效。

（二）充分发挥侦查监督与协作配合办公室的实体作用

1. 探索设置追赃挽损指挥中心

侦查阶段对刑事涉案财产的查证是刑事裁判涉财产部分执行的逻辑起

点。[1] 加强侦查阶段刑事涉案财产查扣工作，可充分利用现已普遍建立的侦查监督与协作配合办公室作为实体依托。理由主要有三点：一是监督依法查扣刑事涉案财产，本身即侦查监督分内之事；二是侦查监督与协作配合办公室设立在公安机关执法办案管理中心内，具有地理、信息优势；三是侦查监督与协作配合办公室作用可贯穿侦查、逮捕、起诉三个阶段。可同步赋予侦查监督与协作配合办公室以追赃挽损指挥中心职能，将其作为涉案财产查扣专项协调机构，实现追赃挽损在侦查和起诉阶段“集中管理，统一指挥”目标要求，构建规范、透明、全流程、智能化的管理模式。

2. 推行清单模式

公安机关在立案时，要全面开展调查取证工作，用开列清单的方式对犯罪嫌疑人名下所有财产，包括但不限于银行存款、流动资金、车辆、股票、债券、保险、理财产品、各类债权、房产、土地使用权、固定资产及其抵押情况等进行查询，并采取相应措施。检察机关可通过每案一表的模式监督公安机关“逐案必查、应查尽查”，在准确界分涉案财产的基础上实现查扣力度最大化。

（三）建设全流程追赃挽损智能化平台

智能化平台通过搭建稳定可靠的系统架构和严格的安全策略，实现涉案财物从公安立案到法院执行的全流程监管，具体可建设信息档案模块、监督预警模块、统计展示模块，实现“一案一档”“一案一追踪”“一案一策”。

1. 信息档案模块

信息档案模块旨在打破政法机关的“数据壁垒”，将分散在立案、侦查、审查起诉、审判、执行等阶段的行为人财产信息整合为一个场景管理。政法机关在各自案件节点，通过“自动抓取 + 人工核查”的方式实现“一案一档”流转，确保人财物一一对应，解决当前共同犯罪、集团犯罪等多人案件中移送财物随意、涉案财物混乱等问题，实现追赃挽损“统一指挥，集中管理”，构建规范、透明、全流程、智能化的管理模式（见图1）。具体而言，智能化平台在现有的“移送审查起诉—移送法院—审判”

---

① 梁健：《刑事涉案财物处置的失范与规范》，载《中国刑事法杂志》2022 年第 5 期。

涉案财物信息流转通道的基础上，打通公安前端立案数据和法院后端执行数据。政法机关在达成共识的基础上，基于数字化改革总体框架，新增公安机关涉案财物立案数据共享通道和法院涉案财物执行数据共享通道。公安机关在立案时将立案决定书等法定文书和查扣款物信息进行信息共享，实现公安机关在立案时便用足法律规定的各种手段进行追赃挽损的目标任务。法院在判决之后按期执行，及时移送执行具体方案和后续结果，实现执行过程透明化。同时，通道流转财物类型实现全类型化，既涵盖犯罪工具，也包括暂扣款、取保候审保证金、退赃退赔款等，为后续提供尽可能多的可供执行财物。

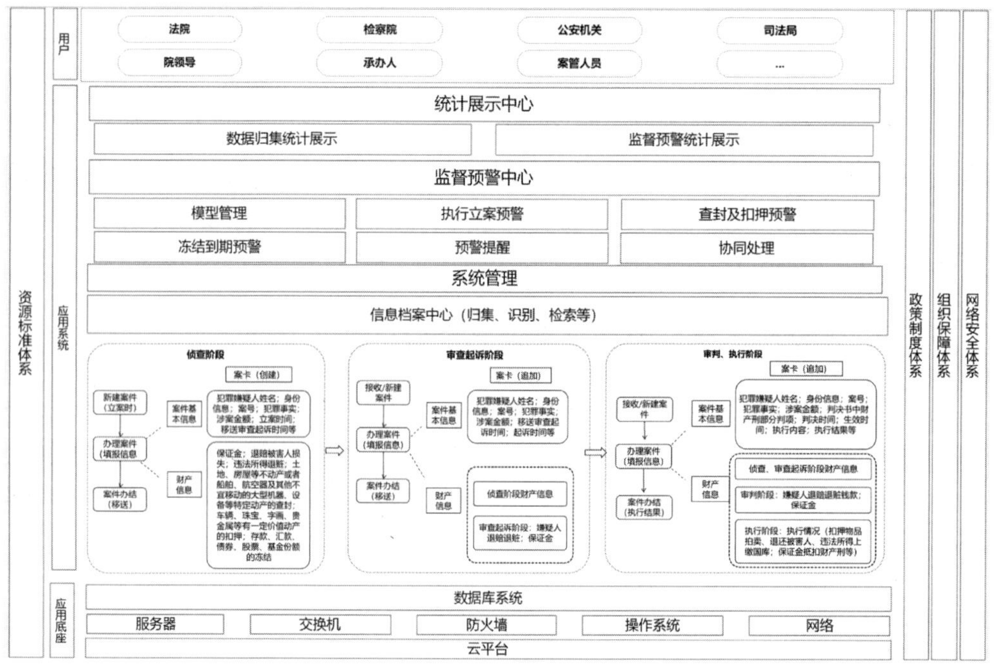

图 1　全流程追赃挽损智能化平台总体框架

2. 监督预警模块

监督预警模块依托信息档案模块，通过内嵌预警模型，对涉案财物数据进行实时检测，搭建刑事涉案财产类案件中执行立案超期、查封及扣押到期未处置、财物冻结到期未处置、判决生效后保证金未划转执行财产刑判项等监督模型，形成“综合分析—数据碰撞—预警提醒—送达处置—协同反馈”的数字化监督闭环。通过“一案一追踪”，保障涉案财物精准处置，确保司法活动合法合规，提高执法公信力。具体可分为两步走，一是检察机关可借助数字检察建模开展类案筛查，即时发现“未及时移交法院用于财产刑判项执行”“未及时发还当事人”“未及时上缴国库”等财产刑判项执行监督线索，监督公安机关、审判机关开展专项清理。二是检察机关可将数字检察模型内嵌为智能化平台的监管预警模型，保障涉案财物处置合法合规，推动法律监督常态化运行。

3. 统计展示模块

统计展示模块依托信息档案模块和监督预警模块进行信息实时提取，以驾驶舱形式全景呈现涉案财物数据流转和预警提示，界面中个案信息以滚动图的形式呈现，利用统计图表将刑事涉案财产整体数据、监督预警关键数据、信息分类数据等数据，进行可视化展现。通过实时提供罪犯可供执行财产的全部信息，实现“一案一策”，精准掌握财产刑判项执行具体情况，及时解决“久拖不执”问题，践行司法为民、服务中心大局。

生成式人工智能赋能刑事检察工作探析

——以 DeepSeek 在刑事检察中的应用为例

马连龙　魏博闻[*]

人工智能技术正以前所未有的速度重塑司法实践格局，DeepSeek 作为现象级 AI 推理模型，其法律场景应用已从理论探讨转向实务落地。如贵州省检察院技术部门在深入学习 DeepSeek 人工智能大模型等相关技术基础上已迅速在检察工作网私有化部署并上线 32B 蒸馏版大模型，供全省检察干警在法律检索、案例分析、说理论证、文书校验等方面进行探索应用①。刑事检察工作作为国家法律监督及刑事诉讼的核心环节，兼具证据审查的精密性、法律适用的严谨性、程序合法的绝对性以及信息处理的涉密性四大特征。如何立足检察工作规律以及现有法律规范，针对人机协同机制、保密管理、风险防控等关键问题构建安全可控的智慧检务体系是未来需要深入思考的问题。

一、生成式 AI 在刑事检察领域的应用考察

刑事检察业务对技术工具的需求从实践的角度实质呈现为专业化、场景化、安全化三维特征，未来的融合对接流程也需从这三个方面去考虑，从而实现与 DeepSeek 等生成式 AI 的联动。在刑事检察业务与 DeepSeek 等生成式 AI 的联动角度又分别可以总结为证据的审查、法律的适用、运行

* 马连龙，青海省人民检察院第二检察部四级高级检察官，省级检察业务专家；魏博闻，福建省人民检察院第十检察部检察官助理。

① 参见《贵州省检察机关积极探索人工智能赋能服务检察业务工作》，载微信公众号“贵州检察”2025 年 2 月 14 日。

机制的协同三个方面，下面分别进行展开说明。

（一）实现穿透性证据审查

超越传统电子卷宗（包括现有政法协同系统平台、公检法监察委各自系统平台）的平面化展示，以“合法性、真实性、关联性”证据三性要求，结合公诉目的最终实现证据链动态校验与矛盾点自动标注。DeepSeek等生成式AI可基于Transformer架构的时序分析模块，快速识别言词证据与客观证据的时序矛盾，[①] 以个案卷宗文本结构化到证据链智能校验再到矛盾点可视化，进而实现整个案件证据分析的精准化，为后续事实认定和法律适用奠定基础。

（二）实现图谱化法律适用

以案件法律推理大前提需求为主导，将个案可能用到的分散刑法条文、司法解释、指导性案例构建为可交互推理的立体网络，结合三个效果需求，说理释法进而实现精准法律适用目的并同时符合“三个善于”要求。可构建包含目前诉讼中所有法律节点、关系边的刑事法律知识图谱，支持罪名竞合情形下的多维推理。已有实务工作者运用DeepSeek测试区分挪用资金罪与职务侵占罪，显示模型准确率达90%，显著高于传统检索系统。

（三）实现精细化机制运行

以罪责刑相适应原则为出发点，通过量刑参数建模、类案偏离度分析等技术手段降低自由裁量权滥用风险，避免量刑建议的不精准等问题。可在现有检察业务应用系统软件中量刑辅助基础上量刑参数建模，通过整合最高法、最高检量刑指导意见、各省实施细则与公开的数十万份生效判决，建立包含核心变量的量刑预测模型，并能生成相应的预测说明，实现量刑建议的精准化。运行机制整体上遵循“机器做基础、人类做判断”的原则，通过重构审查逮捕、公诉、诉讼监督等工作流程，特别是在流程中增设检察官生成式AI辅助基础上的亲历性办案环节，确保检察的人性化

---

① 鲁建武：《生成式人工智能的实战应用》，载微信公众号“安徽检察”2025年1月28日。

温度和办案中业务由人主导的实现。最终将实现刑事检察业务从“经验驱动”向“数据—规则双轮驱动”的范式转换。

二、生成式 AI 赋能刑事检察的风险防范

利用现有生成式 AI 算法构建专用智慧体赋能办案与进行认知协作是未来革新的方向，但其中的风险也是值得关注的。

（一）DeepSeek 等生成式 AI 幻觉的识别与阻断

1. 矛盾检测机制

在目前的试点中，部分地区检察人员发现在法律适用等部分问题上，生成式 AI 基于算法的缺陷，推荐适用的法条存在自我编造的情形，而且部分总结的事实存在明显不符合经验法则的情况，其实质是生成式 AI 幻觉问题。笔者认为在刑事检察领域可采用逻辑一致性验证模块（LCVM），通过以下路径阻断 AI 幻觉：采用谓词逻辑检验法，将证据要素转化为一阶谓词逻辑表达式，利用 Z3 求解器检测矛盾。同时加大提示词工程的精准度，训练时输入准确的要求。当 DeepSeek 等生成式 AI 输出出现例如“同一证据既证明自首情节又证明抗拒抓捕”等逻辑悖论时，系统应自动触发红色预警。对 DeepSeek 等生成式 AI 也可用时序图谱分析，在辅助案件办理时构建时序图谱，运用动态时间规整算法（DTW）识别异常。

2. 知识盲区标注

因法律修改频繁，且存在大量正在实施的授权性司法改革事项，再加外在安装的后端等限制，对于系统内布置的生成式 AI 往往输入有限且迭代缓慢，容易造成自我知识盲区。例如，对未成年人附条件不起诉等需要特殊司法政策考量的领域，设置“该问题涉及未成年人司法特殊规则，建议参考《人民检察院刑事诉讼规则》第×章”的强制提示，才能避免出现量刑建议违背未成年人刑事检察要求、经验法则的情况。对于案例的检索，要限定搜索的范围和领域，比如对于案例优先限定搜索指导案例、典型案例和“两高”编写的各类指导用书中的案例等。

（二）人机权责的清晰界分

生成式人工智能目前的阶段依旧是辅助工作的角色，这个过程中检察

官的主导作用特别重要，需要避免陷入“工具主义”的盲区。[①] 基于刑事检察工作中部分个案可以预见的司法责任制追究问题，笔者认为可以从两个方面加以注意。第一个是使用过程的全程留痕问题。基于刑事检察司法责任制安全保密和检察官亲历性办案等要求，所有 DeepSeek 等生成式 AI 参与环节均需在检察业务应用系统标注“智能辅助审查节点”，保留原始提问指令与输出结果备查。这对后续可能出现的司法责任追究问题具有证据意义，有利于准确区分人机责任。第二个是责任回溯问题。需要注意的是，若因 DeepSeek 等生成式 AI 错误导致案件质量问题，追究过度依赖 AI 弃守实质审查职责的承办人责任，而非简单归咎于技术缺陷，需创设新的职业伦理要求予以规范，为未来的惩戒等工作服务。

（三）构建“技术—规范—操作”三维安全防控体系

如前文所述，对刑事检察技术依赖的深化易催生新型风险，如数据主权风险、失密风险、算法黑箱风险、代码后门等窃密风险，只有检察技术装备不断迭代，才能确保这些智能办案系统的合规性。而避免这些风险需要从制度层面构建“三维防护体系”，一是技术加固，技术层实施“三员分立”机制（分设系统管理员、安全保密管理员和安全审计员以实现相互监督和制约），对训练数据实行物理隔离与同态加密，避免源头失密窃密；二是规范约束，建立算法备案审查制度，确保模型决策路径可回溯，破解算法黑箱；三是操作控制，强化检察官法要求的专业判断优先原则，设定 AI 辅助决策的“熔断阈值”，防范技术代差引发的系统失控风险。这种“技术可信 + 程序可控”的复合治理模式，既契合《新一代人工智能伦理规范》第 8 条的安全可控原则，更通过法律与技术的内生性调适，为刑事检察智能化转型提供了制度性解决方案。

三、生成式 AI 在刑事检察领域的优化方向

对于 DeepSeek 等生成式 AI 在刑事检察领域未来的发展前景，笔者认为构建专用智慧体是一个可行的发展方向。

---

① 参见清远检察融媒体中心：《人工智能融入检察元素，如何应对挑战实现蝶变》，载微信公众号“数字检察”2025 年 2 月 12 日。

（一）法律认知科学视角下双通道处理模型构建

基于丹尼尔·卡尼曼（Daniel Kahneman）认知心理学上的双系统理论，笔者认为，为满足目前刑事检察工作中最典型的场景——审查起诉工作的实践需要，可率先在现有检察业务应用系统软件基础上试点部署“双通道处理数字检察模型”作为专用智慧体。通过系统1（直觉通道）与系统2（分析通道）的协同运作，实现法律推理过程中效率与公正的价值平衡。

在系统1（直觉通道）中，DeepSeek等生成式AI依托法律认知科学中的“模式识别”原理，通过神经符号系统快速完成基础法律事实的自动化处理。例如在天津静海区人民检察院尝试的类案量刑区间预测场景中，系统基于海量裁判文书构建的法律行为概率图谱，可即时生成量刑建议分布热力图。此过程模拟人类检察官的直觉判断，通过算法实现响应速度的指数级提升（部分试点检察院反馈实验数据显示，单案处理时效从4.2小时缩短至9分钟）。[①] 系统2（分析通道）则聚焦于法律论证的理性校验，其运作机制契合法律认知科学中的“证成理论”。当系统1输出初步结论后，检察官通过三维校验框架进行深度分析。首先是规范校验层。比如对于量刑辅助部分可对照《刑法》第61条量刑原则，检测AI建议是否突破法定刑幅度。其次是价值权衡层。运用“比例原则测试矩阵”，评估刑罚强度与罪责程度的动态平衡；最后是社会效果层。借助“司法公信力预测模型”，模拟裁判结果的社会认知反馈。

（二）领域模型的本地化部署

1. 数据闭环构建

结合刑事检察工作的特殊性，笔者认为在一般大模型基础上应训练涵盖逮捕必要性评估、非法证据排除规则、认罪认罚从宽适用等“动态法律”子模型的专用智能体，需考虑到检察工作系经验为主的工作，因此该类DeepSeek等生成式AI数据标注应由具备丰富办案经验的检察官团队参与完成。故建议由具有十年以上办案经验的检察官团队完成训练，且要基

① 参见《DeepSeek等人工智能未来可能引发检察工作的变革》，载微信公众号“律检小北”2025年2月10日。

于“数据闭环+知识边界”的双重约束，提出刑事检察专用智能体开发框架，进行刑事领域知识蒸馏，采用 BERT-BiLSTM-CRF 混合模型，对目前《刑事审判参考》已发布的在辑案例进行实体关系抽取，构建涵盖涉及全部罪名要素的标注体系与应用系统，更能适应目前刑事检察的需求。

2. 知识边界管理

首先，基于刑事检察工作的特殊性，一般的模型适应存在专业壁垒问题，可能效果不佳，这也是广东等地在 2024 年适用国内部分通用大模型的经验。所以笔者建议在部署基于检察业务应用系统的任何生成式 AI 时需设置“法律知识可信区”与“自由推理警戒区”。例如，在存在明确司法解释的领域开放 DeepSeek 等生成式 AI 推理；对于当前有争议相对前沿的问题要限制 DeepSeek 等生成式 AI 自由发挥，对输出结论强制关联指导案例、典型案例、刑事审判参考案例、省级以上公检法等协商会议纪要结果，确保有关生成的结果符合检察官办案需求。

其次，同步构建推理权限分级制度。对系统内部署的生成式 AI 进行推理权限分级，可区分为“红—黄—绿”三区知识领域，对不需要特殊指引直接可适用全部法律知识大前提的推理事项视为绿色区域，对需要限定一定区域、年限、范围的法律知识作为大前提的推理事项划分为黄色区域，例如在量刑辅助计算中，限定模型仅适用本辖区市的已有判例作为参考。[①] 对部分案件事项推理中仅能使用某一条法律法规或者解释案例的限定为红色区域，例如针对欺诈发行类证券犯罪案件，限定模型只可采用红色领域知识——最高检发布以证券犯罪为主题的第五十五批指导性案例，进行类比推理。

（三）生成式 AI 应用的场景化切割

首先是 AI 初步筛查场景，主要指可授权 DeepSeek 等生成式 AI 处理的通用事务，包括法律文书格式纠错、程序性文书自动生成、公开案例的初步筛查等。如补侦提纲智能生成，在某省重大案件的补侦提纲制作中，利用数字检察模型，通过资金流水聚类分析，自动生成包含 23 项补侦要点

---

① 参见强峰、张宏：《基层院拓展类案监督数字化应用的发力点》，载《检察日报》2025 年 1 月 8 日。

的清单，较人工编制效率提升 4 倍。[①] 按目前 DeepSeek 已有模型的观察，其处理通用事项效率将进一步提高，这部分技术已经相对成熟，后续部署后也不需要人工特别干预，在完成筛查后检察官可直接审核结果。

其次是证据审查场景，包括证据证明力的实质审查、对非法证据的排除、法律适用、量刑建议的价值权衡、抗诉必要性的综合评估等。如在重大职务犯罪案件中，可将基础事实梳理、资金流水分析交由 DeepSeek 等生成式 AI 完成，而行受贿合意推定、量刑情节裁量等核心环节仍由检察官主导。如在审查起诉阶段的补充侦查环节，生成式 AI 可自动生成《补侦要点提示表》并动态跟踪侦查机关反馈质量，为检察官起草高质量补侦提纲提供辅助。在审判监督领域，承办检察官可以在接到送达的判决书后让 AI 先期进行审核，提出疑问点，再判断是否需要启动相应的监督程序。对于侦查监督而言，可以将江苏检察机关总结出来的《证据审查百问表》持续优化嵌入智能体，对导入的卷宗进行自动化判断，提出的疑点由检察官审核，启动相应的侦查监督机制，并动态跟踪侦查机关整改情况，确保案件治理。[②]

最后是反向审视场景，可运用自然语言处理技术解析判断，判断过往司法行为的结论合法性、逻辑合理性。以生成式 AI 验证裁判文书为例，生成式 AI 可自动标注与起诉书的事实认定差异。这里面需要注意的是，如前所述由 DeepSeek 等生成式 AI 加持的类似模型在检察业务应用系统软件部署时，为避免程序出错和结果偏离司法认知等问题，应通过构建法律知识可信区与自由推理警戒区的动态边界管理系统，有效平衡 AI 创新应用与司法确定性的价值冲突。

（四）专业提问驱动的深度交互

首先要明确任何生成式 AI 特别是 DeepSeek 等国产大模型的实用价值与检察人员的输入提问质量呈正相关。在检察环节应用生成式 AI 需建立侦查思维导向的交互范式，通过多维度、渐进式提问来挖掘深层信息。例

---

① 参见杨军、严俊：《人工智能赋能检察工作，如何实现“四个蝶变”?》，载微信公众号“法治日报”2024 年 9 月 22 日。

② 参见陈炳旭：《智能应用场景赋能高质量案件评查》，载《法治日报》2025 年 2 月 15 日。

如，为减少阅卷工作量，利用生成式 AI 提高阅卷效能，需要系统化、标准化提问指令，规范、优化提问方式。主要体现在以下几个方面：

1. 基础事实层

目前检察官办案以阅卷方式审查侦查机关提供的证据卷为起点，在部署的生成式 AI 辅助下录入全部证据后，可尝试对具体问题进行发问——例如就某犯罪嫌疑人是否有作案时间可输入“根据现有证据材料，能否认定犯罪嫌疑人于×年×月×日×时（案发时间）出现在案发现场?”等加以验证事实上可能存在的逻辑冲突。在 DeepSeek 等生成式 AI 给出答案后，检察官可结合案件其他证据材料进行人工复核，目前天津等地通过部署尝试，试用检察官反馈其应用已体现出效率上的优势。

2. 证据充分性层

目前我国没有统一的证据法，刑事证据规则散见于刑事诉讼法、最高人民法院《关于适用〈中华人民共和国刑事诉讼法〉的解释》、《人民检察院刑事诉讼规则》等法律、司法解释、司法规范性文件中。近年来，关于电子数据还陆续出台了《关于办理刑事案件收集提取和审查判断电子数据若干问题的规定》《公安机关办理刑事案件电子数据取证规则》等专门性规定。检察官只有对这些法定化的证据规则了然于心，才能在阅卷、审查具体证据时有的放矢。体系化构建全案证据链条，破解证据之多；技术化审查，破解证据之专；实质化审查，破解证据之杂，带着这样的思路去阅卷，建立环环相扣的证据体系，才有望真正达到“事实清楚，证据确实、充分”的证明标准。在这个过程中，通过 DeepSeek 等生成式 AI 的辅助可以节省大量的时间，比如针对常见的故意伤害案件，其中最重要的审查判断要点——该故意伤害案中的伤情鉴定意见是否满足《刑事诉讼法》第 55 条“排除合理怀疑”的要求？可以在 DeepSeek 等生成式 AI 给出答案后再结合案件其他证据材料进行人工复核。[①] 再如，通过输入指令“电子数据提取笔录未记载哈希值校验过程，是否影响证据合法性认定?”结合 DeepSeek 等生成式 AI 给出的答案及案件其他证据材料进行人工复核。

---

① 参见杨军、严俊：《人工智能赋能检察工作，如何实现“四个蝶变”?》，载微信公众号“法治日报”，最后访问日期 2025 年 2 月 11 日。

3. 法律适用层

一般案件办理中为了准确裁判，检察官必须先确定案件事实并为此掌握确实充分的证据，然后再确定适用于该案件事实的有关法律规定，最后从已查证属实的事实和已确定的法律规定出发推论出结果。而现已有律师在代理实践中试用验证，DeepSeek 等生成式 AI 在进行以事实为基础的法律推理并形成建议性法律适用方面的准确率很高，并可区分相近的刑法罪名。为此，可以在审查过程中对遇到法律适用难题时进行引导式提问，比如针对职务犯罪中常见的疑难点，即可在 DeepSeek 等生成式 AI 已输入卷宗、检察官已形成案件事实概况的情形下尝试进一步提问“在本案中区分挪用资金罪与职务侵占罪的关键点是什么?”“最高人民法院第 × 号指导性案例对本案量刑情节的适用有何启示?”，辅助检察官形成审查报告结论。

（五）提示词工程的标准化建设

实践证明，任何生成式 AI 目前的实践实质就是“人输入提示词—生成式 AI 输出结果”的一个过程，所有生成式 AI 输出的结果能否满足输入者所需，除了生成式 AI 本身的算法和迭代外，关键就在于提示词的规范性与准确性。所以在生成式人工智能应用领域产生一种新的术语，叫提示词工程。而提示词工程建设在目前贵州省检察机关探索中也证明在刑事检察领域中是适用的。提示词工程其核心在于清晰、准确地传达需求，类似人与人的沟通交流。对于刑事检察等领域如何规范地使用提示词，北京航空航天大学法学院副教授赵精武在《DeepSeek 法律学者使用指南》一文中率先进行了探索，结合刑事检察实际和其文中提到的数据，笔者认为可继续从以下两个方面进行优化。

1. 要素结构化设计

采用“主体、行为、规范、目标”四维模板优化刑事检察领域的提示词工程。如我们要解决当前电信诈骗案件中突出的问题，可发出形成类案指引指令，为实现要素结构具体化，可以以个案为样板进行设计。例如，检索 2020 年至 2023 年某地检察机关办理的电信网络诈骗案件（主体）；重点归纳分析利用虚拟货币洗钱的行为模式（行为）；参照“两高一部”《关于办理电信网络诈骗等刑事案件适用法律若干问题的意见》（规范），生成虚拟货币洗钱路径识别规则（目标）供检察官参考。

2. 验证机制嵌入

为避免 DeepSeek 等生成式 AI 现已凸显的幻觉误导检察官忽略对输出结论进行“三性审查”，有必要嵌入验证机制。以常见的电信诈骗类案件为例，首先是逻辑自洽性，核查证据分析是否符合经验法则（“转账记录与供述的时间矛盾能否合理解释”）；其次是规范符合性，对照《人民检察院办理网络犯罪案件规定》等专项规范进行合规校验；最后是经验可靠性，对 DeepSeek 等生成式 AI 提出的“最终认定建议”可根据经验法则由承办检察官进行初步审查，必要时提交检察官联席会议进行实质化讨论。

需要说明的是上文所讨论的技术方案为前期数字检察有关模型的规律性综合及 DeepSeek 试用体验后得出，所有设想技术方案后期我们认为均应通过最高人民检察院信息中心合规性评估后实施，专用智能体训练数据均应经脱敏处理并符合个人信息保护法、《人民检察院案件信息公开工作规定》等规范的要求，应用过程全流程日志的留存期限应按有关规定执行。

一体抓实“三个管理”背景下民事检察简易听证制度的完善路径*

江西省人民检察院民事检察简易听证课题组**

2024年10月，最高检党组作出“一取消三不再”，一体抓实“三个管理”的重大决策，在此背景下，探索在民事检察案件中适用简易听证制度，对大量“简案”“小案”开展简易听证，实现繁案精办、简案快办，对民事检察回归高质效办案本职本源具有重要意义。

一、一体抓实“三个管理”的内涵与要求

检察机关“三个管理”是科学管理方法在检察系统的运用和发展，其根本源于对习近平新时代中国特色社会主义思想的领悟和践行。①

具体而言，“三个管理”是指检察业务管理、案件管理和质量管理。检察业务管理强调对检察工作整体趋势和规律的把握，为科学决策提供依据；案件管理注重对办案流程的全方位监督，确保司法责任制落实；质量管理则通过案件评查和责任追究，保障案件质量。这就要求民事检察工作更加注重整体质效与个案公正的统一，确保每一起案件都能经得起法律和

---

* 本文系江西省人民检察院2024年度民事检察简易听证制度研究课题的阶段性成果（编号：JXJC2024A01）。

** 课题组负责人：罗军，江西省人民检察院检察委员会副厅级专职委员、第六检察部主任、二级高级检察官。课题组成员：谢小剑，江西财经大学法学院副院长、教授、博士生导师；孙怡，江西省人民检察院第六检察部副主任、三级高级检察官；俞红初，江西省人民检察院第六检察部一级检察官助理；吴浩，江西省抚州市人民检察院第五检察部五级检察官助理。

① 余红、刘松茂：《抓实“三个管理”高质效办好每一个案件》，载《检察日报》2024年11月2日。

历史的检验；强调对办案流程的精细化管理，推动司法责任制落实到每一个环节；倡导以质量为导向的工作机制，激励民事检察人员主动作为、勇于创新。一体抓实“三个管理”的新要求，为民事检察简易听证工作提供了良好的制度环境和理论基础。

二、民事检察简易听证制度概述

（一）民事检察简易听证制度的历史沿革

现代听证制度诞生于英国，其听证内涵源于英国1215年大宪章中的“自然正义”，要求行政机关以“自然公正”原则为基础行使行政权力。我国听证领域的探索源于1996年施行的行政处罚法（已被修改），其中第42条首次以立法形式规定了听证制度，并规定了听证程序。检察机关为充分保障当事人的参与权、表达权、申诉权，最大限度实现程序正义，围绕听证制度的构建和完善进行了诸多实践。1999年5月最高人民检察院出台《人民检察院办理民事行政抗诉案件公开审查程序试行规则》(现已失效)，其中首次规定要公开听取当事人陈述。2020年9月，最高人民检察院发布《人民检察院审查案件听证工作规定》，进一步加强和规范检察机关以听证方式审查案件工作。2021年6月，党中央印发《中共中央关于加强新时代检察机关法律监督工作的意见》，明确提出“引入听证等方式审查办理疑难案件”，检察听证上升为党中央对检察工作的制度性要求，成为检察机关的一项重要政治任务，也为民事检察听证制度的全面落实指明了根本方向。同年，最高人民检察院修订《人民检察院民事诉讼监督规则》，最高人民检察院民事检察厅印发《民事检察部门诉讼监督案件听证工作指引(试行)》，对民事检察听证制度作出明确规定，民事检察听证制度迈入了全新发展阶段。2022年1月，最高人民检察院印发了《人民检察院听证员库建设管理指导意见》，促使检察听证工作深入发展。2022年初召开的全国检察长（扩大）会议要求各级检察机关全面推开简易公开听证，通过阳光司法及时就地化解矛盾，将新时代“枫桥经验”落到实处。2022年4月，最高人民检察院控告申诉检察厅印发《人民检察院办理控告申诉案件简易公开听证工作规定》。此后，各地民事检察部门联合控告申诉部门积极探索开展民事检察简易听证工作，积累了一定实践经验。

（二）民事检察简易听证制度的概念

根据《民事检察部门诉讼监督案件听证工作指引（试行）》第 2 条的规定，民事诉讼监督案件听证是指人民检察院在审查民事诉讼监督案件过程中，为查明事实或解决争议，按照一定的规则和程序组织召开听证会，就事实认定、法律适用和案件处理等问题，充分听取听证员、各方当事人和其他参加人意见的案件审查活动。上述规定是民事检察普通听证制度的概念。民事检察简易听证制度是对民事检察普通听证程序的简化，指检察机关在处理特定民事检察案件时，采取简化程序、便捷高效的方式进行听证的制度。

（三）民事检察简易听证制度的特征

民事检察简易听证是普通听证的补充，两者在司法理念、司法原则以及机制构建理念等大方向上是相同的。民事检察简易听证不但具有普通听证的特征，还有其独有的特征。一是简便性。简易听证在召开条件、听证流程、听证参与人等方面均有所简化。根据案件的实际情况，在普通听证程序上合理“减负”，既减轻检察人员的办案压力，也能保障当事人的参与监督权利，同时响应最高检“应听证、尽听证”的工作原则。二是及时性。《人民检察院办理控告申诉案件简易公开听证工作规定》第 3 条中规定简易听证要坚持“及时就地”原则。这表明简易听证具有时间和地点上的当场性。根据案情需要随时可以召开，及时解决申诉人的问题，避免长时间拖延造成的矛盾加深，同时在法律规定的基础上放松对地点的限制，尽可能扩大可以进行听证的地点，方便申诉人参加听证。三是实效性。简易听证要坚持“规范高效”原则，简易不等于随意，简单不等于不正规，根据个案的实际适当简化程序，解决以往单一程序僵化、低效的缺点，是在保障听证质量、社会效果、法律效果的前提下有所简化。四是普适性。简易听证的案件适用范围较广，参照《人民检察院办理控告申诉案件简易公开听证工作规定》第 4 条的规定，对于事实清楚，证据确实、充分且处理适当的民事检察案件，原则上都可以适用简易听证。

三、适用民事检察简易听证制度的重要意义

（一）有利于强化案件审查，提升办案质量

《民事诉讼法》第220条规定，当事人申请检察监督限于一次。也就是说，当事人对生效裁判不服申请一次检察监督后，理论上诉讼程序即告终结。[①] 诉讼法上的有限再审制度，目的是解决终审不终诉的难题，而实际上进入检察监督环节的民事检察案件，在前期都经历了多次诉讼，双方当事人都投入了大量时间、经济成本，矛盾突出，尤其是申请人一方，因其诉求未得到法院的支持，对法院有强烈不满情绪，把案件“翻盘”的期望全部寄托在检察机关上，检察机关作出不支持监督申请决定或者复查维持原不支持监督申请决定后，申请人积怨得不到消解，导致部分案件进入涉诉信访通道。以民事生效裁判监督案件为例，2023年全国检察机关审结7.5万件，共提出监督意见1.4万件，[②] 不支持监督申请案件占八成以上，成为近年来检察机关信访案件的主要来源。如何消除当事人对不支持监督申请决定的质疑，是检察机关亟待破解的重要课题。根据J省近年来的探索，针对民事不支持监督申请案件“应听证尽听证”，是一种值得推广的案件审查方式。检察机关通过听证可以听取多方面的意见、获取更全面的信息，以公开促公正、树公信，为案件质量赋予更多保障。

（二）有利于节约司法资源，提升办案效率

长期以来，与刑事检察、公益诉讼等业务相区别，民事检察呈现“倒三角”的格局，基层院是办理审判违法监督、执行活动监督、支持起诉等案件的主力军，大量的生效裁判监督案件则集中到最高检，省级、地市级检察院。尤其是自2021年10月最高人民检察院控告申诉检察厅印发《民事申请复查案件初核工作指引》以来，民事复查案件急剧增长。以J省民事复查案件为例，2021—2024年的受理数分别为7件、63件、93件、130

---

① 四川省高级人民法院、四川省人民检察院课题组：《民事检察案件中检法协作促成和解机制研究》，载《民事检察工作指导》2022年第4辑。

② 以上数据来源于最高人民检察院《民事检察工作白皮书（2023）》。

件，呈逐年递增态势。面临持续增长的案件数量，考虑到组织召开听证会的繁琐流程，一些地市级以上检察院的检察官不免知难而退。在司法实践中，部分案件在诉讼阶段的实体和程序处理并无不当，但当事人因“争一口气”的执念而不停申诉，这就需要检察机关耐心做好释法说理和答疑解惑工作。针对这类案件开展听证，不仅可能在源头上防止当事人重复信访，甚至越级上访，而且能够避免当事人诉累、节约司法资源。就听证方式而言，普通听证在保障案件公平正义方面具有其内在价值，但流程多、准备时间长，此类案件可以通过简易听证的方式进行“流水化作业”，既能解决民事检察官的后顾之忧，又能大幅度缩短审查时长，提升办案效率，让公平正义更好更快实现。

（三）有利于保障当事人合法权益，提升办案效果

在法院审理民事案件期间，参与诉讼的除了法官等司法工作人员，大多数时候只有双方当事人或其诉讼代理人，办案模式相对封闭。案件进入检察机关后，主要是书面审查，相较于法院的开庭审理，案件处理过程甚至处于更加封闭的状态。检察机关通过组织简易听证，一方面邀请听证员为司法办案提供重要参考；另一方面提供给双方当事人，尤其是申请人一个在公开场合表达自身诉求的平台，充分保障人民群众对检察工作的知情权、参与权和监督权。此外，当事人因在检察听证中诉讼主体地位得到更充分体现，更认同这种程序导出的案件结论，有利于解开“法结、心结、情结”，从根本上化解社会矛盾，实现“三个效果”的有机统一。[①]

四、民事检察听证制度现状及不足

近年来，我国部分地区检察机关已经开始探索实行民事简易听证制度，取得了一定成效。例如，J省检察机关在处理事实清楚、争议不大的民事申诉案件时，采用书面审查与简易听证相结合的方式，大大缩短了办案周期，促成多起案件和解撤诉，提高了当事人的司法获得感。然而，从全国范围来看，民事检察听证制度仍处于起步阶段，如2024年全国刑事、

① 中国军：《中国检察特色听证制度理论与实务研究》，载《人民检察》2023年第7期。

民事、行政、公益诉讼“四大检察”听证案件的比例为77∶7∶5∶11，对民事诉讼监督案件听证同比下降3.2个百分点，民事检察听证案件适用率与人民群众的新期待仍有较大差距。

（一）普通听证程序较为繁琐

现行检察听证制度规定流程过于复杂。一是审批程序较繁琐。根据《人民检察院审查案件听证工作规定》，听证需要“三级审批”的行政式流程，即由案件承办人层报处室负责人、检察长同意才能启动听证，降低了承办案件检察官的自主性，同时审批时间也会加大案件审限压力。二是听证前的准备工作较繁琐。根据现有规定，在人民检察院决定召开听证会后，应当提前进行听证前准备工作，将听证时间、听证地点告知给当事人。检察机关召开听证会不仅要协调、召集各方人员，还要同步筹备听证会，这对检察机关的人力支撑和时间耗费都提出了较高的要求。三是听证流程较繁琐。普通听证程序需要经过十多个环节，对于复杂疑难案件来说，能够最大限度保证程序正义，但对于一些案情简单、事实清楚、适用法律依据无误的案件，适用普通听证程序会浪费大量司法资源。[①]

（二）适用范围不明确

现有民事检察听证制度仅规定了粗线条的案件范围，但未结合民事检察不同案件类型的特点进行科学分类。以J省检察机关为例，2021年至2023年共受理民事检察案件1.3万余件，实行听证2500余件，其中基层院2300余件，市级院170余件，省级院10余件。从案件类型看，民事生效裁判监督、民事审判程序中的违法行为监督、民事执行监督、复查案件、跟进监督、支持起诉等均有涉及，其中支持起诉案件占80%以上。从办案层级看，省级院仅占听证案件总数的0.4%，“头雁”效应没有得到充分发挥。实践中，各级检察院面临的困境各有不同，如基层院主要是审判程序违法监督案件程序不可逆、支持起诉案件逐年增长的问题，省、市两级院主要是生效裁判申诉案件不符合监督条件、民事复查案件快速增长的问题。因此，在全省三级院统一适用一套普通听证程序，不利于听证制度的推广和发展。

---

① 杨晶晶：《检察简易公开听证制度研究》，青海师范大学2023年硕士学位论文。

（三）启动方式较为单一

现行听证启动方式的规定比较笼统，可能导致当事人的合法权益得不到充分保障。如《人民检察院民事诉讼监督规则》第 54 条规定，检察机关认为确有必要的，可以组织有关当事人听证，《民事检察部门诉讼监督案件听证工作指引（试行）》第 13 条规定了听证的启动方式为依职权启动，即承办检察官在办理案件中，认为确有必要听证的，可以组织召开听证会。实践中哪些情况属于“确有必要”，此处的“可以”是否理解为听证都是检察机关依职权，当事人申请是否能启动听证？这些问题未予明确。根据 J 省民事检察听证的实践情况，绝大部分听证案件是检察机关依职权启动，依当事人申请的听证案件数量极少，且开展听证的大多是法律效果好、可以现场促成和解或者提出监督意见的案件，而大量矛盾尖锐、存在缠访闹访可能的不支持监督申请决定案件、复查案件却未采取听证的形式，偏离了听证作为矛盾化解方式的价值导向。

（四）人员素质参差不齐

从 J 省的司法实践看，部分检察人员开展听证能力较弱，离高质效办案的要求有较大差距。例如，在听证过程中缺乏必要的法律知识和实践经验，无法准确把握案件的关键问题；在听证技巧和沟通能力方面存在欠缺，难以有效引导听证过程，确保听证的公正性和效率。个别案件甚至因检察人员言行不当，导致听证会现场矛盾激化的情况，这不仅影响听证的质量，还可能导致当事人对案件处理结果的不满和质疑，进而引发新的社会矛盾。

（五）配套保障机制不够健全

现行听证制度对听证员、经费和信息化等配套机制有所涉及，但仍不完善。一是听证员的选任标准尚不明晰，对其专业水平、知识背景、社会经验等均未作出规定。听证员的退出机制尚不健全，对于不称职或已不具备履职条件的听证员缺乏有效的评价和退出机制。有的听证员参与度不够高，入库后履职积极性较低的现象一定程度上存在。二是地方检察机关普遍存在听证经费保障不到位、听证经费标准参差不齐等问题。有的地区因财政紧张，邀请同一名听证员参与多个听证案件，但只支付一次听证费用；有的地区同时邀请普通听证员和担任人民监督员的听证员参与听证，却仅向普通听证员支付费用。三是信息化建设滞后，影响了听证的效率和透明度。例如，缺乏统一的信息化平台，使得听证过程中的信息记录、传递和共享不畅；信息化技术的应用不足，导致听证过程的透明度和公信力受到影响。

五、民事检察简易听证制度的完善路径

（一）构建繁简分流听证机制

民事检察听证的案件类型较多、范围较大，应当在听证前对案件进行分类，适用合适的程序进行听证。对疑难复杂、拟提出监督意见等类型案件适用普通听证程序，对案件事实简单、法律依据无误的案件适用简易听证，通过繁简分流实现繁案精办、简案快办。例如，对于受理环节研判属于申诉信访类案件的，可以抓住申请人到访首日的黄金期，在值班律师、心理咨询师的共同参与下，侧重从法理和情理上进行释法说理，引导申请人撤回监督申请，避免大量不符合监督条件的案件导入办理环节。对于案件标的额小、民事主体清晰明确、民事关系简单、证据充分但双方情绪激动、矛盾冲突较大的生效裁判监督案件，可以先采用“背对背”的听证形式，让双方当事人对案件分别发表自己的看法，双方之间不质辩、不交叉询问，主持人和听证员以双方的陈述表达为依据进行分析研判，必要情况下再采取“面对面”的听证形式，将双方当事人共同邀请到听证会进行对质。

（二）优化民事检察简易听证程序

一是丰富召开方式。目前，民事检察简易听证的召开方式主要是“依职权”启动的方式，“依申请”启动的较少。公众对简易听证程序还很陌生，甚至存在误解，认为是检察机关为了完成特定工作程序就案办案、机械办案，对适用简易听证程序办理案件的公正性、客观性产生怀疑。各级检察机关应当加大简易听证的宣传力度，扩大简易听证的群众知晓度，推动简易听证从“依职权”向“依职权 + 依申请”拓展。二是简化启动程序。简化“三级审批”的行政工作流程，将简易听证的启动决定权下放至

承办检察官，让承办人可以根据案情需要自行决定召开与否，确保实现简易听证的快速运转。三是降低时间和地点门槛。简易听证的时间可以在申请当日或者到访日召开，无需过长的召开前通知时间。各地也可以固定工作日内某一天为简易听证集中开展日，对符合条件的民事检察案件集中召开简易听证，由值班律师、心理咨询师进行集中评议，提高听证效率。简易听证的地点选择应更为灵活，既可以按部就班在检察听证室召开，也可以将听证会搬到当事人家门口、工作单位，甚至“田间地头”。同时，创新听证方式，运用远程视频进行“云听证”，破除地域因素带来的不便。四是减少听证员参与数量。《民事检察部门诉讼监督案件听证工作指引（试行）》第8条第2款规定，参加听证会的听证员一般不少于三人。在民事简易听证中，听证员数量可以适当减少。如J省部分地市检察机关吸收值班律师、心理咨询师等专业人士参与听证，实现简易听证及时就地召开的目标。

（三）强化业务指导和管理

“一取消三不再”之前，大多数省份对听证案件数量做出了硬性要求，一些检察官为了完成任务，往往选择事实争议较小、依职权监督的案件开展听证，不符合听证的价值取向，也背离了考核的初衷。在一体抓实“三个管理”背景下，上级院应加强业务指导，通过简易听证典型案例指导、业务培训等方式，提高民事检察人员组织简易听证能力；建立听证案件管理平台，实现对简易听证案件的全流程监控；建立简易听证案件质量评查制度，定期对适用简易听证程序的案件进行抽查评估。

（四）健全听证员选用管理机制

简易听证能否全方位推广，还需要重视听证员队伍建设，打造一支稳定的听证员队伍。一是调整听证员选择模式。打破现有检察机关主导模式，赋予当事人一定的选择权，可适当参考借鉴民商事仲裁中选任仲裁员程序，对当事人提供听证员名单，由双方当事人在听证员专家库中各挑选一名听证员。二是调整听证员选任条件。简易听证只需要听证员在倾听双方当事人陈述以后，作出普通人视角、独立、理性的价值判断，且一些案件中当事人需要听证员提供的更多的是情绪价值、共情能力，目的是平复、纾解当事人情绪，对专业知识不作过多要求。因此，简易听证的听证员可以由精英化向大众化倾斜，鼓励基层工作者、社会贤达、群众代表大胆履职。三是完善听证员激励机制。适时总结听证员履职成效突出的典型事例，择优予以表彰，调动人民群众参与听证活动的积极性。

（五）健全其他配套保障机制

一是推动听证经费标准化。各地检察机关要遵循因地制宜、适用节约的原则，确保听证经费合法、合规、合理使用。二是提升听证工作信息化。建立融合互联网听证 App、工作网听证办案系统和数据分析系统的一体化检察听证工作平台，把信息化建设作为检察听证工作规范开展的基本保障，扎实开展检察听证工作全流程信息化应用，推动检察听证工作向智能化、网络化、规范化方向迈进。三是健全与法院、司法行政机关等相关部门的沟通协作机制，实现信息互通、资源共享，必要时共同举行听证会，形成听证工作合力。

检察机关加强对刑事裁判涉财产部分执行活动全程监督的研究

丁玉帅*

刑事财产刑的依法规范执行，不仅关系生效刑事裁判的有效执行，也是维护公平正义的重要体现。2021 年 6 月，《中共中央关于加强新时代检察机关法律监督工作的意见》明确要求检察机关要加强对财产刑执行的监督，党的二十大报告专章部署“坚持全面依法治国，推进法治中国建设”，并首次专门强调“加强检察机关法律监督工作”，充分体现了党中央对检察监督职能作用的高度重视，也是新时代赋予检察机关的责任和使命。检察机关作为国家的法律监督机关和保障国家法律统一正确实施的司法机关，如何充分发挥检察监督职能作用，进一步规范人民法院财产刑执行行为，切实提升对财产刑执行的检察监督质效，保障国家法律的统一正确实施，为推进全面依法治国、建设社会主义法治国家贡献检察智慧和力量，是当下检察机关不可回避的实际问题。笔者结合 2021 年以来对财产刑执行检察监督发现的问题，深入分析问题产生原因，并就如何做好新时代财产刑执行检察监督工作谈几点思考。

一、财产刑执行检察监督存在的问题

2021 年至 2024 年，宁夏回族自治区石嘴山市惠农区人民检察院依法履行对财产刑执行检察监督职责，依托日常监督、专项监督、联合检察监督等方式，按照“全面分析、重点排查、分类建档”的原则，调阅了宁夏回族自治区石嘴山市惠农区法院自 2017 年至 2024 年办理的 799 件财产刑

* 丁玉帅，宁夏回族自治区石嘴山市惠农区人民检察院第四检察部主任、三级检察官。

案件执行档案，重点围绕财产刑移送立案、收取执行费用、终结本次执行程序、终结执行、执行顺序、法律文书送达等关键环节，突出监督重点，提升检察监督质效。检察监督发现法院存在移送立案或者审查立案不当案件70件，占比8.76%；执行法律文书适用法律错误、送达不规范等其他问题案件23件，占比2.88%；违法终结本次执行程序或终结执行案件15件，占比1.88%；执行顺序错误案件11件，占比1.38%；违法收取执行费7件，占比0.88%。检察监督发现的问题如下：

（一）移送立案不规范

一是未依法及时移送立案。根据最高人民法院《关于刑事裁判涉财产部分执行的若干规定》第7条第1款“由人民法院执行机构负责执行的刑事裁判涉财产部分，刑事审判部门应当及时移送立案部门审查立案”之规定，刑事裁判生效后，人民法院刑事审判部门应当及时将财产刑移送立案部门审查立案。监督中发现，惠农区法院刑事审判部门存在在刑事判决生效后几个月甚至一年以上才将财产刑移送立案部门审查立案的情况。二是已生效财产刑判项未全部移送立案执行。监督中发现，生效刑事裁判财产刑既有罚金，又有追缴违法所得并退赔被害人时，惠农区法院刑事审判部门仅将财产刑中的罚金移送立案执行，导致财产刑判项未全部移送立案执行。三是超期立案。根据最高人民法院《关于刑事裁判涉财产部分执行的若干规定》第7条第3款“人民法院立案部门经审查，认为属于移送范围且移送材料齐全的，应当在七日内立案，并移送执行机构”之规定，对于属于移送范围且移送材料齐全的，人民法院立案部门应当在七日内立案。监督中发现，部分财产刑执行案件存在超期立案的问题。

（二）违规收取执行费

根据最高人民法院办公厅《关于刑事裁判涉财产部分执行可否收取诉讼费意见的复函》“经研究，我院认为，刑事裁判涉财产部分执行不同于民事执行，人民法院办理刑事涉财产部分执行案件，不应收取诉讼费”之规定，人民法院在执行财产刑案件时不得收取执行费，监督中发现，由于个别执行人员经验不足或者不掌握关于执行财产刑案件不得收取执行费的规定，造成在对2017年至2024年共799件财产刑案件执行过程中，存在对其中7件财产刑执行案件违规向被执行人收取执行费的问题，占比

0.876%，检察机关通过制发纠正违法通知书予以监督纠正，法院已将违规收取的案涉执行费退还被执行人。

（三）违法裁定终结本次执行程序

一是已查询到银行存款线索未依法及时划扣执行。根据最高人民法院《关于适用〈中华人民共和国民事诉讼法〉的解释》、最高人民法院《关于严格规范终结本次执行程序的规定（试行）》关于终结本次执行程序的相关规定，人民法院已穷尽财产调查措施，未发现被执行人有可供执行的财产或者发现的财产不能处置的，是裁定终结本次执行的必要条件。监督中发现，惠农区法院在对部分财产刑案件执行中，虽已查询到被执行人银行账户中有可供执行的存款，但未采取划扣执行措施，便以被执行人暂无财产可供执行而违法作出终结本次执行程序裁定的问题。二是公检法跨部门之间保证金信息共享不畅，造成被执行人有可供执行的保证金未被有效发现并移送执行。根据《关于取保候审若干问题的规定》第 33 条第 2 款“如果保证金系被取保候审人的个人财产，且需要用以退赔被害人、履行附带民事赔偿义务或者执行财产刑的，人民法院可以书面通知公安机关移交全部保证金，由人民法院作出处理，剩余部分退还被告人”之规定，对被取保候审人被判处财产刑的，如果保证金属于其个人财产，人民法院可以通知公安机关将保证金移送人民法院执行。但是，司法实践中，由于惠农区法院执行部门与公安机关取保候审保证金管理部门之间信息共享不畅，缺乏协作配合，导致判决生效后大多数被执行人的取保候审保证金未被移送执行的情况下，惠农区法院却以已穷尽财产调查措施且暂无财产可供执行为由，对案件裁定终结本次执行程序。

（四）违法终结执行

最高人民法院《关于适用〈中华人民共和国刑事诉讼法〉的解释》规定的人民法院应当裁定终结执行的情形包括：（1）据以执行的判决、裁定被撤销的；（2）被执行人死亡或者被执行死刑，且无财产可供执行的；（3）被判处罚金的单位终止，且无财产可供执行的；（4）依照《刑法》第 53 条规定免除罚金的；（5）应当终结执行的其他情形。监督中发现，惠农区法院对“应当终结执行的其他情形”存在扩大解释的问题，例如，该院在执行中与被执行人达成分期履行财产刑义务的协议，后该院根据该分期履行协议，对本应依法以被执行人暂无财产可供执行裁定终结本次执行程序的案件而违法裁定终结执行。

（五）执行顺序错误

根据最高人民法院《关于刑事裁判涉财产部分执行的若干规定》第13条第1款“被执行人在执行中同时承担刑事责任、民事责任，其财产不足以支付的，按照下列顺序执行：（一）人身损害赔偿中医疗费用；（二）退赔被害人的损失；（三）其他民事债务；（四）罚金；（五）没收财产”之规定，被执行人财产不足以支付其承担的刑事、民事责任时，应当优先支付民事赔偿，后支付财产刑部分。检察监督中发现，惠农区法院对部分财产刑案件执行到位的财产不足以支付刑事责任和民事责任的情况下，却先将执行来的财产支付罚金并上缴国库，未优先退赔被害人损失，损害了刑事被害人的合法权益。

（六）法律文书送达不规范

一是邮寄送达不规范。经监督发现，惠农区法院采取邮寄方式向当事人送达法律文书的，财产刑执行档案卷宗中仅有邮寄单，无回执联，无法证明被执行人是否收到法律文书。二是公告送达不规范。根据法律规定，受送达人下落不明或者无法用其他方式送达的，可以采用公告送达的方式，并且公告送达，应当在案卷中记明原因和经过。监督中发现，执行人员对部分正在监狱服刑的被执行人，以被执行人下落不明为由违法公告送达相关执行法律文书。三是结案通知书未向当事人送达。根据最高人民法院《关于执行案件立案、结案若干问题的意见》第15条第2款“执行完毕应当制作结案通知书并发送当事人”之规定，财产刑案件执行完毕后应当制作结案通知书并发送当事人。监督中发现，惠农区法院对部分财产刑案件执行完毕后存在未制作结案通知书且未发送当事人的问题。

二、问题原因剖析

财产刑执行中出现的上述问题，既有立法不完善的原因，也有人民法院部分执行人员司法理念转变不到位、专业素能不高以及跨部门信息共享机制不健全等因素影响，也反映出检察机关财产刑执行监督能力和质效有待提高。归纳总结主要原因表现如下：

（一）立法不完善

目前我国对财产刑执行尚未进行统一的立法，财产刑执行的相关法律规定在刑法、刑事诉讼法以及相关司法解释中，且规定得过于笼统，不够明确具体，可操作性不强。例如，现行《刑事诉讼法》仅有 3 个条文是涉及财产刑执行的规定，即第 271 条、第 272 条、第 276 条分别对罚金、没收财产等财产刑判项由人民法院执行、人民检察院对执行机关执行刑罚的活动是否合法实施监督进行了笼统规定。此外，虽然最高人民法院《关于适用〈中华人民共和国刑事诉讼法〉的解释》第二十一章第四节对财产刑执行进行了专门规定，但对移送立案、财产调查和处置措施、终结本次执行程序等方面没有进行具体规定，可操作性不强。而财产刑执行工作又是一项极具系统性、专业性的工作，导致人民法院在执行财产刑案件中，刑法、刑事诉讼法及其司法解释没有明确规定的，大多参照适用民事执行的有关规定，而民事执行的有关规定又散见于民事诉讼法及其司法解释或者大量由最高人民法院颁布实施的民事执行相关司法解释性文件中。

（二）部分执行人员司法理念转变不到位、专业素能有待提升

一是司法理念亟须转变。检察监督中发现，人民法院部分执行人员存在“重民轻刑，重主刑、轻附加刑”的思想观念，造成在实际工作当中将更多的精力放在主刑的执行以及民事执行案件上，再加之财产刑执行案件不像民事执行案件有申请执行人的监督，导致财产刑执行不规范问题反复出现。二是叠加因素造成司法不规范。虽然民事执行相关法律、司法解释以及最高人民法院指定的相关司法解释性文件对财产刑执行立案、财产查控和处置、结案方式、法律文书送达以及办案期限等内容进行了明确规定，但是由于人民法院执行部门工作任务繁重、部分执行人员经验不足、对执行依据的相关法律及司法解释学习不到位等因素，造成财产刑执行中不同程度存在超期立案、违法终本、法律文书送达不规范等司法不规范问题。

（三）检察监督能力和质效有待提高

一是与法院沟通不畅，财产刑执行信息数据的获取相对滞后，不能有

效同步监督，绝大多数财产刑执行案件存在事后监督的情况。二是监督的手段较为单一。检察机关对人民法院财产刑执行监督主要依靠调阅人民法院财产刑执行档案卷，监督发现的问题大多采用检察建议、纠正违法通知书的方式予以监督，监督手段较为单一，主动调查取证发挥不充分，数字检察赋能财产刑监督质效的思维尚未全面正确树立。

三、检察机关加强对刑事裁判涉财产部分执行活动全程监督的思考

（一）探索推进财产刑执行相关立法工作

针对目前我国对财产刑执行尚未进行统一的立法，财产刑相关法律规定在刑法、刑事诉讼法以及有关司法解释中规定得过于笼统，不够明确具体，可操作性不强。建议探索推进财产刑执行及检察监督相关专门立法工作，对财产刑案件的管辖、移送立案、财产查控、财产处置、执行顺序、执行结案等各环节以及检察监督进行明确规定，加强财产刑执行以及检察监督的可操作性。例如最高人民法院《关于刑事裁判涉财产部分执行的若干规定》第7条第1款规定："由人民法院执行机构负责执行的刑事裁判涉财产部分，刑事审判部门应当及时移送立案部门审查立案"，由于没有明确人民法院刑事审判部门移送立案部门审查立案的具体时限，导致司法实践中部分财产刑案件被拖延移送立案审查，影响了财产刑执行效率和检察监督精准度。

（二）牢固树立数字检察思维，赋能财产刑执行监督质效

检察机关刑事执行检察部门干警要牢固树立数字检察思维，以更高的政治要求、更实的工作举措主动践行以数字之"智"助推财产刑执行监督高质效发展的责任担当，积极提炼监督规则，创建应用大数据法律监督模型，建立跨部门信息共享机制，打破信息共享"堵点"，努力实现财产刑执行检察监督双赢多赢共赢的局面。例如，探索建立公检法取保候审保证金跨部门信息共享机制，实现保证金信息数据实时共享、高效衔接、及时移送执行的财产刑执行新格局，精准高效发现被执行人名下可供执行的保证金财产线索，促推人民法院有效消除财产调查"盲区"，确保财产刑应

执尽执。

（三）紧盯关键环节，聚焦深层次问题

2018年以前，检察机关对人民法院财产刑执行监督主要表现为未依法及时移送审查立案、法律文书送达不规范等表面问题，而监督发现违法终结本次执行程序、违法终结执行、执行顺序错误、执行裁定适用法律错误、网络司法拍卖程序是否规范等深层次问题能力不足，监督方式也以制发纠正违法意见书为主，导致法院对检察机关的监督工作理解出现偏差，监督效果不佳。因此，为进一步提升检察机关对财产刑执行监督质效，检察监督的重点应当从财产刑未依法及时交付执行等单一、表面问题，逐渐向违法终结本次执行程序、违法终结执行、执行顺序错误、执行裁定适用法律错误等深层次问题聚焦，紧盯移送审查立案、财产查询及处置、执行结案方式、执行财物上缴等关键环节，有序开展财产刑执行全程监督，提升检察监督能力和水平，促进人民法院思维从“我被监督”向“我要监督”转变。

（四）建立完善机制，强化检法协作配合

为进一步加强检法两院协作配合，提高财产刑执行和检察监督工作规范化水平，建议检法两院结合实际，会签相关财产刑执行监督协作办法，对涉财产刑案件信息共享、调阅执行档案、监督方式、联席会议等工作进行明确规定，为财产刑执行和检察监督提供机制保障，畅通沟通渠道；同时，通过定期召开检法两院财产刑执行检察监督联席会议，及时向法院执行部门反馈财产刑执行中存在的问题，并对法院执行人员存在的疑问进行解答，进行有效沟通，真正做到发现问题精准、监督意见有理有据，增强监督刚性，在监督中实现财产刑规范执行的双赢共赢局面，切实提升财产刑执行检察监督质效。

论知识产权刑事附带民事诉讼程序的适用*

上海市徐汇区院　青浦区院课题组**

一、问题的提出

刑事附带民事诉讼是在刑事诉讼过程中附带解决物质损失的法律制度，司法解释将“物质损失”解释为人身权受侵犯与财物被毁坏而遭受的物质损失。知识产权权利人能否在刑事案件中提起附带民事诉讼，存在理论争议，司法实践亦持谨慎态度。在知识产权审判“三审合一”与知识产权检察集中统一履职的改革浪潮下，知识产权刑事附带民事诉讼是检察机关在知识产权融合履职的重要载体。本文尝试厘清知识产权刑事附带民事诉讼的底层逻辑，夯实正当性基础，并通过总结当前司法实践中凸显的典型问题，以期为深化该检察履职模式提供有益支持。

二、知识产权刑民交叉案件的处理模式及症结难点

（一）逻辑起点：知识产权案件刑民交叉特点的分析

知识产权案件是典型的民事、行政、刑事多方介入和多重保护的案件

* 本文系2024年上海市检察机关重点课题（编号：SH2024207）的阶段性成果。

** 课题组负责人：吕颢，上海市徐汇区人民检察院党组成员、副检察长；雷海峰，上海市青浦区人民检察院党组成员、副检察长。课题组成员：袁莉，上海市徐汇区人民检察院第二检察部主任、检察官；潘志峰，上海市青浦区人民检察院第三检察部主任、检察官；陈倩，上海市徐汇区人民检察院第三检察部检察官；江奥立，上海市徐汇区人民检察院第三检察部检察官；章秦，上海市青浦区人民检察院第三检察部检察官；刘彪，上海市青浦区人民检察院第三检察部检察官；李慕黎，上海市徐汇区人民检察院第三检察部检察官助理。

类型，具有刑民交叉的特点。在知识产权刑民交叉的共性问题方面，需要解决知识产权的本体是否存在、知识产权的归属去向，以及侵权行为与知识产权犯罪是否具有实质上的对应关系。无论是民事诉讼还是刑事诉讼，都不能省略上述判断内容和过程。至于知识产权案件刑民交叉的个性问题，民事诉讼关注停止侵权、损害赔偿等问题，刑事诉讼解决“情节严重”“情节特别严重”等认定及相应量刑问题。

（二）传统路径：“先刑后民”抑或“先民后刑”

知识产权案件的办案机制是“先民后刑”还是“先刑后民”，存在争议。支持“先民后刑”的观点认为，构成侵犯知识产权罪以构成民事侵权为前提。[①] 也有观点认为，没有必要追究“对权利人予以救济又没有严重危害社会秩序和国家利益的”行为的刑事责任，民事诉讼可以通过诉前禁令诉前证据保全实现权利救济和证据保全。[②] 另有观点认为，权利人拥有取证动力，民事程序在发现案件真实情况方面具有优势。[③]

支持“先刑后民”的观点立足于规范性文件和理论。“先刑后民”在相关规范性文件[④]中有所体现。“先刑后民”认为，涉及同一法律事实的民事案件确须待刑事案件结案后才能审理。理论界支持“先刑后民”的观点多是关注侦查机关的取证优势与取证质量。有观点认为，对民事权益的保护只有在刑事犯罪行为受到追究的前提下才能实现。[⑤]

本文认为，“先民后刑”“先刑后民”的观点及理由都不足以压倒对方。实践中，期待权利人永久保持发现被侵权的警惕性既不现实也不经

---

① 参见徐家力、张军强：《对知识产权案件先刑后民模式的反思与完善》，载《中国刑事法杂志》2018 年第 4 期。

② 江伟、范跃如：《刑民交叉案件处理机制研究》，载《法商研究》2005 年第4 期。

③ 黄娟：《知识产权刑民交叉案件解决之“先民后刑”思路：选择理由与实施机制》，载《暨南学报》2011 年第 2 期。

④ 此类文件包括 1985 年“两高一部”《关于及时查处在经济纠纷案件中发现的经济犯罪的通知》（现已失效）、1987 年“两高一部”《关于在审理经济纠纷案件中发现经济犯罪必须及时移送的通知》（现已失效）、1997 年最高法《关于审理存单纠纷案件的若干规定》（已被修改）等规定。

⑤ 参见陈兴良：《关于“先刑后民”司法原则的反思》，载《北京市政法管理干部学院学报》2004 年第 2 期。

济，公安机关发现侵权线索并不单纯依靠权利人报案。民事诉讼和刑事诉讼都不会因为另一个诉讼程序而致使本诉讼程序可以省略事实认定程序。

（三）范式转换：知识产权刑事附带民事诉讼的争议

刑事附带民事诉讼是刑民程序合并的典型表现形式，[①] 程序上方便当事人诉讼，实体上可以及时弥补刑事被害人的损失。[②] 但是在知识产权刑民交叉的案件中能否适用刑事附带民事诉讼，司法实践和学界都存在一定争议。

司法实践层面，各地法院并未统一认识，甚至同一法院也会作出不同的判决、裁定。例如，在被告人高某某犯侵犯商业秘密罪及西安某公司提起的附带民事诉讼一案，西安市中级人民法院支持临潼区人民法院不予受理附带民事诉讼的裁定[③]，理由是最高法《关于适用〈中华人民共和国刑事诉讼法〉的解释》第138条第1款明确了《刑事诉讼法》第101条中物质损失的范围，即在刑事案件中只有人身权利受到犯罪侵犯或财物被犯罪分子毁坏属物质损失。[④] 但是，西安市中级人民法院在审理裴某某侵犯商业秘密一案中认为，可以支持附带民事诉讼原告人的请求。[⑤] 上述案例显示，"物质损失"的认定是实务中人民法院能否受理刑事附带民事诉讼的分歧点。

---

① 参见贺志军：《知识产权案件刑民程序关系的理论反思与规则构建》，载《湖湘论坛》2019年第2期。

② 奚玮、叶良芳：《刑事附带民事诉讼制度反思与重构》，载《政治与法律》2003年第3期。当然，刑事附带民事诉讼亦不是刑民交叉下程序选择的最优解，其本身在适用上亦存在争议，就该问题本文不再探讨。可参见王福华、李琦：《刑事附带民事诉讼制度与民事权利保护》，载《中国法学》2002年第2期。

③ （2020）陕01刑终439号陕西省西安市中级人民法院刑事附带民事裁定书。

④ 2020年12月7日，最高人民法院审判委员会第1820次会议通过最高人民法院《关于适用〈中华人民共和国刑事诉讼法〉的解释》，自2021年3月1日起施行，原第138条第1款已修订为第175条第1款。

⑤ 《中华人民共和国最高人民法院公报》2006年第12期，载最高人民法院官网，http：//gongbao.court.gov.cn/Details/d5853948ca9a9a2733065d625034eb.html。

学界关于能否提起知识产权刑事附带民事诉讼的研究角度主要是诉讼便利性和知识产权案件的审判逻辑等角度，主要争议点亦是犯罪行为造成的损失是否属于“物质损失”。支持者认为，知识产权领域中的占有处置实际上是对权利人权利的损害，知识产权犯罪导致的损失是法条中的财产损失；[①] 有观点认为，刑事诉讼法和刑法分别规定的“物质损失”“财产损失”“经济损失”属于同一概念，知识产权案件属于刑事附带民事诉讼的范围。[②] 还有观点认为，通过对财物等规定的扩张解释，可以使之涵盖知识产权，刑事诉讼法并未严格限制适用刑事附带民事诉讼条件，相关司法解释的限缩效力值得考究。[③] 反对观点则认为，司法解释仅将附带民事诉讼的范围限定在因人身权利及财物被毁坏的财产损失，知识产权犯罪案件不能提起附带民事诉讼。[④]

三、知识产权刑事附带民事诉讼的正当性基础

（一）知识产权刑事附带民事诉讼的现实基础

不同于一般的刑民交叉案件，知识产权案件的“三合一”审判制度改革为知识产权刑事附带民事诉讼的正当性问题提供了解决路径。知识产权案件的“三合一”审判制度明确了知识产权刑事案件由刑事审判庭和知识

---

① 该观点为中国法学会刑法学研究会副会长刘宪权的观点，参见陈健淋：《刑事附带民事诉讼中的物质损失应该如何理解——上海知识产权刑事附带民事诉讼研讨会会议综述》，载《人民法院报》2020 年 9 月 24 日。

② 童海超：《知识产权刑事附带民事诉讼的刑民之别——熊四传假冒注册商标罪案评析》，载《科技与法律》2012 年第 2 期。

③ 林秀芹、陈俊凯：《知识产权刑事诉讼中权利人参与的制度检视及完善》，载《知识产权》2021 年第 11 期。

④ 胡良荣：《侵犯商业秘密刑民交叉案件处理的困惑与出路》，载《知识产权》2011 年第 6 期。

产权审判庭共同审理,[①] 知识产权被侵犯所遭受的损失是否属于最高法《关于适用〈中华人民共和国刑事诉讼法〉的解释》规定的“物质损失”,可以在同一法庭、通过同一程序并由同一判决处理。[②]“三合一”的知识产权刑事附带民事诉讼,能够实现避免矛盾裁判、提高诉讼效率、保障权利人合法权利的制度价值。

(二)知识产权刑事附带民事诉讼的理论依据

在权利人知识产权被侵权所遭受的损失是否属于“物质损失”问题上,本文认为“物质损失”包括知识产权被侵权所遭受的损失。首先,知识产权的客体是无体物。“知识产权的客体是智力成果,是一种没有形体的精神财富,智力成果不具有物质形态,是客观上无法被人们实际占有控制的无体财产。”[③] 其次,以无体物作为客体的知识产权具有财产属性。“知识产权的客体是一种具有法律上之财产价值的物。”[④] 财产性利益是知识产权权利人的主要利益和主张权利的主要目的。[⑤] 最后,知识产权被侵权所遭受的损失是物质损失。鉴于以无体物作为客体的知识产权具有财产属性,而“财产是指具有金钱价值的财物或利益”[⑥],知识产权被侵权所遭

① 知识产权民事案件和刑事案件存在管辖差异,前者具有地域管辖、级别管辖和指定管辖等多种情形。根据2022年5月1日施行的最高人民法院《关于第一审知识产权民事、行政案件管辖的若干规定》,发明专利、实用新型专利、植物新品种、集成电路布图设计、技术秘密、计算机软件的权属、侵权纠纷以及垄断纠纷、外观设计专利的权属、侵权纠纷以及涉驰名商标认定等第一审民事案件,由知识产权法院和相关中级人民法院管辖,除此之外的第一审知识产权民事案件,由最高人民法院确定的基层人民法院管辖;而知识产权刑事案件系《刑法》分则第三章“破坏社会主义市场经济秩序罪”第七节规定的侵犯知识产权犯罪案件,基本按照刑事诉讼法级别管辖的相关规定进行管辖。关于管辖问题,不在本文讨论范围内,本文主要是在“三合一”审判的框架下探讨管辖以外的。

② 贺志军:《知识产权案件刑民程序关系的理论反思与规则构建》,载《湖湘论坛》2019年第2期。

③ 刘春茂:《知识产权法原理》,知识产权出版社2002年版,第11—12页。

④ 何敏:《知识产权客体新论》,载《中国法学》2014年第6期。

⑤ 王卫国:《现代财产法的理论建构》,载《中国社会科学》2012年第1期。

⑥ 冯春萍、张红昌:《财产罪中财产损失的现代展开——兼论刑法与民法的界限》,载《江西社会科学》2013年第12期。

受的损失必然是财产损失、物质损失。

（三）知识产权刑事附带民事诉讼的规则支持

如果否认“物质损失”与“财产损失”具有相同含义，现有法律和司法解释的内在自洽将难以圆融。如果将“物质损失”限缩解释为有体物的毁坏，那么刑事附带民事公益诉讼的启动条件就与司法解释矛盾。① 立法者对于“物质损失”的理解也未局限于有体物的损毁。原全国人大法律委员会主任委员胡康生认为，经济损失既包括犯罪行为直接造成被害人物质损失的，也包括犯罪行为间接造成的医药费等被害人经济损失。②“物质损失”在一定程度上等同于“经济损失”。从立法的价值取向来看，将知识产权案件中的损失纳入物质损失并未超出法律效果的射程范围。③ 法律规定刑事附带民事诉讼的目的在于保护被害人权益，以获得赔偿等方式来填补损害。在侵犯知识产权案件中，损害赔偿不存在购置同样知识产品，填补损害意味着金钱赔偿。④ 因此，如果限缩解释“物质损失”，将与保护知识产权、维护合法权益的立法本意背道而驰。

四、知识产权刑事附带民事诉讼的司法展开

（一）知识产权刑事附带民事诉讼案件的实证分析

1. 知识产权刑事附带民事诉讼司法实践整体情况

课题组在北大法宝网和微信上分别搜索到 84 件和 17 件有效的知识产权刑事附带民事诉讼案件的裁判文书。⑤ 具体如表 1 所示：

---

① 《关于检察公益诉讼案件适用法律若干问题的解释》第 20 条规定，人民检察院对破坏生态环境和资源保护、食品药品安全领域侵害众多消费者合法权益等损害社会公共利益的犯罪行为提起刑事公诉时，可以向人民法院一并提起附带民事公益诉讼。

② 参见胡康生、郎胜主编，全国人大常委会法工委编：《中华人民共和国刑法释义》，法律出版社 2006 年版，第 39—40 页。

③ 参见叶赟葆、曹帅帅：《知识产权民刑交叉问题的适用省思与路径优化》，载《南阳师范学院学报》2024 年第 4 期。

④ 参见吴汉东：《知识产权保护论》，载《法学研究》2000 年第 1 期。

⑤ 经过二审程序的仍计为一个案件。

表 1

	1994	1996	1999	2000	2002	2007	2010	2011	2012	2013	2014	2015	2016	2017	2018	2019	2020	2023	2024	案件总数
浙江	1		1		1				1									4	17	25
江苏											3		1		1			1	4	10
广东												1		1	3		2		2	9
湖北									2	1			1					1	1	6
甘肃							3	2												5
陕西														1		2	2			5
安徽													1			1	1		1	4
河北											1	1				2				4
湖南			1							2		1								4
上海		1																	3	4
河南															1		1	1		3
内蒙古				1									1	1						3
山东				1									1			1				3
四川											1	1					1			3
云南								1			2									3
福建	1																1			2
山西																2				2
重庆															1		1			2
广西						1														1
黑龙江																			1	1
江西																			1	1
辽宁															1					1
案件总数	2	1	2	2	1	1	3	3	3	3	7	4	5	3	7	8	9	7	30	101

第一，地域分布与发展趋势。上述案件集中于浙江与江苏，其中浙江25件，占比24.8%，江苏10件，占比9.9%，有9个省（自治区、直辖市）未检索到相关裁判文书或宣传推送。表1显示，早在20世纪90年代就有权利人提起附带民事诉讼，但此后案件基本持平，总量较低。2014年案件量明显增多，同比增长133%，自2018年起案件量逐年增长，并在2024年呈现出激增态势，同比增长233%。

第二，案由及领域。知识产权刑事附带民事诉讼主要是侵犯注册商标专用权犯罪案件（81.2%），其次是侵犯商业秘密犯罪案件（10%），最后是侵犯著作权（3%）和假冒专利犯罪案件（2%）。侵权行为主要发生在白酒、服饰、卫浴产品等生活用品领域。

第三，结案方式。根据数量将结案方式排序，依次是法院判决支持原告诉讼请求（37.6%）、当事人达成和解撤诉（20.8%）、法院调解结案（10.9%），加和已逾案件总量的69%。法院作出否定性裁判（裁定不予受理、判决驳回诉讼请求、裁定驳回起诉）结案的案件占比19.8%。此外，还有部分裁判文书未写明处理结果或者未写明原告撤诉的原因，共计占比约11%。

第四，裁判趋势。1994年至2012年间法院对知识产权刑事附带民事诉讼均持肯定态度，2013年开始产生意见分歧，出现否定性裁判，且占比较高。转折点出现在2019年，该年起否定性裁判占比呈现逐年下降趋势，2024年截至笔者完稿时没有法院在知识产权刑事附带民事案件中以否定性裁判结案。

2. “两高”公报案例、典型案例基本情况（见表2）

表2

案例类型	案件名称	判决时间	案情摘要	诉讼请求	民事结案方式
最高法公报案例	王某某侵犯著作权案	1999年	出售他人以不正当手段拷贝的计算机软件	赔偿经济损失	一审：判决支持① 二审：维持原判
最高法公报案例	裴某某侵犯商业秘密案	2006年	离职员工违反保密协议，利用原公司构成商业秘密的技术信息生产同类产品	赔偿经济损失	一审：判决支持 二审：调解
最高检典型案例	马某某、郭某侵犯商业秘密案	2021年		赔偿经济损失	一审：判决支持 二审：调解

① 本文的“法院支持附带民事诉讼原告人诉讼请求”仅指法院判决附带刑事诉讼被告人赔偿原告人经济损失，并非表示全额支持原告赔偿经济损失的诉讼请求。

最高法的公报案例和最高检典型案例时间跨度较长，均为知识产权刑事案件刑事附带民事诉讼的可行性提供了案例背书。从内容来看，上述案例证明涉著作权犯罪与涉商业秘密犯罪的知识产权案件刑事附带民事诉讼具有开展的可行性和必要性。从结案方式来看，晚近的两个案例均在二审阶段以调解作为结案方式，契合恢复性司法理念，但是也暴露出恢复性司法理念嵌入知识产权案件并生效的时机过晚的问题。对于权利人来说，侵权、犯罪行为造成的损失应当尽快被填平，如以调解作为争议解决方式，应尽快使之见效。

3. 各地司法机关发布典型案例基本情况（见表3）

2021年至2023年，浙江、四川等地相继发布四起典型案例，相关案件事实均为行为人侵犯商标专用权，所涉侵权产品涉及工业用品、生活用品、家用电器等，权利人刑事附带民事诉讼的诉讼请求均为赔偿经济损失，其中3起案件以法院判决结案，1起案件以法院在权利人和侵权人达成和解的前提下出具调解书的形式予以结案。

表3

案例类型	案件名称	判决时间	案情摘要	诉讼请求	附带民事结案方式
浙江省市场监管局、省公安厅、省法院、省检察院知识产权保护十大典型案例之八	鲁某某等人假冒注册商标案	2021年	未经许可生产假冒他人注册商标的锯链	赔偿经济损失	判决支持
四川省高院2022年知识产权司法保护十大典型案例之十	陈某某、胡某某、王某假冒注册商标、何某某、蒲某销售假冒注册商标的商品案	2022年	将散装白酒灌装进高档空酒瓶，贴标制成假冒高档白酒后出售	赔偿经济损失	达成和解，法院出具调解书
浙江省高院2022年度十大知识产权案件之九	杜某甲、杜某乙、赵某某假冒注册商标、销售假冒注册商标的商品案	2022年	未经许可生产、销售假冒他人注册商标的皮鞋	赔偿经济损失	判决支持
浙江省检察院浙江省检察机关保护知识产权典型案例	巢某假冒注册商标案	2023年	未经许可生产、销售假冒他人注册商标的电器	赔偿经济损失	判决支持

（二）当前知识产权刑事附带民事诉讼的适用困境

1. 能否适用刑事附带民事诉讼尚无共识

上海市各区机关刑附民的履职情况显示，并不是每个区法院都能接受在知识产权案件中提起刑事附带民事诉讼。根据类案梳理相关否定理由，主要有因假冒专利犯罪致专利权人损失不属于侵犯人身权利或者毁坏财物导致的物质损失，[①] 商标权人诉请的销售损失、被告人的侵权收益仅是可期待收入，不属于直接物质损失，[②] 权利人未提供证据证实其遭受的直接经济损失，[③] 权利人要求的经济损失不属于附带民事诉讼赔偿范围，[④] 等等。

2. 权利人提起附带民事诉讼的积极性尚显不足

部分权利人对于提起刑事附带民事诉讼的积极性，与其对于相关法律政策的了解程度呈正相关：在司法实践中，有的权利人认为判决前接受赔偿就是默认了谅解，有的权利人误将法院的调解结案理解为和解，这不仅会影响对侵权人刑事责任的追究，也使得权利人往往缺少通过附带民事诉讼实现侵权损害赔偿的意愿，甚至认为提起附带民事诉讼会无端增加讼累。

3. 帮助犯的附带民事诉讼被告主体资格问题

随着互联网技术的迭代更新，分处各地的行为人借助网络得以便利地达成共谋并组成上下游犯罪链条。存在共同故意是认定共同犯罪的必要条

① 庞某某假冒专利案，参见抚顺市中级人民法院（2018）辽04刑终351号刑事裁定书。

② 刘某某销售假冒注册商标的商品案，参见河南省商丘市中级人民法院（2020）豫14刑终516号刑事附带民事裁定书。

③ 谷某某假冒注册商标案，参见河南省鹿邑县人民法院（2018）豫1628刑初84号刑事附带民事判决书、河南省周口市中级人民法院（2018）豫16刑终300号刑事附带民事裁定书；杨某某假冒注册商标案，参见湖南省株洲市荷塘区人民法院（1999）荷刑初字第33号刑事附带民事判决书、湖南省株洲市中级人民法院（1999）株中刑二终字第46号刑事附带民事裁定书。

④ 梁某某、解某甲、解某乙假冒注册商标案，参见山西省太原市万柏林区人民法院（2018）晋0109刑初336号刑事判决书、山西省太原市中级人民法院（2019）晋01刑终160号刑事裁定书。

件。在知识产权民事领域，一般认为只有对侵权行为提供实质、直接、关键帮助的行为人才成立间接侵权。网络服务提供者缺少视频网站运营商时，行为人就无从上传盗版影视作品。实施推广引流、搭建支付渠道的人员按照民事领域的传统观点可能不构成间接侵权，故如何确认这些人员附带民事诉讼的被告身份便存在疑问。

4. 附加刑与侵权损害赔偿关系尚需厘清

知识产权刑事附带民事诉讼中罚金刑、退出违法所得、赔偿经济损失、惩罚性赔偿的关系交织不清，影响损害填平的实际效果。侵犯知识产权犯罪的罚金对于大部分被告人来说是一笔不小的支出。在知识产权附带民事诉讼案件中，被告人要同时缴纳罚金、退出违法所得、赔偿权利人经济损失，这样虽然严厉打击了犯罪，但权利人的损失没有得到有效挽回，更难说有效地适用惩罚性赔偿。

（三）我国知识产权刑事附带民事诉讼的完善进路

1. 以类案试点弥合检法认识分歧

对于分歧较大、尚未进行知识产权刑事附带民事诉讼司法实践的地区，在有条件的情况下，可以以披露型侵犯商业秘密犯罪等案件作为切入口。披露型侵犯商业秘密犯罪导致的财产损失与因财物被损毁而受到的物质损失具有同质性，可以先以披露型侵犯商业秘密犯罪案件为试点案由开展相关工作，积累经验，形成较为普遍统一的裁判观点。

2. 检察机关释法说理消除认识盲区

检察机关应发挥主导作用，积极释法说理，消除权利人的认识盲区。一是检察机关需要贯彻知识产权权利人实质性参与诉讼，告知涉及民事赔偿的权利义务。二是针对权利人将民事调解理解为刑事和解、判决前接受赔偿就相当于表示谅解的认识误区，检察机关应阐明调解与刑事和解、接受赔偿与谅解没有必然的关系。尤其需要向权利人说明附带民事诉讼是对知识产权侵权与犯罪行为的严厉打击。三是检察机关可以充分利用检调对接机制，借助专业调解人员的力量积极居间调解，促使侵权人和权利人尽快达成赔偿初步意见。

3. 正确对待对帮助犯提起的附带民事诉讼

目前学术界对帮助型知识产权间接侵权仅限于提供直接、不可或缺的帮助有共识。本文认为，要从业态、政策等角度准确地把握共犯的作用。

譬如，在游戏私服侵犯著作权的刑事案件中，参与支付结算、游戏推广的人员通过收取玩家充值并结算推广抽成起到承上启下的作用，推广渠道多样，为运营方攫取巨额利益提供主要保障，流水巨大、快速获利。结算、推广人员因成立共同犯罪承担刑事责任，却不构成民事侵权行为，有违法秩序统一性原理，只是在确定退赔责任时，需要确定合理份额。

4. 平衡附加刑和民事侵权损害赔偿的关系

有效平衡罚金刑、退出违法所得、赔偿经济损失、惩罚性赔偿的关系。一方面，被告人为争取从宽处理一般会积极缴纳罚金、退出违法所得，导致无力赔偿权利人的损失。因此，为实现附带民事诉讼的预期效果，民事侵权损失赔偿应优先罚金、违法所得退缴。另一方面，探索适用惩罚性赔偿，但可酌情降低惩罚性赔偿金额。基于刑罚处罚已具有较强惩罚属性，综合考虑被告人主观过错程度、侵权行为造成后果的严重程度、主刑种类及刑期长短、罚金金额等因素，可以适当降低此类案件中惩罚性赔偿的倍数，以实现罪、责、刑相统一。

完善巡回检察监督模式的几点思考*

——以监狱检察为视角

孟献磊　史绪广**

监狱巡回检察制度的建立是我国监狱检察制度的一项重大变革，是对我国检察机关已经实行的监狱巡视检察制度的传承和创新，也是对党内巡视制度、域外国家对监狱等羁押场所巡视制度的借鉴，是一项完全符合我国国情的新的刑事执行检察制度。① 对监狱实行巡回检察，是检察机关适应社会主要矛盾新变化、人民群众新需求、司法体制改革新要求、国家治理现代化新要求，主动做好供给侧改革的一项创新举措，是“落实习近平法治思想、坚持司法为民的具体实践”。② 实践证明，监狱巡回检察进一步更新了监督理念，突出了问题导向，提升了监督效果，有利于维护司法公正。③

一、派驻和巡回检察制度各自发展历程

（一）派驻检察

监狱检察制度在1949年确立，为贯彻中央1957年提出的“对劳动改造单位的检察工作要经常化”的指示，检察机关开始实行驻场检察。1987

* 本文系安徽省人民检察院2024年检察理论研究立项课题（立项号：WJ2024B29）。

** 孟献磊，安徽省宿州市人民检察院第四检察部二级检察官；史绪广，安徽省宿州市砀山县人民检察院第三检察部副主任、二级检察官。

① 刘福谦、向德超：《巡回检察制度的创新与发展》，载《人民检察》2020年第14期。

② 侯亚辉、刘福谦、吴飞飞：《〈人民检察院巡回检察工作规定〉的理解与适用》，载《人民检察》2022年第2期。

③ 张书铭：《监狱巡回检察的工作重点与方法》，载《人民检察》2022年第21期。

年第二次全国监所检察工作会议提出实现监所检察的经常化、制度化、规范化。2001年第四次全国监所检察工作会议召开并颁布最高人民检察院《关于监所检察工作若干问题的规定》，对监所检察的监督重点、工作职责、派驻检察机构及队伍建设等进行规范。2003年最高检印发《关于加强派驻监管场所检察室规范建设的意见》。2008年3月最高检印发《人民检察院监狱检察办法》《人民检察院看守所检察办法》，2011年印发的《关于加强人民检察院派驻监管场所检察室建设的意见》提出五年交流轮岗的要求，以督促检察人员充分发挥监督作用。近二十余年来，各地驻监管场所检察室建设和日常监督工作走向正规，日益规范化，对保障监管执法正常化和监管安全发挥了不可替代的作用。

（二）巡回检察

2012年2月最高检印发《关于上级人民检察院驻所检察部门开展巡视工作的意见》，首次提出巡视检察。[①] 2018年5月，最高检印发《检察机关对监狱实行巡回检察试点工作方案》，决定在全国8个省（区、市）开展监狱巡回改革试点工作，同年9月扩大至12个省（区、市）。因试点成效显著，巡回检察制度于2018年10月被正式写入人民检察院组织法。2019年7月，全国检察机关对监狱巡回检察全面铺开。2021年3月全国部分省（区、市）开展看守所巡回检察试点工作。2021年12月最高检印发《人民检察院巡回检察工作规定》，全面推开监狱、看守所巡回检察工作。

二、派驻检察和巡回检察对比分析

（一）派驻检察

派驻检察是检察人员常驻监管场所，有利于及时、全面、多渠道、动态地掌握监管场所的情况，及时发现和纠正监管执法中的违法行为等。[②] 无论是从空间还是时间上派驻检察都具有天然优势，对监管场所的执法工作和日常管理有着更为全面深入的了解和掌握，有助于强化监狱刑罚执行

---

① 张书铭：《监狱巡回检察的工作重点与方法》，载《人民检察》2022年第21期。

② 周伟：《监狱巡回检察改革若干问题研究》，载《中国检察官》2018年第23期。

和监管改造活动的监督，保障监管活动依法、有序、公正、安全。

同时，派驻检察也存在许多问题和弊端，例如，一定程度上存在派而不驻、驻而不察、不愿监督、不敢监督及监督趋于虚化、弱化等问题。

（二）巡回检察

巡回检察的优势在于能够打破长期派驻检察“熟人模式”下监督流于形式的困局，合理调整检察机关与监督对象之间的关系，灵活确定监督重点，及时进行整改纠正，确保检察监督的针对性、实效性。[①] 即通过不固定检察人员、不固定日期，有针对性地对监狱刑罚执行活动开展集中性、突击性的检察监督，能更好地确保监督到位、精准监督，促进检察机关与监狱实现双赢多赢共赢的目的。巡回检察符合检察监督的外部性、独立性特点，有利于避免“同化”现象，[②] 可以有效弥补派驻检察存在的缺点和不足，是监狱检察最为重要的监督方式。

其劣势在于，监狱执法和日常管理工作点多面广，巡回检察囿于时间和空间的局限，很多审查工作如同“囫囵吞枣”，难以做到深入细致，浅层次问题易发现，深层次问题和民警违法违纪线索发现难。

三、巡回检察问题凸显和原因分析

（一）派驻检察前阵作用发挥不够

从理论上讲，巡回检察与派驻检察互补性较强，应各自发挥自身优势，合力并举增强监狱检察质效，但实务中派驻检察为巡回检察发挥的协助和补充作用十分有限。

1. 派驻检察人员配备不足

有关调查显示，派驻检察室普遍存在人员配备不足现象。派驻检察人员除承担检察日志、表格填写、与罪犯个别谈话外等工作外，还要应对繁重的减假暂案件办理等任务。检察人员配备不足不利于全面统筹开展工

① 徐盈雁：《8 省区市检察机关开展监狱巡回检察试点工作》，载《检察日报》2018 年 6 月 1 日。

② 周伟：《监狱巡回检察改革若干问题研究》，载《中国检察官》2018 年第 23 期。

作，难以满足日益增长的检察工作需求，导致日常工作欠账较多。派驻检察人员相对固定，缺乏必要的交流轮岗也是履职缺位的重要因素。

2. 派驻检察监督敏感性不强

为了与监狱保持一团和气，一些派驻检察官抱着只要监狱不出事就万事大吉的心理，履职不全面不深入，工作不较真不务实，不敢硬碰硬，缺乏斗争精神，致使监督钝化，敏感性下降，对监狱管理中的风险点视而不见。派驻检察官日常工作中发现的问题和线索就少，巡回检察组进驻后自然不能充分发挥“前哨”作用，为巡回检察“开辟通道”，发挥“引路人”作用。

3. 派驻检察人员对巡回检察存在心理顾虑

有的派驻检察人员会认为派驻检察也是巡回检察的对象，或者担心万一巡察到监狱有什么严重问题，自己会承担所谓“监督不力”的责任，即使有重要线索也不主动提供给巡回检察人员，相反会选择与监狱方站在一起，帮助监狱说好话，共同“对抗”巡回检察。

（二）巡回检察质效需要提升

1. 巡回检察重点不突出

巡回检察具有集中性、短期性和临时性特点。根据《人民检察院监狱检察工作目录》的规定，监狱巡回检察涵盖刑罚执行、狱政管理和教育改造三个分目录的检察，每个分目录下设若干子目录，共计 39 项重点内容、187 项具体内容。巡回检察工作内容较多，任务繁重。实务中，目录中不少内容得不到审查，即使面面俱到地都去审查，如果不能做到重点突出，很多工作也只能是“走马观花”式地做做，审查得不可能十分深入，很可能未见结果便戛然而止。

2. 缺少问题导向，审查效率不高

巡回检察人员进驻监管场所后，在一个陌生的环境，面对档案室堆放得浩如烟海的卷宗、档案材料，在缺少问题导向的情况下，调卷名单很难确定哪些罪犯，如果漫无目的地去调卷和阅卷，审查很容易失去方向感，只能是“无的放矢”。实务中，巡回检察人员客观上很难做到对全部卷宗材料进行审查，而仅能随机地抽查选择某一年度、某一类罪犯的档案材料，“蜻蜓点水”式地看看，很多审查工作浅尝辄止，收效甚微。

3. 科技赋能巡回检察不够给力

监狱的执法内容广泛、档案材料、数据资源较多，而巡回检察人员普遍存在办案模式陈旧、数字检察理念淡薄的问题，实务中主要还是倾向于依靠传统的“眼观嘴问双腿跑”的办案模式，应用大数据模型的意识不强，应用大数据模型的操作和实践能力不高。另外，大数据模型存在的设计漏洞及不智能、不科学等自身问题致使检察干警不愿用不想用的问题，已成为严重制约巡回检察质效提高的瓶颈。

4. 监狱整改落实不到位

巡回检察组对监狱巡察完毕后深入剖析问题产生的原因，以书面反馈意见、纠正违法通知书、检察建议书的形式向监狱提出具体的整改措施，要求监狱进行整改。但整改落实是一个系统性、复杂性的工作，很多问题是多年形成的“顽瘴痼疾”，一时很难根除。监狱回复的整改落实，多停留在纸面上答复，难以整改到位。有的上次巡回检察发现的问题，下次巡回检察仍然发现同样的问题，如罪犯违法超时劳动等问题一时难以纠正。巡回检察“回头看”跟进监督措施缺乏刚性，很难深入核实对方是否真的已整改落实到位。

（三）巡回检察人员组成需要优化

1. 缺少专业技术人才

根据《人民检察院巡回检察工作目录》的规定，巡回检察不仅涉及出入监法律文书是否完备、“减假暂”案件提请是否合法等刑罚执行中的法律问题，还涉及食品药品安全、医疗卫生、劳动安全、消防应急、财务审计等专业性较强的工作，在押人员在这些领域的合法权益如果受到侵害，事关罪犯的人权保障和监狱监管安全等，因此也是巡回检察工作的重要内容。巡回检察组普遍缺少既懂法律又熟悉上述专业的复合型人才，而是过于依赖“外援”专业人才，一定程度上制约巡回检察工作高质量开展。

2. 巡回检察人员综合素质需要进一步提升

巡回检察人员绝大多数是从基层刑事执行检察部门抽调的工作人员，综合素质还有较大提升空间，少数人对巡回检察工作和监狱的内部管理考核业务都不是很熟悉。另外，职责分工不明确、工作任务叠加等问题也一定程度上制约巡回检察监督质效。

3. 履职缺乏积极性主动性

巡回检察本来是一项政治性极强的工作，但一些巡回检察人员没有严肃对待，履职主动性不强，缺乏工作激情，将巡回检察工作误认为“走走看看”的表面性检查工作，未将其视为监督办案，表现为工作被动，巡察缺乏办案思维，思考问题不深入，思路不清晰，监督敏感性不强。

（四）线索发现较难

1. 阅卷难于发现深层次问题

监狱民警很多都是法律专业人才，具有较强的反侦查意识，他们制作的法律文书、档案、卷宗等材料，表面上不会有太大的问题，基本上能过关，即使背后有违法的问题，也不会呈现在纸面上，技术上会被“合法化”处理，不易露出破绽。不经过系统性的对比分析难以发现异常。部分监狱干警对巡回检察存在戒备心理，调卷时对存在有问题的卷宗可能会事先过滤或找借口婉拒。所以，书面审查发现深层次违法违规问题难度较大。

2. 通过与罪犯谈话也难以了解实情

巡察期间，与罪犯谈话了解有关情况，罪犯担心巡回检察组走后会被秋后算账，一般不敢讲实话。也有的罪犯认为多一事不如少一事，能不讲的就不讲，不牵扯到自身利益就不讲，害怕牵连日后的考核和减刑。这些情形严重影响调查核实工作顺利进展，阻碍巡回检察人员对事实真相的发现。

3. 通过举报获得线索的渠道受阻

派驻检察日常设置的检察官信箱作用发挥得不够理想。巡回检察期前尽管在监管场所显著位置张贴巡察公告，也设置了举报箱，或者通过发放调查问卷等形式让罪犯反映问题，但作用并不是很大，很难获得有价值的线索。监狱习惯于将罪犯的检举行为视为不认罪悔罪和不接受教育改造的表现，罪犯为了获取减刑机会早日出狱，一般会选择“沉默”或“忍气吞声”。

四、对策和意见建议

新时代要“做优、做强、做实、做好”刑事执行检察，推动监狱检察高质效发展，必须牢固树立双赢多赢共赢理念，应当一体推进派驻检察和巡回检察共同发展，实现两者有机结合，努力做到取长补短，发挥“前哨”和“利剑”的作用，实现派驻检察和巡回检察优势互补。

（一）巩固和强化派驻检察室作用

派驻检察室是检察机关对监狱监督的主要模式，一定程度上对规范监狱刑罚执行、制约权力滥用、保护罪犯人权发挥着不可替代的作用，其作用应当巩固和强化。

1. 规范派驻检察室运行机制

加强派驻检察室有关基础设施、人员设置、工作职责、任务的规范化管理。例如，要求每一名派驻检察人员每月派驻检察时间不少于 12 个工作日，每个工作日必须有人员在岗等制度。推进派驻检察室与监狱的联网建设，改善派驻检察室工作条件，提高派驻检察人员履职积极性。建立派驻检察人员个人责任制，对于履职不力造成后果的，应依法承担行政或刑事责任，提升履行职责的责任感，发挥派驻检察前沿阵地作用。

2. 建立派驻人员交流轮岗制度

贯彻落实《中共中央关于加强新时代检察机关法律监督工作的意见》和最高检《“十四五”时期检察工作发展规划》中“健全对监狱等监管场所派驻检察与巡回检察相结合的工作机制”“完善刑事执行检察监督机制”等要求，规范刑事执行派出院、派驻检察室建设，推行刑事检察等部门统一安排派驻监管场所人员轮岗交流制度。落实定期轮岗规定，防止派驻检察人员长期固定“熟人效应”导致的监督迟钝和被“同化”的现象发生。

3. 强化派驻检察监督的敏感性

派驻检察代表检察机关对监狱履行法律监督，应当保持监督的独立性，不受任何单位和个人的干涉，保障刑罚执行的顺利进行，维护在押人员合法权益，确保监管场所的安全稳定。派驻检察在办公条件、设备、职工福利等方面应保持独立性，避免“寄人篱下”的身份尴尬。敢于监督，敢于硬碰硬，切实发挥法律监督作用，绝不能为与监狱保持良好关系而失去监督立场。

（二）提高巡回检察工作质效

1. 突出巡察重点

应对监狱执行刑罚活动，教育改造活动中的重点人员、重点环节、重点部位进行检察，聚焦监狱刑罚变更执行的执法过程。例如，将“减假暂”刑罚变更执行中的考核奖惩、勤杂事务岗使用、会见通信等容易发生司法不公和腐败问题的环节作为巡察重点，坚持问题导向，锁定重点巡察对象。切忌眉毛胡子一把抓，应抓大放小，突出监督重点，否则面面俱到，则广而不深。同时应注意检察监督的边界问题，例如对于监狱内部执法审批的瑕疵问题，若没有直接影响到罪犯权益的，不应当作为巡察重点。

2. 提高发现线索的能力

首先要提高阅卷效能。阅卷是办案的应有之义，“阅卷是检察机关办案的基础环节，是办好案件的根本前提”。① 研究和拟制好调卷清单，提前通知监狱和属地检察机关提供清单所列的案卷材料，有利于尽快掌握监狱和属地检察机关的执法情况，节约进驻初期的阅卷等候时间。② 巡回检察人员应明确阅卷重点，优化阅卷方法。对于临时性修改可能性较小的如“减假暂”电子卷宗、计分考核电子数据等应当提前列入调卷清单。对于没有立卷归档、容易修改的材料，应当待巡察组进驻后再调阅。阅卷时应聚焦关键环节，紧盯“重点人员”，坚持问题导向，重点围绕事实、证据和程序问题进行通过精准、高效的阅卷，为巡回检察提供扎实支撑。

其次要制定好谈话名单。谈话名单应采取逆向思维模式，打破以前重点审查符合减刑条件罪犯卷宗的思维，相反应梳理查找长期未减刑或对减刑提请提出异议的罪犯，排查长期未获减刑的罪犯并制定名单，将这些罪犯作为谈心谈话的重点对象。另外，要做好巡前介入工作，抽取近一定时期出狱的重点罪犯，通过进行电话回访、现场走访、问卷调查等方式巡前宣传、收集问题、发现线索，为巡察组进驻开展巡察提供有针对性、重点性的任务目标。在实践中为巡察发现深层次问题和职务犯罪案件线索奠定坚实基础。

最后要发挥派驻检察室线索收集优势作用。在日常谈心谈话中罪犯反映或暴露的涉及监狱执法不公、罪犯权益受到侵害等问题，以及通过检察官信箱获取的罪犯控告检举的信件，将这些问题梳理排查筛选后进行线索登记，并建立逐级上报工作机制。在巡回检察组进驻后，将较为敏感、日

① 苗生明：《阅卷是对下指导的基本功》，载《检察日报》2020 年 12 月 24 日。

② 张书铭：《监狱巡回检察的工作重点和方法》，载《人民检察》2022 年第 21 期。

常不好监督的线索提供给巡察人员，配合巡回检察顺利开展工作。

3. 强化职务犯罪侦查意识

巡回检察应是有备而来的，具有明确的目的性，不能满足于在监狱内走走看看，肤浅地看看资料，发现一些“鸡毛蒜皮”的小问题。应当坚持以办案为中心，强化证据和程序意识，以办案的严肃态度审查监狱的执法活动，通过审查刑罚执行档案、考核奖惩、财务账目等重要资料，发现异常问题或线索后，继而对相关人员进行询问并制作笔录，对书证、物证、电子证据等进行复印、拍照、录音录像、提取等系列证据固定活动，深挖并查处司法人员违法违纪和职务犯罪问题，发挥巡回检察警示和震慑作用。

4. 派驻检察应发挥整改落实跟进监督优势互补作用

监狱对巡回检察反馈意见的整改效果，不是简单地靠下发个书面文件就能“立竿见影”，而是需要“伤筋动骨”系统性的整改，需要建章立制、机制运行和时间的检验。监狱的书面整改报告或口头整改汇报并不代表真的“落实到位”。巡回检察“回头看”无论是时间还是跟进监督措施都具有局限性，一时很难核实清楚监狱是否真的已整改到位。此时，派驻检察应当发挥前沿阵地优势作用，借助常驻监狱的天时地利优势条件，协助巡回检察开展后续的跟进监督工作，弥补巡回检察跟进监督措施的不济。

（三）强化巡回检察信息化、科技化、数据化监督模式

强力打造“派驻+巡回+科技”监督模式，用信息化手段替代传统办案方式。巡回检察是一个广泛收集数据、快速筛选数据、锁定重要信息、发现问题线索的过程。[①] 数字检察在短时间内对大量数据分析研判，能够大力提升巡回检察发现职务犯罪等深层次问题线索的效率。

1. 提高智能化巡察手段

进一步加强便携式打印机、执法记录仪、移动存储设备和测谎仪等电

① 吴岩石、陈晨、赵德志：《“派驻+巡回”同步深化的数字检察实践路径》，载《检察日报》2024年12月17日。

子设备在巡回检察中的应用，[①] 保障巡回检察工作必要的办案设备和工具，提高工作效率。巡回检察人员携带执法记录仪深入“三大现场”，与相关人员谈话，对相关证据拍照录像，有效固定证据，既可以提高证据的法律效力，还能提升巡回检察工作的严肃性。

2. 发挥网上办案优势

监狱的执法信息数据大部分都存储在监狱执法监管平台上，可以充分利用监狱的信息和数据资源。例如，监狱执法监管平台汇集了所有在押人员的出入监登记、考核奖惩、勤杂事务岗使用、械具审批、会见录音、“减假暂”刑罚变更执行、罪犯生活劳动场景视频等数据资料，由检察人员进行网上检察，可以有效弥补现场监督费事费时的不足。

3. 建立数据仓库提供资源保障

统筹利用以监管信息、司法办案数据为核心的检察数据资源，建立检察大数据总体架构。有效整合执法司法信息资源，破除数据壁垒，实现执法司法信息全面贯通互享，为巡回检察提供数据支撑。[②] 在大数据检察模型的帮助下，通过自动检索和数据分析，可以极大缩短发现问题线索的时间。尤其重视减刑、假释、暂予监外执行智能辅助审查系统在巡回检察中的实践运用，通过对数据信息自动分析能够快速筛选异常情况，将巡回检察人员从低效能的审查工作中解放出来，助力审查效率和发现线索的能力。

（四）强化巡回检察队伍建设

1. 壮大巡回检察队伍

抽调基层业务能力强、工作积极性高、具有创新精神的刑事执行检察人员成为巡回检察组成员，尤其是将那些有监狱巡回检察工作经验、熟悉监狱业务、具有职务犯罪侦查、公诉、批捕等工作经验的复合型人才充实到队伍里去。让既懂法律知识又熟悉电脑操作、综合素质较高、敢于挑战新事物、解决新问题的检察干警抽调过来，并激发他们干事创业的勇气和锐气，为巡回检察组注入活力和新鲜血液。

---

① 董桂文、李领臣、张璋：《监狱巡回检察实践中存在的问题及破解》，载《人民检察》2021 年第 24 期。

② 周伟：《监狱巡回检察改革若干问题研究》，载《中国检察官》2018 年第 23 期。

2. 强化对巡察人员的培训

建议巡回检察组进驻监狱前，应强化对全体巡察人员集中进行巡回检察业务和工作纪律方面的培训。科学合理设置课程，聘请刑事执行、职务犯罪侦查、监狱管理等领域的业务专家授课，采取集中授课和组内研讨相结合的方式，帮助巡察组成员有效掌握巡察方法，提高发现问题、分析问题、处理问题的能力，切实提升巡察人员综合素能和履职能力。

3. 借助“外脑”弥补专业短板

检察人员无疑是法律专家，但对食品卫生、财务审计、生产安全等领域的工作是“门外汉”，因此可以借力“外脑”，聘请上述领域相关专业技术人员担任检察官助理，充分发挥自身专业优势，积极履行职责，协助检察人员对监狱上述领域的工作进行专业性的体检和审查，从专业的角度提出问题所在，并提出专业性整改意见，弥补巡回检察人员专业知识的不足。

留守与流动的双重困境：性侵未成年人犯罪的生成逻辑与预防路径研究

丰丹丹　吉庆怡*

当前，我国留守与流动未成年人犯罪问题日益凸显。留守未成年人因监护缺失、沉迷网络等问题，成为性侵、盗窃、诈骗等案件的高发群体。其中以邯郸初中生杀人案等引发舆论为代表案件，涉案者均为留守儿童，其犯罪手段的极端性反映了家庭监护缺位与社会支持不足的双重困境。这一群体长期面临“融不进城市、回不去乡村”的认同危机，叠加教育资源匮乏、家庭情感断层等因素，极易滋生偏差行为。

近年来，G省A市农村地区留守儿童涉及强奸罪、强制猥亵罪和引诱、容留、介绍卖淫罪等几类未成年人性侵害犯罪的发案较为突出，随着互联网和平台经济的发展，通过社交软件实施隔空猥亵或转化为线下强奸、组织农村地区留守未成年人有偿陪侍等线上线下交织的新问题逐渐浮现。2023年5月，最高人民法院、最高人民检察院、公安部、司法部出台了《关于办理性侵害未成年人刑事案件的意见》，细化了对性侵未成年人的案件办理流程，更加注重性侵害的预防措施和事后救济。性侵未成年人案件普遍存在线索发现难、证据取证难等问题，目前对于性侵未成年人救济通常为事后主义，以强制报告为代表的制度的逐渐完善出现对性侵未成年人的识别和报告的关注，性侵未成年人的前端预防显得愈发重要，性侵类犯罪对未成年人身心伤害大，干预手段越靠后，效果越不尽如人意。如何将前端治理和事后保护相结合，成为预防性侵害未成年人犯罪重点关注的课题。

---

* 丰丹丹，贵州省紫云自治县人民检察院第三检察部主任、检察委员会委员、一级检察官；吉庆怡，贵州省紫云自治县人民检察院第三检察部四级检察官助理。

一、基于 A 市检察机关视角下性侵未成年人犯罪的现实考察

从 G 省 A 市近三年（2022—2024 年）办理的侵害未成年人案件数量中，性侵类案件占比较大，具体主要包含强制猥亵、侮辱罪，猥亵儿童罪，组织卖淫罪，强迫卖淫罪，引诱、容留、介绍卖淫罪，负有照护职责人员性侵罪和强奸罪几类，其中办理的审查逮捕 144 件 803 人，占比为 21.20% 和 53.39%，提起公诉件 729 件 528 人，占比为 46.70% 和 71.45%。案件数量和人数呈现出逐年递增的趋势，观察此类案件发现其具有鲜明的发案特点，其中犯罪嫌疑人画像普遍受教育程度低，与未成年被害人多为朋友介绍、网络平台相识，被害人缺乏家庭监管，多为留守未成年人，其父母一方或双方外出务工居多。结合具体画像并基于 A 市实际发案情况，性侵害未成年人案件可归纳出以下几类特征。

（一）未成年人性侵害范围的延伸

性侵害的行为主要为刑法规定的针对未成年人实施的以强奸、强制猥亵、侮辱，聚众淫乱、组织卖淫、强迫卖淫、引诱、容留、介绍卖淫等犯罪行为。司法实践中性侵未成年人案件常常伴随着对未成年人实施的性引诱、胁迫和操纵等预备行为，例如 2025 年 A 市 Z 县办理的韦某炼强奸案中，被害人和犯罪嫌疑人相识于社交软件，犯罪嫌疑人韦某炼为获取被害人信任，以恋爱为由邀约被害人线下见面，通过购买物品、出行游玩等行为取得被害人蒋某某的信任后，对其进行猥亵和强奸。该案中，犯罪嫌疑人以诱骗为手段，使未成年人降低对性内容的敏感性和防备性，从而进一步实施猥亵或性侵害的行为，此类性引诱行为虽然不能评价为犯罪，但是由于其属于性侵害中的预备阶段，如何防范性引诱成为防范未成年人性侵害的重要方面，需要重点关注。从 A 市司法实践中可知，对未成年人性侵害的作案存在恶性程度加剧的倾向，如在班某锋强奸案中，犯罪嫌疑人不仅实施暴力行为，强迫未成年人发生性关系，还对被害人的隐私部位进行拍照和录像。又如 A 市办理的刘某军非法拘禁案中，犯罪嫌疑人伙同他人强行带走卖淫女并实施殴打和威胁的行为，通过卖淫获取利益。在性侵未成年人案件中，呈现出性侵害辐射范围扩大的趋势，这不仅体现在罪名从侵犯人身权利到损坏社会公众秩序法益上，还体现在对未成年人性侵前后

的未被认定为违法行为的在线上和线下实施的诱骗、胁迫和操纵未成年人超越其性同意能力的性活动的各类剥削行为，其中不乏包括以恋爱为由的诱骗，持有、制作、复制和传播未成年人被性侵害影像等行为。面对现实发案中性侵害中更为复杂的现象，未成年人的性侵害的含义呈现出定义扩大的趋势，如何将性侵未成年人的事后救济转向防止性侵由未被认定为违法犯罪的行为转化为犯罪的后果及扩张，对预防性侵未成年人前端防控显得尤为重要。

（二）小规模团体作案的趋势显现

在性侵未成年人案件中，介绍卖淫和组织卖淫罪两类犯罪在 A 市涉性侵未成年人犯罪中较为突出。此类犯罪存在团伙化和产业化的倾向。

从 A 市近三年数据（2022—2024 年）中可知，引诱、容留、介绍卖淫罪近三年来审查逮捕案件数量为 222 件，在涉未成年犯罪中占比达到 14.6%，仅次于发案数量最多的强奸罪。以介绍卖淫罪为例，A 市 2022—2024 年，涉未成年人一般共同犯罪人数为 48 人，占比达到 60.76%；犯罪集团人数为 14 人，占比达到 17.72%，团伙作案的特征明显。此外，犯罪嫌疑人作案时未满 18 周岁的有 26 人，占比达到 32.91%，犯罪嫌疑人和被害人呈现年轻化的趋势。如 A 市 Z 县办理的韦某浪介绍卖淫案中，犯罪嫌疑人胡某某伙同吴某某等八人介绍卖淫，团伙中作案时有 4 人未满 16 周岁，其中在介绍卖淫的案件中团伙分工明确，大致为线上招揽与线下接送，在涉及性侵害未成年人的类型中，A 市中组织卖淫和介绍卖淫发案较多的 Z 县，女性未成年人大多直接参与卖淫，男性则更多的是充当“中介”或“保护者”的角色，犯罪团伙通过 QQ 群、微信等私密渠道联络，利用未成年人进行线上招嫖，规避线下打击。小规模团伙作案分散、流动性强，无固定场所，利用快捷酒店、出租屋等临时据点，逃避警方追踪。部分受害者因恐惧或利益关联不愿报案，导致打击不彻底。

（三）性侵害犯罪样态的网络异化

智能设备普及与监管的缺失形成发行性侵害风险的缺口，网络性侵未成年犯罪值得关注。社交平台、游戏社区、直播软件的普及使未成年人更易接触到陌生人。犯罪分子通过伪装身份（如假扮同龄人、网红或“知心网友”），利用未成年人的好奇心和情感需求实施诱骗。例如，以赠送虚拟礼物、游戏装备或虚假情感关怀为诱饵，逐步建立信任后实施性勒索或线下侵害。此外，部分平台为追求流量，纵容软色情、性暗示内容传播，算法推荐机制可能将未成年人导向不良社交圈层。加之未成年人缺乏辨识能力，易被诱导参与“裸聊”“私密照片交换”等高危行为。实践中，农村家庭普遍存在的“手机带娃”现象成为新型犯罪温床，留守的孩子多由祖辈照料，难以获得及时的情感支持和风险教育。犯罪分子瞄准这一群体，通过线上关怀建立联系后实施线下侵害。相较于普通线下的性侵害犯罪，利用网络平台性侵害未成年人的犯罪的危害后果较为扩大化，其主要表现在以网络平台为媒介，行为人对未成年人实施的“隔空猥亵”，以强制未成年人拍摄大尺度照片、裸聊，或以线上交友为由转化为线下猥亵或强奸，犯罪样态向网络异化。此类行为虽然具有线上非“接触性”的特点，但造成了更为严重的后果。特别是对未成年被害人的人格、名誉和精神层面上的打击较大。

二、性侵未成年人案件频发的原因剖析

（一）家庭结构变迁与教育缺失

结合A市性侵未成年发案情况折射出家庭结构变迁与教育缺失等多重社会问题的交织，主要有家庭结构变迁、家教功能弱化及环境因素三个方面的因素。首先，家庭结构变迁削弱未成年人保护屏障。在农村外出务工或易地扶贫搬迁后，留守家庭监护缺位。G省A市作为劳务输出大市，2024年建立有台账的留守儿童有20836名。隔代抚养普遍存在监护能力断层，大部分祖辈监护人仅能保障基本生活需求，对性安全防护知识认知不足，部分案例中侵害者正是利用监护真空实施犯罪。其次，家庭功能弱化主要表现为家庭情感支持和性教育的缺少，家长和乡村小学法律教育和性教育缺失，部分未成年人缺乏对犯罪行为危害性的认知，对犯罪的概念较为模糊。情感疏离导致受害儿童更易陷入“沉默型受害”困境。此外，受重组家庭的复杂性影响，涉及继父母或亲属的性侵案件占比达37%。[①] 如A市Z县办理的岑某岩强奸案，未成年人岑某靖自2018年以来一直受到其

① 数据来源于G省检察机关2.0办案系统。

继父岑某岩性骚扰，并在2019年、2022年和2023年遭受7次侵害。又如A市G县办理的贺某伦强奸案，在该案中贺某伦与被害人贺某利系继子女关系，贺某伦自被害人贺某利小学六年级至初中三年级的四年时间内，多次对其性侵。贺某利母亲曾经看见过贺某伦强奸贺某利，并及时进行了阻止，却未向相关单位或者部门报告，考虑到被害人年纪小，对以前实施性侵的具体细节等描述不清，导致对以往性侵次数无法查证。[①]

（二）强制报告制度实行的局限性

在社会治理中，社会规范控制的失效主要体现在安全预警机制的空洞化。在性侵未成年人案件中，主要体现在对性侵未成年人强制报告制度的不完善。虽然近几年来未成年人保护力度在逐步增大，但随着经济社会高速发展，侵害未成年人犯罪，呈现新态势和新情况，暴露出一些深层次问题。尤其近年来，部分住宿、娱乐等场所违反法律法规，允许未成年人随意出入，逐步成为涉未成年人犯罪的高发地；另外，根据2018年至2022年数据显示，检察机关起诉的性侵未成年人犯罪，发生在宾馆、酒店等住宿经营场所的占31.5%，部分省份甚至高达50%。[②] 随着电竞酒店、密室逃脱等新兴行业的快速发展，其监管配套制度尚未完善，给未成年人保护工作带来更大挑战。及时发现、侦破案件是保障未成年受害人权益的前提，特别是部分性侵、虐待未成年人的案件，该类案件大多为熟人犯罪，具有较强的隐蔽性。犯罪发生后，被害人往往“难以启齿”“家丑不能外扬”观念，增加了案件的侦查难度。目前对于强制报告制实践中主要存在着三类问题。一是强制报告的义务主体过于单一。我国强制报告制度责任主体规定采用了特定主体模式。[③] 根据《关于建立侵害未成年人案件强制报告制度的意见（试行）》（以下简称《意见》）的规定，这些特定主体主要是对未成年人有教育、救助、医疗看护职责的人或者密切接触未成年人

---

① 数据来源于G省检察机关2.0办案系统。

② 《未成年人遭受网络侵害问题突出，利用网络实施犯罪不断上升，最高检呼吁充分落实未成年人保护法律制度和保护责任》，载最高人民检察院官网，https：//www.spp.gov.cn，2025年4月20日访问。

③ 张彩虹：《我国侵害未成年人案件强制报告制度研究》，辽宁师范大学2021年硕士学位论文。

的企事业单位、基层群众性自治组织、社会组织。[①] 但鉴于家庭生活中近亲属没被全面纳入责任主体范围，在发生家庭成员间的性侵事件时，由于性侵案件较为隐蔽，若发生在家庭内部，除非家庭成员或未成年人报案，线索发现较为困难。

二是强制报告义务主体缺乏主动性。根据未成年人保护法的规定，旅馆、宾馆、酒店等住宿经营者接待未成年人入住需查验登记、入住询问，遇到可疑情况应当立即向公安机关报告。[②] 但是，在实践中报告主体主动性不强，导致侵害未成年人案件发现迟、救助不及时等情形发生。比如，2022 年 A 市 G 县办理的县某小学老教师性侵幼女案，该校老师发现该犯罪嫌疑人异常情况后，未及时询问情况或与监护人联系，也未按照强制报告相关要求向公安机关报案，怠于履行强制报告义务。[③]

三是强制报告制度刚性不足。司法实践中，强制报告制度刚性不足的原因是多方面的。基于中国传统文化和熟人社会观念的影响，更倾向于采取“私了”方式而不选择强制报告；对于家庭外部人员而言，往往有“多一事不如少一事”或者担心个人声誉受损、工作风险增加或遭打击报复等顾虑，而推迟或遗漏报告。

四是强制报告制度中责任追究机制不完善。未成年人保护法和《意见》都规定了报告主体未履行报告职责，而应该承担的法律责任，承担责任的基本前提是“未履行报告义务造成严重后果”，现实情况中给当事人强制报告留下了较大的自我裁量空间，实际操作中仍需明确细化；另外，《意见》对于不履行强制报告义务的法律后果规定得较为原则化，导致刑

---

① 《关于建立侵害未成年人案件强制报告制度的意见（试行）》。

② 根据新修订的《未成年人保护法》第 57 条规定：“旅馆、宾馆、酒店等住宿经营者接待未成年人入住，或者接待未成年人和成年人共同入住时，应当询问父母或者其他监护人的联系方式、入住人员的身份关系等有关情况；发现有违法犯罪嫌疑的，应当立即向公安机关报告，并及时联系未成年人的父母或者其他监护人。”

③ 数据来源于 G 省检察机关 2.0 办案系统。该案中检察机关及时制发检察建议督促教育局进行惩处。

事、行政责任追究机关主体不明，界限不清，[①] 在一定程度上削弱了强制报告制度的执行力和实际运行效果。

（三）未成年人自身现实因素

未成年人自身的因素主要包括未成年人自身身心发育不健全、受教育程度低和社会身份限制等方面。性侵未成年人犯罪往往发生在特定空间内，如学校、家庭、娱乐场所、汽车、网络空间等高风险场所。在性侵未成年人案件中，被害人在现实生活中存在一定的“被害性”，即遭受某些社会因素所造成所有各类被害人的特征。[②] 主要是因为未成年人身心发展不健全致使被害性增加。在面对性骚扰、性引诱或性剥削等尚未变为性侵害等行为时缺乏基本的防范能力，甚至还未认识到自己正在遭受侵害。此外，未成年人受到社会和自我身份的双重限制，一方面，未成年人缺乏处理侵害事件的能力，实际中强奸、介绍卖淫的地点都较为隐蔽，且可能出于羞耻心或其他心理因素选择隐瞒，进一步抑制了未成年人行为；另一方面，未成年人常处于成年人的监管下，尤其是留守儿童大部分属于隔代抚养，生活中难以获得父母的情感支持。若犯罪嫌疑人为近亲属或老师等具有监管义务的特定角色时，未成年人处于弱势地位，孩子遭遇性侵害后不敢或不知如何求助的问题仍存在。此外，经济和教育较为落后的地区，未成年人容易受到不良价值观的影响，参与介绍卖淫或组织卖淫等犯罪。在当地存在经济欠发达、就业机会匮乏等情况下，部分未成年人可能因经济压力或被快速来钱诱惑，尤其农村地区留守儿童或单亲家庭子女，缺乏稳定的经济来源，被犯罪团伙利用，易成为犯罪目标，加之容易受到社交媒体、短视频平台中隐晦的性暗示内容或“炫富”文化等不良信息诱导，将性交易视为快速赚钱的“捷径”，使得该类型犯罪在A市Z县屡禁不止。如A市Z县办理的吴某辉介绍卖淫案，犯罪嫌疑人吴某辉为卖淫女刘某薇

---

① 《意见》第16条规定，负有报告义务的单位及其工作人员未履行报告职责，造成严重后果的，由其主管行政机关或者本单位依法对直接负责的主管人员或者其他直接责任人员给予相应处分；构成犯罪的，依法追究刑事责任。相关单位或者单位主管人员阻止工作人员报告的，予以从重处罚。

② 参见刘颖琪：《“犯罪场”视阈下性侵害未成年人预防模式构建》，载《青少年犯罪问题》2025年第2期。

介绍嫖客108人次，非法获利2.8万余元。

三、检察机关预防性侵未成年人犯罪具体进路

（一）探索分级干预的犯罪预防路径

司法实践中，性侵害涵盖范围的延伸使得预防性侵未成年人犯罪应当秉持最有利于未成年人原则和适当性、必要性和比例性等原则，构建性侵害的分级预防干预。多层次风险的犯罪预防和治理是重要一环，预防性侵害未成年人应当针对不同的风险行为与性侵害犯罪构建一个递进的预防模式，有针对性地切断性侵害违法犯罪的因果链条。将从注重事后救济转移到事前预防与事后救济并重。

检察机关可探索“一般预防—重点预防—临界预防—再犯预防”的分级干预模式。在一般预防层面，在推进“法治进校园”常态化的同时，检察人员通过模拟法庭、案例宣讲等形式增强未成年人自我保护意识，引导未成年人树立正确的价值观。在重点预防层面，对城乡结合地区、寄宿制学校等重点区域加强巡查，可联合妇联、团委等组织对困境儿童提供心理辅导和法律援助。围绕重点区域、行业、场所、人员开展排查，努力从源头消除犯罪诱因。在临界预防层面，对存在性侵倾向但尚未构成犯罪的个体（如网络猥亵、不当接触未成年人），针对未成年人在网络空间，多发易发问题，检察机关通过提供法律咨询引导、督促监护维权、民事支持起诉等工作，配合其他部门开展未成年人网络环境整治工作，压实网络平台主体责任。针对办案发现的网络侵犯等情况，通过检察建议、公益诉讼等方式，促请、配合相关部门推进依法治网行动。在再犯预防层面，严格落实控辍保学协作配合机制，针对办案中发现的辍学和失学的涉案未成年人，同步通报到教育局。针对不同年龄段开展线上和线下的防性侵课程。对于低风险（如线上或线下轻微言语骚扰），检察机关可联合社区、学校进行法治教育、家庭督导。对于使用网络存在的风险，如网络诱导未成年人的行为，鼓励未成年人及家长、老师等加强风险识别。利用法治副校长法治进校园的契机对未成年人及父母上好家庭教育课，开展针对监护人的“家长课堂”。最后，对于已经发生性侵害的，检察机关在办理涉未成年人案件时可以依托“国家监护人”的职责使命和法定义务，通过成立家庭教

育指导站，制发家庭督促监护令、家庭教育指导令，强化家庭教育督促的强制性，对犯罪嫌疑人的再预防应当从性侵害犯罪分子的从业禁止、被害人的心理矫正方面着手，实现层层递进的防控性侵害治理模式。

（二）细化强制报告制度的落实

检察机关严格落实性侵未成年人强制报告每案必查，依法履行法律监督职责。在相关案件审查中，注重对强制报告制度落实情况进行核实，针对学校或相关经营性场所未履行或及时履行强制报告制度的情况，要及时将线索移送纪检监察部门、公安机关或相关业务主管部门，并及时跟进和反馈情况。严格开展"一案多查"，针对办案中发现的酒店等违规接待未成年人实施卖淫等违法犯罪活动及时移送公安机关处理，针对相关单位存在未成人保护监管履职不力的情况制发检察建议，联动启动民事公益诉讼监督工作，通过检察建议、公益诉讼等方式，促请、配合相关部门推进依法治网。随着互联网的普及，许多未成年人都过早地接触到了网络，网络空间既是虚拟空间也是公共场所，也是"网瘾"青少年的犯罪高发地，犯罪分子可以通过网络对未成年人实施隔空猥亵"恐吓"，这对未成年人造成的伤害比起现实中对未成年人造成的伤害有过之而无不及，对此，可以借鉴学习上海等一线城市的工作经验，如上海检察机关创建"检察 + 网信 + 网安 + 文化执法"的协作机制，通过开展"清朗"专项行动，处理涉未成年人违法违规信息、账号、群聊等方式开展社会治理。[①]

（三）司法与社会双向协同治理

面对现实司法实践中性侵未成年人复杂多变的情形因地施策。具体来说，要针对外出务工人数较多的、留守儿童较多的实际情况，通过"司法刚性惩戒 + 社会柔性干预"双向推动，重点解决实务中部门协同碎片化与社会参与不足问题。短期内可依托现有政法体系强化打击力度，全面准确贯彻落实宽严相济刑事政策，对于"嫖幼""嫖处"等性交易型性侵幼女案件，严格对犯罪嫌疑人不明知被害人未幼女的认定，对性侵未成年人性质严重、后果严重、情节恶劣的，从严从重打击。中长期来看，要坚持司

① 参见《最高人民检察院未成年人检察工作白皮书》，载最高人民检察院官网 2025 年 6 月 16 日，https://www.spp.gov.cn/xwfbh/wsfbt/202506/t20250616_698278.shtml#2。

法综合治理。鉴于农村及偏远地区性教育普及不足，留守儿童缺乏对性侵害的认知和自我保护意识。部分受害者甚至无法意识到自身权益被侵犯，或误以为“网络交友”属于自愿行为的实际情况。检察机关结合地区文化特点创新宣传方式，正面宣传反性侵案例，破除“受害者有罪论”偏见。强化性侵未成年人犯罪惩治预防与被害人保护，持续推进“一站式”询问中心使用率，依托“六大保护”融合发力，结合办案有针对性开展家庭教育指导工作，融入社会综合治理工作，充分发挥基层网格化管理，形成未成年人保护网，依托基层组织提出更为精准有效的流动儿童关爱检察建议，实现司法和社会治理的良性互动，为未成年人健康成长提供坚强司法保障。此外，预防性侵未成年人犯罪不能仅靠检察机关单打独斗，必须构建“家庭—学校—社会—司法”四位一体的防护网络。检察机关可整合公安、教育、民政、妇联等部门资源，形成联防联控机制。同时，可引入社会力量，如公益组织、心理咨询机构等，为受害者提供心理康复、法律援助等支持，多方发力，通过系统性治理，从源头上遏制性侵未成年人犯罪频发态势。

四、结语

性侵未成年人犯罪是严重侵害儿童权益、破坏社会稳定的恶性犯罪，其隐蔽性、重复性及对被害人造成的终身创伤。性侵未成年人犯罪的预防和干预是一项长期性、系统性工程。检察机关应以“最有利于未成年人”原则为指导，立足本地实际，推动法律监督与社会治理深度融合。

跨境网络犯罪涉案虚拟财产刑事执行检察监督的困境与建议

李　璐　李　华　崔亦鹏*

近年来，随着数字技术和数字经济的迭代发展，跨境网络犯罪亦呈现持续高发态势，给人民群众合法权益和网络空间秩序造成严重危害。以跨境电信网络诈骗犯罪和跨境赌博犯罪为例，据统计，2024 年全国检察机关起诉电信网络诈骗 6.7 万余人，同比上升 58.7%，全国公安机关共侦办涉跨境赌博及关联案件 7.3 万件起，打掉网络赌博平台 4500 余个。涉案资金跨境转移和洗钱是该类案件的核心环节，借助虚拟财产去中心化、匿名性、追索难等特点，逐渐成为网络犯罪团伙转移涉案资金、隐藏犯罪所得的新媒介，给检察机关对涉案财产查控和后续执行的监督带来困难。追缴涉案财产不仅是刑事诉讼的重要环节，更是打击犯罪分子的嚣张气焰，帮助受害者挽回经济损失的关键所在。本文拟从跨境网络犯罪及涉案虚拟财产的现状特点切入，深入分析涉案虚拟财产追缴执行的困境与监督难点，以期为检察机关加强跨境追赃相关监督提出建议。

一、跨境网络犯罪现状及涉案虚拟财产特点

（一）跨境网络犯罪现状

1. 犯罪窝点集中于东南亚地区

东南亚地区地理上与我国接壤，区域内边境线漫长，高山林地河流地

* 李璐，山东省烟台市芝罘区人民检察院党组副书记、副检察长；李华，山东省烟台市莱山区人民检察院党组成员、派驻检察室主任；崔亦鹏，山东省烟台市芝罘区人民检察院第一检察部检察官助理。

貌较多，边境居民自古来往密切，导致犯罪团伙组织偷越国（边）境较难管控，使得跨境犯罪能够较为容易地补充人力资源。此外，经济上同样联系紧密，特别是自中国—东盟自由贸易区、RCEP 自由贸易区建立以来，中国与东南亚地区经济往来日益密切，区域内国家由于经济社会发展水平不均衡，促使一些落后地区平民基于摆脱贫困的迫切需求从事高额利润犯罪，包括毒品犯罪、网络犯罪等。加之部分地区武装冲突频发、法治体系不健全，东南亚地区成为在我国严打高压之下，承接网络犯罪团伙转移的主要目的地。窝点内犯罪团伙组织结构复杂，职责分工严密，甚至形成以工业园区、科技园区为形式的犯罪集团。[①] 团伙从提供作案工具、雇佣人员、锚定犯罪对象、提供支付结算帮助或转移赃款等各环节均有专门人员分工负责，并利用“合法”业务掩盖非法行为，有较强的迷惑性。

2. “黑灰”产业链条与跨境犯罪共生交织

“黑灰”产业是伴随跨境网络犯罪分工日益细化而逐渐产生壮大的。产业链上、中、下游各自独立、各司其职，又环环相扣，通过网络合作紧密联系在一起，逐步形成集个人信息获取、犯罪工具供给、互联网技术支持、引流推广、诈骗实施、钱款结算、资金跨境转移等为一体的完整产业链条。[②] 上游主要包括人员链、信息链、技术链，中游主要指犯罪团伙实施的各项犯罪行为，下游主要包括资金链。详言之，人员链即补充犯罪团伙人力资源，主要方式既有犯罪集团远程招募我国境内犯罪分子赴境外犯罪窝点，也有通过各种方式诱骗我国公民至境外被迫参与犯罪活动，既有通过旅游签证等合法形式出境，也有组织人员偷渡的非法形式；信息链即相关不法分子通过爬虫等网络技术、暗网等平台非法获取我国公民个人信息并贩卖给犯罪团伙，团伙借助此类信息对我国公民量身制作诈骗剧本、精准实施敲诈勒索，严重危害我国公民人身、财产安全；技术链即为犯罪团伙实施跨境网络犯罪提供技术支持，以跨境赌博犯罪为例，在“包网”环节，包网公司可以为犯罪团伙提供开版建站、HTTPS/SSL 加密证书、

① 参见陈红：《跨境电信网络诈骗犯罪的惩治方略》，载《人民检察》2024 年第 S1 期。

② 参见翁音韵、刘洋：《跨境电信网络诈骗犯罪的刑事规制困境与纾解》，载《人民检察》2023 年第 22 期。

WEB/H5/IOS/ANDROID 防劫持等全方位网络赌博技术支撑,[①] 可以说是犯罪得以实施的重要因素；资金链即帮助犯罪团伙完成支付结算、洗钱销赃，不法分子通过“跑分”平台、虚拟货币交易等方式完成转移、洗白资金。其中，以虚拟货币为代表的虚拟财产以其借助区块链技术带来的去中心化、匿名性、瞬时性等特性，在跨国网络犯罪中应用日益广泛。

3. 虚拟财产成为实施犯罪、完成洗钱的主流手段

实践中，网络虚拟财产[②]主要包括货币类、账号类和其他网络虚拟财产。[③] 以货币类网络虚拟财产为例，主要包括基于加密算法、区块链技术等开发的加密货币，如比特币等。另一类是通过传统互联网技术推出的游戏货币、Q 币等社交平台虚拟货币，均具有一定的经济价值，在跨境网络犯罪中既是实施工具又作为洗钱工具。以跨境赌博犯罪为例，犯罪分子通过给予参赌人员链接，待其购买虚拟货币后，再通过网站充值入口用虚拟币进行充值，犯罪分子随后通过虚拟货币交易平台转移虚拟币，在境外完成结算和提现，或利用盗号、作弊等方式获取大量游戏货币后向参赌人员兜售，实现与人民币的兑换结算。在洗钱环节，跨境犯罪分子将被骗资金、涉赌资金通过虚拟货币交易平台购买虚拟币或者虚拟商品，完成钱—虚拟财产—钱的洗白，资金流向的渠道互相交织，加之虚拟财产的隐蔽性，给侦查机关带来较大干扰。

（二）涉案虚拟财产特性

1. 数据性

网络虚拟财产本质是一种特殊的电子数据，以泰达币等虚拟货币为例，其依托区块链技术将数据区块以时间顺序串联，并以密码学保证财产

---

① 参见程科、王佳旎、罗莎：《跨境网络赌博犯罪资金流分析的策略》，载《江西警察学院学报》2024 年第 6 期。

② 一般指“为所有人支配和控制且能带来经济利益或精神利益的存于网络空间的数字化、非物化财产”。参见北京互联网法院（2023）京 0491 民初 15850 号民事判决书。

③ 账号类虚拟财产主要由于其账号下存在具有经济价值的物品或具有较高的商业价值而具备了财产价值，包括网络游戏账号和自媒体账号等；其他网络虚拟财产主要指在电商平台的网络商店，作为网络交易的场所和媒介，网络店铺由用户申请、支配，进行个人信息认证并通过投入时间、金钱、劳动持续经营盈利，具有明显的交易价值和使用价值。

安全。这类虚拟财产无法通过物理方式感知，权利人也无法通过实物交易的方式进行处理或开展业务活动。同时，其与传统的“无形财产”也不同，传统的“无形财产”，如股权、知识产权可以通过股权登记、专利证书等“有形”方式实体化，但网络虚拟财产当前还欠缺完善的登记制度，其权属信息主要由网络运营商掌握，虚拟货币的交易更是以随机生成的地址为身份标识，但这种身份标识与真实身份信息没有必然联系。

2. 价值性

虚拟财产的价值性依赖虚拟财产与现实财产的相互转换。一方面来源于其产生或获得需要凝结大量无差别的人类劳动，包括运营、维护，或用户投入的金钱、时间等，普遍认为区块链数字货币的数量是有限的，而热门网络游戏的装备也是炙手可热、一件难求的。另一方面来源于其稀缺性和用户需求，即某一平台的虚拟财产往往有数量限制或需要相当的金钱或精力投入，该种稀缺性培育了用户的需求，愿意使用现实货币与之相交易，交换价值得以实现。从保障刑事执行目的实现的角度出发，能交易的虚拟财产才具有刑事执行的可行性，跨境网络犯罪的涉案虚拟财产系用以交易或实施洗钱的媒介，往往经过与人民币或外币的兑换，其价值性是毋庸置疑的。

3. 非独立性

非独立性主要体现在两方面。一是依托于网络环境。作为数据代码，网络虚拟财产只有以特定的网络或网络服务平台为载体才能进行支配、使用和交易，[①] 脱离这一客观环境，虚拟财产也就无法存在并实现其功能和价值。二是依托于网络运营商的运营和用户的使用。虚拟财产不能以自身意志在网络环境中存在，其需要依托客户端和运营商终端下达指令和授权运行，特别是需要网络运营商的参与和配合，并在运营商设置的规则内处理。这意味着，对虚拟财产的执行也需要运营商协助进行查控或处置。不过应当注意，这种“有瑕疵”的支配并不影响用户对其虚拟财产的权属认定。[②]

---

① 如货币类虚拟财产依附于虚拟货币交易平台，账号类虚拟财产依附于游戏、社交、直播平台等。

② 参见蔡鹏涛、杨柳：《网络虚拟财产强制执行的法律思考》，载《新疆社科论坛》2021 年第 4 期。

二、检察机关对跨境网络犯罪涉案虚拟财产执行监督的难点

（一）合作机制、规范供给仍不健全

跨境追缴涉案虚拟财产既需要国内法支撑也需要国际刑事司法协助相关规定，是检察机关审查专门机关是否及时履行追缴职责、是否发还被害人的依据。

一是就国际法依据而言。就跨国犯罪赃物追缴，主要有《网络犯罪公约》《联合国反腐败公约》《联合国打击跨国有组织犯罪公约》等多边条约，例如后者分别对“洗钱”行为、财产扣押、没收的国际合作进行了较为详细的说明，但在具体实践中，其适用性相比双边条约稍显逊色。双边条约以东南亚地区为例，我国联合东盟国家一道持续加压打击跨国网络犯罪，稳步推进双边司法协助条约缔结工作，截至目前，已与越南、老挝、泰国等6个国家签订了刑事司法协助条约，为我国跨境追赃展开合作和监督提供了依据。但随着跨境网络犯罪形式越来越复杂，条约中规定的较为笼统，欠缺操作性的规定已不适应追缴的需要。实践中“一事一请求”的个案追缴模式又会造成司法资源浪费和监督的混乱。

二是就国内法依据而言。近年来，我国积极参与国际事务，涉外法律体系不断健全完善，专门性的涉外法律有50余部，许多法律中也含有涉外条款。据不完全统计，含有涉外条款的法律占现行有效法律的一半左右，[①] 特别是2018年国际刑事司法协助法的出台，对冻结、扣押涉案财物、没收返还违法所得等进行了专门规定，在追缴司法协助得到进一步规范的同时，其规定得仍较为原则。此外，我国仍未有涉案虚拟财产执行检察监督的专门性法律规范。实践中，检察机关对虚拟财产执行的监督，大多参照对电子证据提取监督、实体财物的执行监督等进行履职，针对性较弱。

---

① 参见张辉、王慧：《跨境新型网络犯罪治理对策研究》，载《山东警察学院学报》2024年第4期。

（二）对涉案虚拟财产查封、扣押、冻结无法进行有效监督

鉴于虚拟财产的特性，及时对涉案虚拟财产进行查控是确保后续执行的关键，也是检察机关开展监督的重点，但在实践中监督效果较差。

1. 控制方式因案而异，监督缺乏标准

对赃款转移的查控依赖于他国侦查机关的查控能力，在我国侦查机关联合办案的情况下，对虚拟财产的查控也有标准不清晰的问题。以货币类虚拟财产为例，实践中主要有五种控制措施，均有利弊。一是一并查控。即将私钥信息与其实物载体一同控制，这种方式弊端明显，主要问题在于私钥是一种无限复制的电子数据，控制物质载体并非能排他地控制私钥信息，难以避免被执行人将虚拟货币进行处分、转移。二是单独提取。即仅提取私钥数据并封存于取证实物载体中。显然，这种方式仍然无法避免财产被转移的风险。三是委托第三方平台控制。即委托第三方平台对虚拟货币进行查询和控制，可以说查控方式更加专业有效，但是这种方式目前并没有立法予以明确，具体介入节点和方式并不规范，且缺乏有效监管。四是强制划扣。即事先生成虚拟货币地址，将涉案虚拟货币转移至该“钱包”内，借助虚拟货币“占有即所有”的特性，通过排他性占有以实现对资产的控制。[①] 虽然这种方式防止了虚拟货币被恶意转移，但当前无法律依据，程序正当性欠缺。五是先变现再予以控制。即将控制的虚拟货币通过一定方式变现，再予以冻结。这种方式同样可以确保虚拟货币不被转移，但也无法律明确规定，同时需要通过虚拟货币交易平台将其变现，具有违法性。财产控制措施的不统一导致检察机关缺乏监督标准，影响开展监督的效率和效果。

2. 对执行关键部门监督规范缺失，“事后型”监督难以应对风险

虚拟财产呈现出的变现能力强、转移便捷、价值波动大、查控技术要求高等特点，在当前刑事裁判涉财产部分执行的法律框架下，裁判生效后，法院执行部门对涉案虚拟财产进行查询、查封、处置难度较大，特别是跨境转移的情况下难度更大，这决定了相关虚拟财产线索查控前置的必要性，其对前期公安机关侦查、检察机关刑检部门等的审查工作依赖性较大。

---

① 参见张敏、汪倩：《论行政检察监督制度的困境及完善路径》，载《长江师范学院学报》2021 年第 4 期。

但在目前的司法实践中，对涉案虚拟财产执行工作的法律监督仍然适用对实物涉案财产的监督程序，局限于法院对涉财产执行案件的移交、立案等程序合法性监督，以及对公安机关移送涉案财物、查扣冻、处置涉案财物等活动的违法性进行监督，监督信息获取也较为滞后。此外，由于虚拟货币属于一种特殊种类物，无法排他地占有，只要掌握虚拟货币的私钥即可对其进行处分，上述五种控制方式，除第三种外，均有侦查或执行人员在占有私钥后进行转移、交易执行财产的风险，而且这种违法处分还具有匿名性，难以追责。

（三）虚拟财产返还、变现存在难点

1. 资产分享机制还不够细化

跨境网络犯罪团伙往往收益巨大，其在获得赃款后又会在资产流入国进行消费或投资，对流入国经济有一定的促进作用，甚至在缅北地区，诈骗团伙的犯罪收益成为当地政府的重要税收来源。加之跨境犯罪侦查存在较大的难度，被请求国需要耗费大量的司法资源对涉案财物进行追索，由此产生的保管费用、返还费用等成本会降低其协助的积极性。为解决此类问题，国际社会探索出资产分享制度，即对于跨国没收的犯罪资产，流入国在扣除必要费用后，流出国可根据流入国为资产追缴作出的贡献对资产或收益进行分享。对此，我国也积极探索，与部分国家在双边条约中对资产分享制度进行了规定，并在 2016 年与加拿大签订了专门协定《关于分享和返还被缴资产的协定》，2018 年出台的刑事司法协助法也对资产分享进行了明确。但一方面同跨境网络犯罪高发的东南亚地区国家并无相关规定，另一方面较为原则，针对分享的数额、比例和计算方式等未加以细化，不利于保障资产返还的规范化。

2. 对第三方机构缺乏监督

如前所述，虚拟财产需要网络运营商予以协助，但在实践中主要采取暂时合作的模式。一是缺乏法律规定。对于何种公司应当满足何种资质才能配合开展这项业务，还没有明确的法律规范。且目前大量第三方平台设置在域外，联系并开展协助执行的难度大。二是效率较为低下。实务中主要采取“一案一协议”的操作方式，每起案件从签订协议到完成处置，流程烦琐，未能形成长效机制，既不利于虚拟财产执行的高效率需求，个案合作的模式也易滋生司法腐败。

3. 难以确保公正合法运作

个案协作模式下，双方权责临时约定，权利义务缺乏统一标准，内容较为模糊，在涉及处置虚拟货币这类较为敏感的虚拟财产时，易侵害当事人权益及金融秩序。对第三方平台是否以及如何进行合理、合法监督仍不明确。

三、检察机关加强涉案虚拟财产执行监督的建议

（一）完善国际司法合作机制及刑事司法协助条约规范

1. 在国际合作机制和条约方面

一方面，建议依托国际刑警组织、澜湄综合执法安全合作中心等警务合作机制，加强培训交流，进一步简化程序，推动情报共享、线索交换，联合开展案件侦查、赃物追缴返还等工作，运用大数据、云计算等新技术，加强资金流向分析和追踪，提高预测预警能力，斩断“黑灰”产业链条，提高侦查和查控质效。检察机关要加强法律监督，确保合作规范、尽责开展。另一方面，要加强缔约沟通，建议依托上海合作组织、中国—东盟打击跨国犯罪部长级会议、中国—东盟成员国总检察长会议等对话机制，持续开展交流磋商，夯实政治互信，推动打击跨境网络犯罪专门公约和国际刑事司法协助双边条约的签订，完善、更新现行条约规定，对案件侦查、协助查控、追缴返还等内容逐步细化，以适应新形势下追赃挽损的工作需要，增强可操作性、提高时效性。

2. 在国内法方面

进一步完善追缴主体、客体、措施、期限等内容，为顺利开展追赃跨境合作提供国内法基础保障。检察机关应加强涉外法治研究，梳理实践中司法协助存在的问题，立足自身职能定位，发挥人大代表联络作用，提供更加科学务实的立法建议，为有效开展监督夯实法律依据。

（二）细化查控、监督措施机制，构建全链条检察监督模式

1. 明确控制标准

建议采取“冷钱包”实体化查控模式。即侦查机关应事先在一台离线的电脑上生成涉案虚拟货币专属地址和私钥，将涉案虚拟货币发至该地

址，然后将私钥存储至实体介质再予以保管，并将该介质随流程逐环节移交，最大限度避免虚拟货币被犯罪团伙转移的风险。应尽快推动离线实体控制模式规范化，从实践角度出发，可以通过与他国警方召开磋商会议，研究、推广此类控制手段和具体程序，赋予该种模式一定的正当性基础，提升规范化水平。此外，针对侦查或执行人员可能的转移财产行为，可探索协同转出模式，即采取分布式私钥方式，将案件专属地址的私钥进行拆分，侦查或执行阶段分别由侦查人员、执行人员与检察人员各持一部分，在该技术加持下，私钥碎片定期进行刷新，只有获取同一时间的全部私钥碎片才能对虚拟货币进行处置，从而避免存在私自转移财产的风险。

2. 加强对关键部门监督

延伸涉案虚拟财产执行检察监督范围，以生效裁判文书执行为节点，前后延伸检察监督权，构建贯穿侦查、审查起诉、审判、执行的全链条闭环式检察监督模式。侦查阶段，主要依托分布式私钥加强查控监督。移送审查阶段，可探索一体化同步监督模式，推动监督关口前移，将刑检部门对侦查活动的监督权与刑执部门对涉案财产处置的监督权剥离，形成侦查环节对刑事侦查活动监督和对涉虚拟财产内容执法监督的同步监督。审判、执行阶段，同样采用分布式私钥，并由案管部门分流涉财产刑裁判文书，由刑检部门和刑执部门对裁判文书裁判内容和涉财产刑裁判内容同步审查，从而构建对刑事涉虚拟财产刑案件的双监督模式，以部门间线索共享提升财产刑执行监督和刑事抗诉监督质效。

此外，为解决检察监督信息获取困难的问题，可探索涉案虚拟财产执行全流程信息上网，依托政法机关跨部门大数据办案平台等办案协同平台，综合运用数据上传、端口接入、实时查询、关联使用等方式，针对虚拟财产执行关键节点，从案件移送审查、起诉至法院、生效判决移送执行、执行案件终结等关键节点，实时上传、更新文书及信息，如果涉案虚拟财产系虚拟货币，还应当上传第三方科技公司相关资质信息，检察机关也应当指派专人负责该执行案件，上传人员信息，负责私钥碎片的保管与监督，进而实现虚拟财产执行全流程数据共享内容的连续性、时效性，进一步强化全流程监督，确保涉案虚拟财产依法、有效得到执行。

(三) 完善犯罪资产共享机制，加强对第三方机构监督，确保财产返还、变现程序顺畅

1. 探索涉案虚拟财产共享机制

进一步明确资产共享的方式、范围和比例，可先行通过个案合作，探索适合两国的共享方式，积累经验并上升至双边条约，最终通过广泛的司法实践，形成普适性的方法原则，对刑事司法协助法中关于资产分享的内容格式化、标准化，明确分享比例的上限和下限，推动签订多边专门条约。需要强调的是，在无明显被害人的网络赌博、贿赂犯罪等跨境网络犯罪中，对涉案虚拟财产进行变价分享较为容易解决，但在有明显被害人的如跨境电诈、跨境敲诈勒索等犯罪中，根据《联合国打击跨国有组织犯罪公约》的规定，犯罪所得应优先赔偿被害人或返还合法所有人。[①] 鉴于资产分享对于追缴涉案财产的激励作用，针对此情况下的资产分享，本文建议设置专门的跨境司法协助共享基金，基金以无被害人的跨境犯罪所追回的涉案资产，在分享后纳入为主，以财政投入为辅，追回的涉案财产在全部赔偿被害人或善意第三人后，以基金来补偿被请求方因开展司法协助而支出的合理费用，检察机关则应当加强对该基金使用的监督。

2. 规范对第三方科技公司的监督

一是明确准入条件。目前涉及虚拟货币司法处置时，第三方处置机构一般以科技公司的名义存在，判断其是否有资质开展涉案虚拟货币处置业务，主要通过审查其营业执照的经营范围以及是否有地方政府的行政备案许可，公司内是否有处置的相关人员，处置经验是否丰富等。当然，目前经营范围规范目录尚未设立关于虚拟货币处置的科目名录。应尽快加强对第三方机构参与虚拟货币司执行的准入条件研究，可以通过对申请机构在小范围内，测试其溯源、控制及处置的能力，进而判断其是否能确保数据安全、是否具有协助执行的资质。该测试由法院、检察机关和金融监管部门共同开展。二是建立执行案件技术标准。建议相关监管部门完善第三方

---

① 参见《联合国打击跨国有组织犯罪公约》第 14 条第 2 款："根据本公约第 13 条的规定应另一缔约国请求采取行动的缔约国，应在本国法律许可的范围内，根据请求优先考虑将没收的犯罪所得或财产交还请求缔约国，以便其对犯罪被害人进行赔偿，或者将这类犯罪所得或财产归还合法所有人。"

科技公司参与虚拟财产执行的技术标准、安全规范和审核机制，对开展溯源、穿透匿名、采取控制措施等技术手段进行规范，确保算法具有透明性，降低影响金融安全秩序的风险，推动第三方科技公司守法依规参与，也为检察机关依法开展监督提供依据。三是建立长效机制。对通过测试与审核的第三方科技公司建立长期合作机制，明确协作主体、方式、内容与程序，并在积累大量实践经验后细化协作各方的权利义务和法律责任，比如第三方公司应当严格遵守保密协定，严禁将获取的用户数据等信息泄露或交易，比如严格划分科技公司提供技术服务与司法机关执行行为的界限，明确其仅限于提供技术层面的服务，防止技术行为私权与执行活动公权发生混淆。

行刑反向衔接实务中“行刑倒挂”的协调与治理

——以非法经营罪为研究视角

胡宜振　姚婷婷　陈　青*

2023 年 7 月 14 日，最高人民检察院印发《关于推进行刑双向衔接和行政违法行为监督构建检察监督与行政执法衔接制度的意见》，明确行刑反向衔接工作由检察机关行政检察部门牵头负责。但在行刑反向衔接实务中，涉及非法经营罪的当事人大多在获得了刑事不起诉的良好法律效果后，却面临着过重的行政处罚，财产罚中的“行刑倒挂”现象凸显，究其症结，在于行政罚款和刑事罚金倒挂、行政罚款和刑事责任利益价值不对等。“行刑倒挂”严重影响了检察机关不起诉制度的运行。为此，做好刑事司法和行政执法在认罪认罚从宽制度和宽严相济刑事政策上的承接和融合，创设“不诉罚”，以更加合法、宽和、透明的行政处罚，实现刑事处罚的顺畅运行。笔者尝试厘清非法经营罪中“行刑倒挂”问题症结，探讨做好刑事司法和行政执法在认罪认罚从宽制度和宽严相济刑事政策上的承接和融合，为非法经营罪行刑反向衔接实务中如何协调“行刑倒挂”的问题提供借鉴。

一、问题的提出

笔者通过收集中国裁判文书网近三年关于犯非法经营罪的刑事判决以

* 胡宜振，安徽省宿州市砀山县人民检察院检察委员会专职委员；姚婷婷，福建省莆田市仙游县人民检察院第四检察部副主任；陈青，福建省莆田市仙游县人民检察院检察官助理。

及结合检察机关办理的涉嫌非法经营罪不起诉案，抽取四个具有典型代表性的案例作为分析样本，具体案例如下：

案例一：2023 年 7 月至 12 月，王某某违反国家规定，私设生猪屠宰场，从事生猪屠宰、销售经营活动，非法经营数额 10 余万元，从中获利 2 余万元。检察机关作出刑事不起诉决定后，向农业农村局制发检察意见书。农业农村局作出行政处罚决定：没收违法所得 12 万元，并处货值金额 10 倍的罚款 120 余万元。

案例二：2023 年 9 月至 2024 年 1 月，陈某某违反国家规定，私设生猪屠宰场，从事生猪屠宰、销售经营活动，非法经营数额 20 余万元，违法所得 0.5 万元。法院以非法经营罪判处陈某某有期徒刑十一个月，缓刑一年，没收违法所得 0.5 万元，并处罚金 1 万元。

案例三：2023 年 8 月至 2024 年 2 月，胡某某未经国家有关主管部门批准，在澳门赌场附近，向宋某某等人提供港元和人民币兑换服务，非法经营数额共计 600 余万元，非法获利 1 万元。检察机关作出不起诉决定后，向市外汇管理局制发检察意见书。市外汇管理局作出行政处罚决定：没收违法所得 1 万元，并处罚款 50 余万元。

案例四：2016 年 12 月至 2017 年 5 月，张某某携带大量银行卡前往澳门，利用内地银行卡取现港元免手续费的特征，在澳门当地 ATM 上提取港元，并卖给当地商家，多卡循环提取、兑换。张某某非法买卖外汇金额达 600 余万元，非法获利 1 万元。法院以非法经营罪判处曹某某有期徒刑一年二个月，缓刑一年六个月，没收违法所得 1 万元，并处罚金 1.5 万元。

比较上述两组非法经营罪案件发现：案例一和案例二实施的犯罪行为一致，即私设屠宰场，从事生猪屠宰、销售经营活动；案例二非法经营数额明显高于案例一，案例二的非法经营数额是案例一的两倍。案例三和案例四，两例案件实施的犯罪行为和非法经营数额一致，即在澳门非法提供港元和人民币兑换服务，涉案金额都是 600 余万元，非法获利均是 1 万元。

但是比较两组案件诉与不诉的“财产罚”可以看出，案例二、案例四起诉判决后的“刑事财产罚”（没收违法所得加罚金）仅是 1.5 万元和 2.5 万元，案例一、案例三不诉后的“行政财产罚”在行政机关审查后“剔除”非法经营数额后，案例一仍高达 120 余万元，案例三高达 50 余万元。可见，同样是财产罚，刑事罚金却明显轻于行政罚款，出现了“行刑倒挂”现象。[①]

二、“行刑倒挂”现象的症结归集——在“罚”不在“没”

因本文讨论的是“行刑反向衔接”实务中以非法经营罪为例的问题，所以涉及刑法非法经营罪中有可能作出不起诉决定的“情节严重”的规定，而“情节特别严重的”不在本文讨论范畴。同样，本文中举例涉及的行政处罚条款，讨论的也是案涉金额可能构成刑事犯罪的规定。

非法经营罪财产罚中“行刑倒挂”问题之解，首先需要定位“倒挂”的症结。比较上述案例，非法经营在行政与刑事方面财产罚的共同之处在于均由“罚”和“没”这两部分构成。所谓“没”，即没收违法所得，刑法中认定的违法所得是违法者在违法活动中获得的非法利益额，行政法律规范对违法所得是否包括成本，尚无明确统一规定。上述农业农村局行政处罚中没收违法所得认定为销售额（不扣除成本），外汇管理局认定的违法所得是违法获利，与刑事没收内容一致。由此，“行刑倒挂”症结在于“罚”的部分，“没”的部分不是主要原因。

（一）行政罚款与刑事罚金的数额倒挂

刑事方面以判处罚金的数额为标准，我国罚金刑可分为限额罚金刑、倍比罚金刑和无限额罚金刑，根据《刑法》第225条的规定，非法经营罪的罚金刑就属于倍比罚金刑。[②] 就理论方面考量，在行政法律法规中，对设定罚款的方式通常可以区分为数额式和倍数式两种。数额式罚款是指法律规范以货币金额的形式规定了应处罚款的取值，包括“定额式”和“区间式”；倍数式罚款是指将罚款设定为某个特定基数的倍数的罚款设定方式，倍数式罚款下行政机关需要首先确定罚款基数，再通过计算倍率得出

① 参见刘荣、李佳男：《离岛免税走私财产罚中的“行刑倒挂”：症结、根源与出路——以没收制度为中心展开》，载《海南大学学报》2023年第3期。

② 参见《刑法》第225条：“违反国家规定，有下列非法经营行为之一，扰乱市场秩序，情节严重的，处五年以下有期徒刑或者拘役，并处或者单处违法所得一倍以上五倍以下罚金……”

罚款数额。[①] 以本文中举例涉及的行政处罚条款为例，《生猪屠宰管理条例》第 31 条规定[②]，屠宰生猪货值金额 1 万元以上的罚款就是倍数式，《外汇管理条例》第 45 条规定[③]，私自买卖外汇、变相买卖外汇等罚款属于倍数式。比较可知，行政方面的财产罚与刑事方面的财产罚差异集中于“罚”的基数与倍数。

1. 行政罚款与刑事罚金基数差异

根据《刑法》第 225 条的规定，非法经营罪的罚金刑就属于倍比罚金刑，从法条内容“并处或者单处违法所得一倍以上五倍以下罚金”即可知罚金的基数是犯罪活动的违法所得金额。本文举例涉及的行政处罚条款《生猪屠宰管理条例》第 31 条规定和《外汇管理条例》第 45 条规定的内容可知罚款的基数是货值金额和违法金额。货值金额和违法金额，通常是行政法规中的概念，货值金额字面意思很好理解，就是查处违法商品的总值，违法金额是指违法经营所涉及的全部金额，包括未售出的货品货值金额和已售出的违法销售收入的总值。违法所得行政法规和刑法中都有涉及，刑法中认定的违法所得是违法者在违法活动中获得的非法利益额，行政法规对违法所得是否包括成本，尚无明确统一规定。涉案金额是当事人的实际犯罪金额。

从本文案例可知，罚金的基数违法所得是违法活动扣除成本后的纯利益，罚款的基数货值金额和违法金额通常就是检察机关审查后认定的涉案金额（行政机关审查后，可能有些许差距），违法所得远低于涉案金额，罚金基数远低于罚款基数，“行刑倒挂”就凸显出来。

2. 行政罚款与刑事罚金倍数悬殊

本文案例一、案例二涉及的行政条款《生猪屠宰管理条例》第 31 条规定的“并处货值金额 10 倍以上 20 倍以下的罚款”，检察机关不起诉后作出检察意见，行政机关对于这种已经涉刑的案件，在作出行政处罚时一般往高倍数上（接近 20 倍）处罚。而《刑法》第 225 条规定的“并处或

① 参见赵鹏：《规范行政罚款助力高质量发展》，载《中国法治》2024 年第 3 期。

② 参见《生猪屠宰管理条例》第 31 条第 1 款：“违反本案例规定，未经定点从事生猪屠宰活动的……货值金额 1 万元以上的，并处货值金额 10 倍以上 20 倍以下的罚款。”

③ 参见《外汇管理条例》第 45 条：“私自买卖外汇……情节严重的，处违法金额 30% 以上等值以下的罚款……”

者单处违法所得一倍以上五倍以下罚金”，审判实践中针对这种情节轻微的刑事案件，一般并处2倍以下的违法所得。对比可知，罚款倍数明显高于罚金倍数，这也是出现“行刑倒挂”的重要原因之一。近年来，随着发展方式的转变，国家不仅关注发展的速度，同时也关注发展的质量。当前，我国全面建设社会主义现代化国家的首要任务是高质量发展。诸如，生态环境保护、食药安全、自然资源保护等领域，受到人民群众的高度关注，且国家注重治理和不断优化。为了提升相应的治理效果，国家从立法层面进一步加大对上述领域违法犯罪行为的制裁力度。总而言之，对这些领域加大惩戒力度对于改善人民群众的生产、生活环境，优化国家治理水平和提升法律权威具有必要性。但是在个别领域，也存在因起罚点过高导致的“小过重罚”，引发社会争议。[①]

（二）行政罚款与刑事责任利益价值不对等

根据《刑法》第225条的规定，非法经营罪的主刑是自由刑，罚金刑是附加刑。当出现自由刑叠加罚金情形时，“行刑倒挂”能够通过自由刑的实际刑罚进行“填补”。总而言之，刑事罚终究还是比行政罚更重。再看上述案例二、案例四中被判处缓刑，缓刑期满没有实际执行自由刑时，尽管在价值位阶上，一般认为人身利益价值高于财产利益价值，但在当事人难以承受行政处罚造成巨大经济负担时，在当事人可能被判处缓刑时，刑事罚与行政罚的轻重比较则再次聚焦于财产罚，相信更多的当事人通过对行政罚款与刑事责任利益价值比较，反而可能更愿意通过承担刑事责任来避免行政处罚，“行刑倒挂”问题便又凸显出来。

三、“行刑倒挂”中“罚”部分悬殊的原因分析

（一）行政罚款与刑事罚金的立法目的差异

实务界和学术界均认为，行政处罚目的是惩罚和预防，通过惩罚部分以威慑全部来实现预防目的。因此，行政罚款的功能之一是威慑作用，这对于预防违法犯罪意义重大。换言之，行政罚款通过威慑违法者，进一步

---

① 参见赵鹏：《规范行政罚款助力高质量发展》，载《中国法治》2024年第3期。

评估未来潜在经济损失。但刑法本质上具有谦抑性，不能根据风险预防原则较早地介入公民生活。行政法的法律效果和刑事法的法律效果存在本质上的差异，这种差异还影射到现实中，刑事罚金虽然金额上较少，但是附带效果会对被告的社会生活产生根本影响和限制。[①]

（二）行政罚款和刑事罚金的裁量规则不同

根据我国法律规定，行政罚款的裁量无须考虑是否应当进入刑事审判程序。最高人民法院《关于常见犯罪的量刑指导意见（试行）》中也没有规定行政处罚的执行、民事责任的承担是否会对量刑产生影响，因此，行政罚款和刑事罚金根据我国的法律规定分别进行认定和裁量。而且，行政罚款的裁量基准、规则、程序等受到的影响因素较少，刑事罚金的裁量则要受刑法条文和具体司法解释的限制。正因如此，司法实践才会出现同样是非法经营案，某某罚款数额数十万元、某某刑事罚金数千元，行政罚款与刑事罚金数额高度不匹配的情况。[②]

四、“行刑倒挂”的困境出路和协调治理

非法经营罪行刑反向衔接实务中“行刑倒挂”的出路：做好刑事司法和行政执法在认罪认罚从宽制度和宽严相济刑事政策上的承接和融合。下面围绕三个视角，总结出相对可行路径，并阐述各自可行性及弊端，寻求最优解。

（一）告知程序中融入被不起诉人选择权

虽然不起诉决定没有给被不起诉人带来实质性的人身和财产上的处罚，但行刑反向衔接工作实务中，检察机关向主管行政机关制发对被不起诉人作出行政处罚的检察意见，有可能使被不起诉人人身受限、财产受损。刑事诉讼法赋予了犯罪嫌疑人陈述意见的权利，作为案件的犯罪嫌疑

① 参见刘飞琴、司雪侠：《环境行政罚款和刑事罚金关系处理的模式探析——兼论环境法律责任的承担方式》，载《华中科技大学学报（社会科学版）》2021 年第 4 期。

② 参见刘飞琴、司雪侠：《环境行政罚款和刑事罚金关系处理的模式探析——兼论环境法律责任的承担方式》，载《华中科技大学学报（社会科学版）》2021 年第 4 期。

人，在面对与自身人身和财产利益有关的问题时有权通过陈述意见，自行选择。因此在作出不起诉决定前，检察机关应告知犯罪嫌疑人作出不起诉决定后，其可能承担的行政处罚类型和额度，犯罪嫌疑人有权选择被不起诉而承担巨额罚款，或者选择司法审判导致自己人身价值利益受损，使得各方当事人和公众能够亲身感受司法的公平正义，有利于不起诉决定的具体执行，也有利于维护司法公信力。

（二）扩大刑事罚金金额

如前所述，非法经营罪中“行刑倒挂”现象症结在于行政罚款金额过分高于刑事罚金金额。显然最“经济”的路径是扩大刑事罚金的金额，确保刑事罚金的金额等同于或大于行政罚款。例如，刑事罚金在基数上向行政罚款看齐，以涉案金额为基数，同时在罚的倍数上也往高倍数上予以制定。

然而，该方案通过单项调整刑事罚金虽可以实现与行政罚款“同频”，可以防止“行刑倒挂”，却明显存在以下缺陷：其一，对非法经营的被告没收违法所得后，仍对其判处巨额罚金，虽然从一定层面上说，可以通过剥夺犯罪犯益的方式，来消除犯罪经济动机，但是从家庭成员财产混同的角度看，也可能剥夺犯罪者及其家属的生存空间，这样就偏离了宽严相济的刑事政策初衷。其二，罚金作为一种财产刑，能否被有效执行与犯罪人的财产状况息息相关，盲目扩大罚金金额，大额罚金明显超过被告人的支付能力，直接导致执行困难，甚至执行不了，导致判决虚置，影响法律的尊严。

（三）创设“不诉罚”

创设“不诉罚”为最优路径。刑事不起诉制度是宽严相济刑事政策的重要体现，是落实认罪认罚从宽制度的重要保障。非法经营罪案件行刑反向衔接实务中，很多当事人在获得了刑事不起诉的良好法律效果后，跌入另一个“泥潭”——过重的行政处罚，导致被不起诉人无力承担，刑事不起诉和认罪认罚从宽制度的积极作用反被抹煞。被不起诉人面对大额的行政罚款，会产生强烈的抵触心理和巨大的经济压力，有可能带来社会冲突和矛盾，造成不好的执法效果和社会效应。建议做好刑事司法和行政执法在认罪认罚从宽制度和宽严相济刑事政策上的承接和融合。

1. 检察机关协同商请行政机关提前介入

检察机关作出不起诉决定前，对犯罪嫌疑人可能面临的行政处罚进行预判，商请主管行政机关提前介入了解相关案件情节，这种情节主要针对的是具有自首、积极认罪认罚、主动退出违法所得等轻罪行为，可以就行政违法事实认定、行政处罚必要性、后续反向衔接相关程序等进行会商协作，明确移送证据标准，现场协助调查取证，密切配合高效衔接。[①]

2. 主管行政机关合理预制行政处罚方案

主管行政机关把刑事阶段“认罪认罚从宽制度”也切实落到行政处罚“宽严相济执法”的理念中来，综合考虑当事人已经被刑事羁押过，已经认罪认罚、退出违法所得，视具体案情，不应再课以重罚；相应可以减轻后续行政处罚的正当程序与证据要求。[②] 在罚款基数和罚款倍数上予以适当往下限调整，结合刑事罚金数额和正常行政立案案件的罚款数额，创设个案的“不诉罚”金额。同时，还可以考虑引入参与社区服务、接受教育等形式，以此作为行政处罚的附加措施，寻求社会公共利益与公民个人利益之间的平衡，实现司法的可视正义价值。

3. 检察机关主导拟不起诉听证程序

检察机关依职权启动听证，邀请主管行政机关、公安机关、被不起诉人、被害人、人民监督员、人大代表、被不起诉人住所地基层组织干部等人员参与到听证活动中，听证员对主管行政机关预制的“不诉罚”方案进行评议，检察机关可以参考合议庭评议结果做出相应的结论决定。尽量避免行政处罚后引发行政复议、行政诉讼等衍生行政争议。[③]

五、结语

行刑反向衔接是检察机关加强与行政执法机关衔接配合、共同推进法

① 《外汇领域行刑反向衔接典型案例》，载最高人民检察院官网 2025 年 5 月 8 日，https：//www. spp. gov. cn/xwfbh/wsfbt/202505/t20250508_695000. shtml#2。

② 参见刘艺：《检察机关在行刑反向衔接监督机制中的作用与职责》，载《国家检察官学院学报》2024 年第 2 期。

③ 徐清：《行刑反向衔接“可处罚性”考量的三个维度》，载《行政检察工作指导》2024 年第 4 辑。

治中国建设的重要内容，同时也是我国治理体系战略布局的重要任务之一。行刑反向衔接中的“财产罚倒挂”现象，实质上是刑事司法与行政执法价值取向差异的制度性映射。检察机关探索新型社会共治机制，协同主管行政机关创设“不诉罚”，在司法实践中落实好“可处罚性”原则，规范推进行刑反向衔接案件办理。[①] 未来改革应着力三点：立法层面明确“不诉罚”的法律地位；司法层面建立行政处罚量刑指导规则；实践层面推广“检察主导 + 行政参与”的协同听证模式。只有构建刑事责任与行政责任的“比例衔接”机制，才能真正实现“高质效办好每一个案件”的治理目标。

---

① 《行政检察工作白皮书（2024）》，载最高人民检察院官网 2025 年 3 月 9 日，https://www.spp.gov.cn/xwfbh/wsfbh/202503/t20250309_688677.shtml。

"终结本次执行程序"民事检察监督实证研究

——以X市Y区法院214件终本案件为样本

巨　艳　杨海涛　闫佳希*

终结本次执行程序（以下简称终本）是执行程序的重要一环，是指人民法院穷尽财产调查措施后未发现被执行人可供执行财产或财产无法处置时的程序性结案方式。这项制度自2015年规范化以来渐趋成熟，既有助于提高司法效率、优化资源配置，又为债权人持续获得救济留下空间。①然而，终本制度的实践结果和预期目标存在差异，易被滥用随意结案导致反复执行和"程序空转"，严重影响司法公信力。本文以民事检察监督为视角，通过对X市Y区法院抽取的214件终本案件进行样本分析，审视法院终本制度运行存在的问题，希冀提出完善终本制度的具体化、可行性路径。

一、抽取的样本案件基本情况

（一）样本概况

本文以X市Y区法院2021年至2023年的终本案件为样本库。为确保调研的科学性，样本的选取综合考虑了案件类型、办案期限、社会影响、争议标的额等要素，最终选取信访投诉案件64件、不满三个月作出终本

* 巨艳，陕西省西安市新城区人民检察院党组副书记、副检察长；杨海涛，陕西省西安市新城区人民检察院第四检察部副主任；闫佳希，陕西省西安市新城区人民检察院第二检察部检察官助理。

① 邱星美：《终结本次执行制度的创新与未来设计——兼评民事强制执行法草案第83条第1款第8项》，载《中国政法大学学报》2023年第2期。

裁定的案件15件、超过六个月作出终本裁定的案件40件、民事非诉执行案件25件、执行标的超过1000万元的案件55件、执行标的小于5万元的案件15件。

（二）案件类型

样本案件的案由呈多样化，包括合同、侵权、劳动争议等，但主要集中在合同纠纷领域，有合同纠纷执行案件共149件，占样本总数的69.63%，其中借款合同纠纷执行案件65件，占30.37%。非诉程序执行案件25件，占11.68%，劳动争议执行案件14件，占6.54%，侵权纠纷执行案件8件，占3.74%。可以看出，除非诉程序执行案件比例是事先确定之外，其他案由的案件比例基本符合执行案件案由分布情况。

（三）抽查样本分析

根据终本案件存在问题严重程度以及对司法公正的影响大小进行分析，将样本分为无差错案件、瑕疵案件、一般问题案件、严重问题案件四类。瑕疵案件问题主要集中在未保障当事人知情权和异议权、未依法对违反报告财产令的被执行人采取处罚措施以及送达程序违法等情形。一般问题主要是未穷尽财产调查措施、轮候查封财产违规等。而严重问题包括存在可供执行的财产线索但直接终本程序等情形。在抽查的214件案件中，无差错案件36件，占比16.82%；瑕疵案件89件，占比41.59%；一般问题案件81件，占比37.85%；重点问题案件8件，占比3.74%。整体而言，终本案件存在问题的概率较大，可能是受到法院案多人少现实困境的影响，但高比例的瑕疵案件直接影响着法院的司法公信力，有必要引起重视。

二、民事检察监督中发现终本案件存在的主要问题

本次调研案件分析不限于卷宗本身，而是采取“线上筛查+实地调查”的方式，对执行工作情况进行调研，发现存在诸多问题。

（一）财产调查不深入

法院被依法赋予了强制调查权，有权向银行、保险、证券、网络资

金、工商管理、车辆登记、不动产登记等机构查询被执行人的财产情况。可以说，法院依职权调查仍是现阶段能够掌握被执行人财产信息的主要方式，[①] 然而，实务中法院存在重网络查控、轻现场调查的倾向。

1. 线上财产查控不全面

对公司股权、理财保险等复杂财产类型缺乏专业研判与及时核实，导致财产发现不彻底。如部分执行案件中，对被执行人的住房公积金、金融理财产品、收益类保险、股息红利等财产未实现网络查控，错失可执行财产线索。

2. 线下财产线索挖掘不够

在调研中发现，法院在财产查询工作中过于依赖网络查控系统，对于应当实地调查、核实财产的，未深入实地调查、核实，审计调查、公告悬赏等调查措施使用频率较低，线下调查流于形式，导致财产调查手段不能充分发挥作用。如申请执行人提供可执行的财产线索，而法院未进行核查的情况。

3. 未定期查询已终本案件财产情况

依据最高人民法院《关于严格规范终结本次执行程序的规定（试行）》第 9 条第 2 款，终本后的五年内，执行法院应当每六个月通过网络执行查控系统查询一次被执行人的财产，并将查询结果告知申请执行人。但样本案件中存在终本后没有定期对被执行人财产进行查询的情形，这种案件后续管理的混乱很可能让终本制度异化为终结执行，严重影响执行公信力。[②]

（二）财产处分手段乏力

调研显示，Y 区法院对部分调查到的可供执行的财产线索未继续跟进，或对已采取强制措施的财产未能及时依法处置，导致执行难以推进。

1. 报告财产令形同虚设

财产报告制度的目的是形成威慑，弥补法院财产调查措施的有限性，

---

① 庄智：《终结本次执行程序现存问题及完善建议的思考》，载《黑龙江省政法管理干部学院学报》2023 年第 4 期。

② 张洁：《终结本次执行程序的运行及其完善》，载《山西能源学院学报》2022 年第 2 期。

采取强制措施不到位会导致报告财产令无法发挥预期的作用，被执行人对《报告财产令》置之不理，财产调查达不到理想的效果。[①] 样本案件中法院均制作了《执行通知书》《报告财产令》，但绝大多数案件被执行人存在逾期报告、拒绝报告情形，法院对此未依法采取相应强制措施，暴露出责令报告财产制度未能依法实施的问题。

2. 财产处置启动不及时

《人民法院办理执行案件规范（第二版）》第473条规定，在执行程序中，被执行人的财产被查封、扣押、冻结后，人民法院应当及时进行拍卖、变卖或者采取其他执行措施。部分样本案件还显示被执行人名下有已查封的存款、车辆、保险财产而法院未及时处置，仅以“无处置条件”为由仓促终本。如在某借款合同纠纷案中，法院通过最高人民法院财产查控系统查询到被执行人名下有9套房产，仅就4套进行查封，在执行不能的情况下，未对其余房产采取查控处置的执行措施。

3. 轮候查封规定未落实

轮候查封制度的设计尊重了债权的优先顺位，有利于各债权人按照法律规定的清偿顺序依次受偿，如果法院不能严格按照规定与查封在先的法院主动沟通协调，很可能导致申请执行人债权受损。如部分案件中存在被执行人财产被轮候查封时，法院未与首封法院沟通、未查询首封法院查封的标的额和期限直接办理形式查封，或者在首封法院反馈之前即终本，又或是作为首封法院以“轮候查封法院未申请参与分配”为由拖延财产处置的情形。

（三）程序权利保障缺位

在适用终本程序时标准把握不严，流程操作不规范，存在随意终本、放宽条件终本等情况，终本程序规范性不强，对申请执行人权益保障不足。

1. 程序问题多样

样本中存在部分案件执行申请书落款时间远早于立案时间，涉嫌执行立案超期问题；部分终本案件未经合议庭合议，审批程序不符合规定；部

---

① 参见王翠敏、王晓静：《民事终结本次执行程序的制度嬗变与程序完善》，载《南华大学学报（社会科学版）》2024年第2期。

分案件在终本后恢复强制执行前，违反规定进行谈话、调查等活动；部分案件未及时传唤被执行人或者法定代表人、负责人、实际控制人到人民法院接受调查询问等问题。

2. 文书送达不规范

终本裁定会载明法院已经采取的财产调查措施和财产处分措施，告知申请执行人在财产控制期限届满前书面申请延长期限，以及如申请执行人发现被执行人有可供执行的财产可以向法院申请恢复强制执行。如果终本裁定不能依法送达当事人，会导致其不能及时获知案件进展情况，进而影响其后续通过申请恢复执行等方式维护自己的权益，实质上剥夺了当事人的异议权与程序参与权。

3. 听取意见不到位

经查，在样本案件中，33.64%的案件在终本前未依法听取申请执行人意见，剥夺了申请执行人陈述的权利，不利于矛盾纠纷的化解。有的案件虽然采取追记、电话记录的形式记载了承办法官向申请执行人告知了前述应告知的情况，但存在形式不规范、内容欠缺的问题，效果大打折扣。

三、终结本次执行程序的完善路径

（一）加大财产查控处置力度

法院应充分运用法律赋予的调查权和处置权，引导被执行人主动履行法律义务，确保执行效果。

1. 强化违反财产报告制度的处罚力度

对瞒报、虚报、不报、逾期报告财产情况的行为人依法采取纳入失信、拘留、罚款等强制措施，增强执行威慑力，确保有法必依，执法必严，以强制措施倒逼被执行人履行财产报告义务。

2. 穷尽财产调查措施

首先要对申请执行人提供的财产线索及时核查并采取相应的执行措施，其次除了传统的金融机构和资产登记部门，还要关注被执行人的社交网络信息、消费行为等，挖掘被执行人可能存在的虚拟财产或隐藏资金。同时，对于难以通过网络查控的财产要充分进行实地调查，推行“悬赏”方式，发动社会力量查找财产线索。

3. 提高财产处置效率

依法告知申请执行人已采取查封、冻结措施的财产情况，保障申请执行人的知悉权，落实轮候查封规定，便于其及时通过拍卖、变卖或以物抵债等方式实现债权，推进“财产处置变现”的速度及效率。

（二）严格规范终本程序适用

法院要严格落实进入终本程序的实体标准和程序标准，保障当事人合法权益。

1. 严格把握终本的认定标准

制定科学的“穷尽财产调查”标准，扩大调查深度和广度，准确甄别执行案件有无可供执行的财产。[①] 对无财产可供执行案件裁定终本时，应当坚持以穷尽执行措施后“执行不能”为原则，积极运用实地调查等措施考察被执行人是否确实没有履行能力，[②] 严禁盲目追求结案率而随意终结本次执行，避免多次终本、反复恢复执行的情况发生。

2. 依法告知听取意见

终本裁定书应当依法送达当事人并录入最高人民法院建立的终本案件信息库，通过该信息库统一向社会公布，保障申请执行人的知悉权。若采取电话、短信、微信等电子化方式进行约谈，应使用执法记录仪录音录像或将约谈记录拍照截屏，确保程序规范留痕。

3. 依法定期查询被执行人财产

定期查询工作需要记录在案，有据可查，[③] 细化可控执行财产分析，确保一旦发现被执行人具有可供执行财产时，及时恢复执行。在未恢复执行立案前，杜绝采取相关执行行为；精简执行案款发放手续，切实保障申请执行人的合法权益。

---

① 苏福：《民事执行中“完成财产调查”的认定标准与运用向度》，载《东方法学》2017 年第 5 期。

② 参见陈衍桥：《执行不能认定标准的重构——从“无财产可供执行”到“无履行能力”》，载《中山大学法律评论》2023 年第 3 期。

③ 郭宗才、李丽芳：《二次终结本次执行程序案件中存在的问题及对策》，载《中国检察官》2020 年第 3 期。

（三）加强法院内部监督管理

法院要提升终本案件办理效果，就必须进行一定的专业化建设和机制改革。

1. 完善终本流程

一是制定详细且标准化的执行操作手册，明确从立案执行到结案的每一个环节的具体要求和操作规范，强制流程节点留痕，执行系统设置终本必经流程，如送达回证上传，合议庭记录归档等。二是明确终本“负面清单”。如未完成存款、车辆、房产、股权等查询，未采取限制高消费等惩戒措施，未对申请执行人提供线索进行核查，不得终本结案。三是引入“自动校验”工具，对系统生成的相关文书进行要素检查，确保文书内容正确全面，法律适用准确。

2. 健全考核监督体系

对终本案件进行单独管理，分别进行考核，[①] 强化关键节点管控，对办案整体情况、个案流程节点、关键质效等实时监控，[②] 不能仅以结案率和标的额到位率考核执行情况，要研究制定消极执行、拖延执行、选择性执行认定标准和处理办法，对违规行为依法分级处理，彻底扭转追求“结案率”功利化倾向。

3. 深化司法公开

以当前的执行信息公开平台为载体，实行执行透明化，同步导入案件执行情况，披露现有线索及核查结论，方便申请执行人及时准确地查询被执行人财产线索的核查进度、执行措施采取的具体时间和内容等细节。同时利用好网络平台，定期发布执行工作动态、执行工作阶段性成果和困难等，让当事人和社会公众能更全面地了解执行工作，以有力的公众监督规范法院行为，消除公众的不信任感。

4. 完善终本退出及救助

一方面，法院要进一步完善“终本出清”制度，分类处理长期滞留案

---

① 曾祥生：《无财产案件执行管理机制：困境、改革及其完善》，载《法学论坛》2018 年第 3 期。

② 韩煦：《我国终结本次执行程序的制度建构与具体实施》，载《法律适用》2022 年第 9 期。

件，对被执行人死亡且无遗产、法人注销且无继承主体以及“已实质解决”等案件依法终结。另一方面，对符合司法救助条件的当事人应当依职权及时告知其提出申请，并依法予以救助。如交通事故责任纠纷、赡养费、抚养费等，这类案件“执行不能”的情况往往会使申请执行人陷入生活困难的窘境，需要通过司法救助传递司法温情。

（四）强化民事执行检察监督

检察机关要立足民事执行案件法律监督职能，在高质效监督履职中做实“全程监督”。

1. 强化执行立案监督

全面深入审查违反立案规定的案件，重点监督应立未立、拖延立案的情形，确保符合立案条件的执行申请均能及时立案，还要监督法院是否对终本后申请恢复执行的案件依法恢复执行。

2. 加强执行措施合法性审查

不仅要审查常见的查封、扣押、冻结等措施是否合法合规，还要对新型的执行手段加强了解和学习，如司法拍卖流程、执行财产分配方案等，并详细审查其程序正当性与实体公正性，重点防范超标的查封、财产处置失当等程序瑕疵。

3. 严格审查终本程序适用标准

在个案中审查认定终本案件是否符合终本的程序条件和实体要件，确保执行案件已无可供执行财产，穷尽一切措施而执行不能，防止未穷尽执行措施而滥用终本程序。

4. 深化数字检察赋能

研发运用执行终本案件专项监督模型，通过监测执行期限异常、失信惩戒措施情况、保险缴纳情况等关键数据指标构建大数据模型，精准发现终本执行案件中存在的问题与漏洞，提高监督的精准度与效率。[①]

另外，对于法官怠于执行、违法执行等职务违法犯罪的情形，应当及时向监察机关或职务犯罪侦查部门移送相关线索。

---

① 参见张慧等：《涉终本民事执行活动监督案件的检察履职》，载《中国检察官》2024 年第 20 期。

（五）构建多方联动治理体系

要建立相应的协同治理体系，确保检察职能有效发挥，法院充分履职。

1. 健全协调联动机制

一方面，法院与税务、社保、公积金等部门建立数据共享，核查被执行人隐性收入，合力解决被执行人财产查控不全面问题。另一方面，建议由政法委统筹协调法院执行局、检察机关民事检察部门、公安、司法行政等部门建立联动机制。如政法委执法监督与检察机关法律监督结合，有助于解决执法监督人力不足、检察机关法律监督刚性不足的问题。

2. 提升律师参与调查的积极性

一方面，法院可主动邀请律师参与执行案件财产调查，简化律师调查令审批程序，分担法院查找财产的压力。另一方面，要明确律师调查令涉及案件的查询范围，签署保密承诺书，防止案件信息泄露。

3. 优化专项检查及执行宣传

一方面，人大、政法委等机关可对涉民生、重大经济纠纷、涉群体性终本案件等开展专项检查，成立督导小组，深入执行一线，查处不当终本、应恢复执行而未恢复执行等问题，及时跟进整改情况，深化督导检查成效。另一方面，可通过发布典型案例、制作宣传视频、开展专题讲座等形式，对法院的执行行为予以引导或警示，向社会公众广泛宣传执行不能的概念、原因及后果，引导当事人正确认识执行不能与执行难的区别，树立风险意识和理性观念，倡导诚实守信价值观。

检察官助理的发展困境与优化路径

——以W市L区检察院为分析样本

董史统　潘伟峰　张　伟*

2024年最高检出台《关于进一步加强人民检察院检察官助理管理工作的意见》（以下简称《意见》）、《关于人民检察院全面准确落实司法责任制的若干意见》（以下简称《若干意见》）等规范性文件，围绕检察官助理招录、管理及职责等事项作出规定，然而与检察官助理职业发展相配套的举措短期内恐难以形成，影响制度作用发挥。本文以W市L区检察院为分析样本，管窥检察官助理职业发展困境，剖析主要原因并提出优化检察官助理发展路径的对策建议，助力全面深化司法体制改革。

一、当前检察官助理发展困境的多维检视

（一）人员管理界限不够明确

1. 检察官助理和检察官的职责履行交叉

从立法和改革层面看，检察官法、人民检察院组织法主要聚焦检察官，对检察官助理职责仅作概括性规定。① 检察官与检察官助理的职责事实上存在诸多重叠，主要区别在于强调检察官助理需在检察官指导下履行检察辅助职责，即“主辅”定位的根本在于检察官对部分办案事项有决定

* 董史统，浙江省温州市人民检察院案件管理办公室副主任、一级检察官，中国法学会会员，全国检察理论研究人才；潘伟峰，浙江省温州市鹿城区人民检察院第八检察部五级检察官助理；张伟，浙江省温州市鹿城区人民检察院办公室主任、四级主任科员。

① 如《检察官法》第68条第1款规定：人民检察院的检察官助理在检察官指导下负责审查案件材料、草拟法律文书等检察辅助事务。

权而检察官助理没有。[①] 2020—2024 年，W 市 L 区检察院受理审查起诉案件从 1811 件增至 2494 件，增幅达 37.7%，检察官人员基本稳定下“案多人少”矛盾进一步凸显。新时代检察工作面临更高履职要求，检察官投入办案的时间和精力较有限，检察官事必躬亲并不现实，一些事项需由检察官助理代为履行。虽然《若干意见》对检察官与检察官助理职责进行划分，但各地检察院大多仅针对检察官出台权力清单，对检察官助理职责缺乏专门规定，导致检察官助理和检察官无本质区别地行使检察权。[②] 部分优秀检察官助理可独立完成证据审查、事实认定、认罪认罚等工作，最终由检察官进行把关，“助理办案、检察官批案”模式具备一定现实必要性。如，审查批捕案件的法定办案期限仅有 7 天，当检察官临时有事或短时期内分到多个案件时，便会将案件分给检察官助理办理，然而此种模式与司法责任制改革背道而驰。

2. 检察官助理和书记员的职责混同

根据《若干意见》，书记员在检察官指导下，履行 5 项职责。[③] 主要为文书送达、归档等专业化程度不高的事务性工作。当前检察机关通过劳务派遣的方式招录聘用制书记员，作为检察辅助人员协助检察官开展工作。检察官助理职责涉及实质行使检察权，《意见》明确提出检察官助理不实行聘用制，聘用人员不得代行检察官助理职责。虽然书记员不得代行检察官助理职责，实践中部分检察官助理却不得不代行书记员职责。目前，W 市 L 区检察院检察官、检察官助理、书记员人数分别为 58 人、30 人、42 人，未达到最佳办案团队1∶1∶1的比例要求。由于检察官助理数量较少，多名检察官需共用一名检察官助理，且部分检察官助理还需承担书记员职

① 《深化检察人员分类管理改革进一步推进检察官助理职业化建设——最高检政治部负责人就〈关于进一步加强人民检察院检察官助理管理工作的意见〉答记者问》，载《检察日报》2024 年 7 月 26 日。

② 娄永涛、唐祥：《司法改革背景下检察官助理制度的新思考——以 C 市 J 区检察院调研情况为样本》，载《黑龙江省政法管理干部学院学报》2020 年第 2 期。

③ 《关于人民检察院全面准确落实司法责任制的若干意见》第 19 条规定：书记员在检察官指导下，可以履行下列职责：（1）案件受理、审查、宣告中的事务性准备工作；（2）案件办理过程中的记录工作；（3）案件收转、登记和法律文书的文印、送达；（4）案件材料的录入、保管、整理和案卷装订、归档；（5）检察官交办的其他事项。检察官可以指派书记员配合检察官助理开展工作。

责。另受限于职业发展和薪资待遇，聘用制书记员往往被作为过渡性工作，导致人员流动较频繁，检察机关每年不得不耗费大量时间精力对新入职的书记员开展专门培训。在书记员能够承担工作任务前，检察官助理需替代履行其相关职责，导致实务中检察官助理和书记员的工作存在混同。检察官助理因工作繁杂而难以集中精力开展业务，职责逐渐“书记员”化，对工作缺少一定的认同感与归属感，既影响办案质效，又不利于个人能力的提升。

3. 新老检察官助理“一刀切”管理

现阶段检察官助理队伍主要包括两类人员：一是员额制改革时，未能遴选入额的原检察员、助理检察员，仍在业务部门的转任检察官助理；二是员额制改革后，统一招录、军转、调入人员，符合条件的新任检察官助理。W 市 L 区检察院 30 名检察官助理中，转任检察官助理 3 名，占比为 10%，平均年龄 46.7 岁，平均工作年限为 22 年；新任检察官助理 27 名，占比为 90%，平均年龄 31.9 岁，均拥有法学本科及以上学历，研究生学历占比达 60%，平均工作年限为 5 年。对比发现，新任检察助理较年轻，整体学历层次较高，但工作年限相对较短；转任检察官助理，虽然学历层次相对不高，但拥有多年一线检察工作经验和过硬技能。然而大多数检察院未区分两类检察官助理，而径直采取“一刀切”管理模式。转任检察官助理作为“老检察官助理”，正处在未能进入检察官队伍感到失落之时，却将这类人员与新任检察官助理安排在同一序列下管理使用，如同把“老手”作为“新手”看待，从独立办案转为从事检察辅助工作，既不利于发挥“传帮带”经验，也影响工作的归属感和荣誉感，不利于检察官助理队伍和谐。

（二）发展前景相对较为狭窄

1. 检察官遴选困难

大部分检察官助理都会将检察官视为自己未来晋升的第一选择，然而随着检察官队伍逐步充实、员额基本用满，员额制管理进入“退一补一”的运行状态，而检察官退出员额管理主要基于退休及调离检察系统。W 市 L 区检察院目前共有检察官 58 人，其中“60 后”“70 后”“80 后”“90 后”分别为 10 人、10 人、23 人、15 人，平均年龄为 41.7 岁，整体较为年轻，在实施渐进式延迟退休的国家政策下，未来 5 年内理论上可用于遴选的名额仅为5个，但现阶段符合遴选资格的检察官助理已有13人，其中多人已参加4—5次遴选，后续随着年限增长，符合资格人数逐渐增多，竞争进一步加剧。新招录的检察官助理，平均年龄30岁出头，面临工作和家庭的双重压力，在实现人生理想和渴望收入增长的催动下，普遍有遴选入额的迫切需求。从长远和整体看，并非所有检察官助理都能成为检察官，大部分检察官助理将会在辅助办案岗位上长时间履职。员额固化导致检察官助理在未来长时间内看不到入额希望，易产生离职或躺平的思想，影响队伍的稳定性与战斗力。

2. 晋升渠道相对狭窄

当前检察官助理虽然建立单独职务序列，列明晋升途径和方法，一定程度上让检察官助理看到晋升前景，但实践中晋升坎坷很多。受当地职数限制，检察官助理晋升需和院内相当层次综合管理类公务员按照各自职数比例统筹核定使用，主要为择优晋升。各地组织部门还会设置对检察官助理职级晋升的资格和年限，普遍比较严苛。另外不同层级检察院的检察官助理晋升差异较大。据江苏某地市级院统计，2017—2021年该地仅有5家基层院开展检察官助理职级晋升，共有31人次晋升职级，院均3.4次，而同时期市级院共有36人次。[①] 而W市L区检察院从2017年到2024年共开展检察官助理职级晋升6次，30名检察官助理中，五级至一级检察官助理分别为19人、4人、3人、3人和1人。越到基层，检察官助理晋升次数越少，职级越低，一级检察官助理已是绝大部分基层检察官助理职级晋升天花板。在职务晋升方面，目前W市L区检察院有2名检察官助理在业务部门担任副职，仅占助理总数的6.7%待进一步扩大选拔任用比例。

3. 交流转任及轮岗有待拓宽

关于检察官助理的交流转任，《意见》等改革文件中有提及检察官助理可与综合管理类公务员、检察官之间进行转任，并确定相关职级。然而检察机关属于业务性较强的单位，具有一定专业壁垒，相较于其他行政机关具有天然封闭性，对外交流基本局限于纪委监察委、公安、法院等单位，即使有交流也主要为院领导。从实践看，基层院基本没有检察官助理对外交流转任。在检察机关内部而言，大部分检察官助理仅在刑事检察业

① 江苏省南通市人民检察院课题组：《检察官助理职业发展困境实证分析》，载《中国检察官》2022年第7期。

务部门之间交流，极少有轮岗到民事检察、行政检察等部门。缺少多领域、跨部门的轮岗，导致检察官助理仅对某一块领域内的业务较熟悉，在面对新类型案件、需综合履职时，出现有心无力的“本领恐慌”。

二、新形势下优化检察官助理发展路径的价值权衡

（一）全面准确落实司法责任制的内生要求

“谁办案谁负责、谁决定谁负责”是落实司法责任制的核心。检察官既是办案主体，也是承担司法责任主体。亲历性是司法责任制要求，检察官处在司法办案的第一线，直接接触、收集和审查案件证据，对案件事实和证据有更加准确、系统的认知，最大限度实现“内心确信”与“客观真实”的有机统一。实践中，存在检察官助理全程完成证据审查、事实认定、认罪认罚等工作，最终由检察官进行把关的情况，形成“助理办案、检察官批案”模式，检察官助理俨然成为案件办理主力。因此，需紧扣全面准确落实司法责任制要求，梳理检察官助理职责边界，把有效管权作为科学放权的重要考量，把责任匹配作为权力行使的必备要素，健全权责清晰、监督有效、保障有力的司法责任体系。

（二）落实“高质效办好每一个案件”的现实使然

最高检党组提出，让“高质效办好每一个案件”成为新时代新征程检察履职办案的基本价值追求。检察官助理制度设立初衷，就是为检察官分担专业辅助性事务，从而让检察官专注处理核心法律问题，实现司法资源配置的高效化。在“高质效办好每一个案件”进程中，检察官助理不应也不能缺席。“高质效办好每一个案件”离不开过硬的业务能力，而提升检察官助理履职能力的最好办法就是融入办案实践。《若干意见》提出，高阶段检察官助理可辅助检察官参与法庭举证质证、参与法庭辩论，从而能够在法庭上说话，既是一种能力锻炼，又是让他们走出幕后、走到台前，实际给检察官们分担职责，实现自我价值。实践是最好的成长方式，检察官助理只有亲身参与一线办案，才能拓宽办案思路，提升案件审查、事实认定、开展监督、化解矛盾纠纷等专业素能，更好将“三个善于”融入案件办理中，做实“高质效办好每一个案件”。

（三）加强新时代过硬检察队伍建设的重要载体

检察官助理既是检察官的后备来源，又是检察官和书记员之间的重要纽带，在协助履职过程中既要接受检察官的业务指导、工作安排，又要担负协调书记员做好相关事务性工作的重要职责。因此，检察官助理队伍的发展情况，不仅直接关系办案质效，还在很大程度上决定着检察官队伍发展的整体水平。只有持续加强检察官助理队伍建设，检察事业才能根基永固、行稳致远。然而，当前受入额概率较小、等待周期较长等问题影响，检察官助理存在一定人才流失现象，不利于检察工作的连续性和检察队伍的稳定性。为抓好检察事业“后继有人”这个百年大计，应完善促进检察官助理职业发展的硬核举措，引导检察官助理安心工作，会同检察官队伍，发挥“1+1>2”的效果，助推建设一支政治坚定、职责明晰、有担当作为、管理规范、结构合理的检察官助理队伍。

三、检察官助理职业发展路径的优化思路

（一）明确检察官助理的职责定位

1. 检察官与检察官助理是“指导与被指导”的关系

实践中，存在“检察官助理是检察官个人助理”的思维误区，认为二者是领导与被领导的关系。需要明确的是，二者既不是领导与被领导的关系，也不是合作分工关系，而是以“传帮带”为主的“指导与被指导”的一体履职关系。检察官助理的法律属性在于辅助性，即检察官助理在检察官指导下协助从事检察辅助事务，让检察官将精力集中到案件实质问题的处理上。检察官助理不能替代检察官办案，只对职责范围内的业务工作负责，对检察官职权内决定事项不应也不能承担司法责任。在责任承担上，当出现检察官违反法律规定让检察官助理替代办案情况时，检察官助理应及时记录并向分管领导汇报；在管理模式上，按照人员不同身份制作相应工作证，以防止在提审、调查取证等实际工作中检察官助理替代检察

官办案现象的发生。[①] 需指出的是，指导不应是检察官遥控指挥、批案为主的间接指导，而是实际参与办案，对主要事实和法律问题进行把关的直接指导。为防止检察官“挂名办案”情形，需明确检察官助理的职责范围，具体操作上，参照检察官职权清单模式，研究制定不同业务条线、不同岗位检察官助理的职责清单，让检察官助理规范履职有所依据。[②] 当然，结合《若干意见》精神，检察官助理职责还可作进一步细分，对能力较强的检察官助理经考核后赋予较大工作权限，如高阶段检察官助理可在出庭辅助检察官举证质证、补充发表出庭意见等。

2. 检察官助理与书记员是“协作与角色互补”的关系

相较于书记员主要从事事务性工作，检察官助理的另一个重要法律属性是专业性，更要发挥好作为检察官的专业助手角色。具体而言，检察官助理应在检察官指导下处理调查取证、事实认定等涉及案件实质内容的专业性业务工作。如，近年来检察机关聘任行政机关专业人员、专家学者等担任特邀检察官助理，重在发挥专业特长，帮助检察官有效破解监督线索“发现难”、现场调查“取证难”、关键环节“鉴定难”等问题。考虑到检察官助理与书记员的工作界分，《意见》提出根据工作需要，素质优秀的聘用制书记员可配合检察官助理履行职责，但不能代行检察官助理职责。为此，培养并留住素质优秀的书记员十分重要。基层检察院应积极争取地方财政专项经费支持，对表现优异的书记员，应在绩效奖金上予以倾斜，还可以考虑全市或全省统筹，面向书记员群体定向开展事业单位专项招聘。

3. 推进检察官助理分类管理培养

一是阶段式培养。《意见》按照工作内容、任职资历，将检察官助理分门别类：新入职的检察官助理、具备一定辅助办案经验的检察官助理、高阶段检察官助理。对新入职的检察官助理，建议以1—2年为期间，主要熟悉检察职能、办案流程等基础性、程序性检察辅助事务，分配至各业务部门后，加强规范办案技能和综合文字技能训练。对具备一定辅助办案经验的检察官助理，建议以3—5年为期间，强化审查案件材料、草拟法

---

① 李思远：《检察机关员额制改革的反思》，载《河南财经政法大学学报》2023年第1期。

② 朱建华、杨吉高、喻葵英等：《检察官助理职业发展实证分析》，载《人民检察》2022年第8期。

律文书、参与侦查调查等实质性行使检察职权的办案技能训练，其间不定期开展业务竞赛、岗位练兵等活动，根据综合表现拟选拔出一批作为高阶段检察官助理培养对象。高阶段检察官助理，应是从事法律工作达到一定年限、业务能力较强、业绩较为突出、拟作为检察官人选的人员。选拔以办案能力和职业发展为依据，不与职级直接挂钩，且是差额选拔，要在检察官助理队伍中拉开一定差距，全面参与需由检察官承担的各类事项，为遴选担任检察官后独立承办案件做好准备。

二是区分式培养。对转任检察官助理，《意见》提出，曾有检察官任职办案经历的检察官助理，可在办案部门负责人或资深检察官指导下相对独立承担办案任务。指导办案的检察官应当承担审核把关责任。但考虑到转任检察官助理职责范围较高阶段检察官助理有诸多交叉之处，能否像高阶段检察官助理协助检察官出庭，还需慎重。首先，从审批权限上看，高阶段检察官助理人选由院党组确定，且经检察长批准后方可协助检察官出庭举证质证等，而转任检察官助理仅在办案部门负责人或资深检察官指导下，管理审批层级较低，不宜扩张权限；其次，在法律未明确规定情况下，《意见》仅赋予高阶段检察官助理协助出庭权限，不建议类推适用，如有协助出庭需要，应先选拔为高阶段检察官助理，取得检察长批准后开展。此外，鉴于相对独立承担办案任务，极可能引发“挂名办案”问题，后续还要明确职责权限。

（二）拓宽检察官助理晋升交流渠道

1. 构建动态员额管理体系

员额制改革旨在在检察队伍中选拔优秀人才充实一线办案部门，检察官不是铁饭碗，如果不办案或办不好案，应及时调整出检察官管理。为此，应优化遴选和退出机制，构建“能进能退”的动态员额管理体系。在遴选方面，一方面，常态化开展遴选，建议最高检、省、市院每年拿出一定比例的空余员额数面向下级遴选检察官，打通向上流转通道；另一方面，统筹使用员额数，允许检察官助理结合自身实际，在省市域范围内自由参加检察官遴选。建议在市域范围内先行试点，检察官助理如符合其他检察院遴选条件，既可选择在本院入额，也可选择在市内其他检察院入额，后续进一步推广到省域范围。这种做法，高度契合人财物省级统管的改革精神。在退出方面，除自然退出和强制退出外，应深化淘汰退出和激励退出机制运用。如，加强对检察官已办结案件的质量进行检查评定，如连续多年有案件被评为“瑕疵”的，可调整出员额管理。为降低淘汰恐慌感，建议辅之以一定激励退出机制，如有到系统外或者内部综合部门交流、提拔任用机会的，积极征求检察官意见，愿意退出员额的，进行推荐支持。

2. 优化职级职务晋升

在职级晋升上，建议参照检察官择优选升程序，由设区的市级院统筹使用辖区内检察官助理职数，[①] 推动基层院常态化开展检察官助理职级晋升。在职务晋升上，《意见》提出综合素能优秀的资深检察官助理，符合条件的，可选拔、推荐担任领导干部。检察官助理业务能力突出、综合素质优秀的，可被推荐担任业务部门非主要负责人的副职，还可转岗去综合部门担任部门正副职。如，江苏地方检察院安排检察官助理担任业务部门专职党务副书记，同时享受部门副职待遇，以此破解检察官助理担任领导职务难的客观实际。

3. 打通交流使用路径

对业务素质强、管理水平高的检察官助理，积极鼓励、推荐通过交流轮岗、选调考试等方式，到上级检察机关或同级党政机关任职。建议检察机关向当地组织部门申请专项计划，探索与行政机关探索互派交流机制，实现定期人员双向交流、工作互通有无。在法治政府建设背景下，亟须一批高素质的法治人才，如可将检察官助理交流到教育、团委、妇联等部门，就关爱未成年人成长工作发挥检察官助理丰富的法律实践经验和理论素养，帮助解决学校、社会中法治教育缺失等问题。这种双向交流，不仅可加强检察机关与行政机关的工作联系，还可丰富检察官助理职业经历和拓展阅历，有利于检察官助理个人成长，为下一步进入员额检察官序列打下坚实基础。同时，内部检察官助理的岗位轮换也要“动起来”。对所有检察官助理集中统筹分类管理，制定检察官助理内部轮岗交流机制，如在同一部门任职达 5 年以上的，必须进行交流；任职已满 3 年但未满 5 年的，纳入交流库，逐步开展交流。在交流部门上，不局限于业务部门之间交流，要打通综合部门与业务部门的交流路径，培养检察官助理综合素能。

---

① 江苏省南通市人民检察院课题组：《检察官助理职业发展困境实证分析》，载《中国检察官》2022 年第 7 期。

暂予监外执行基层检察监督存在的问题及完善路径

——以内蒙古Z市检察实践为样本

孟 和 王 琪*

《刑事诉讼法》第265条第5款规定："在交付执行前，暂予监外执行由交付执行的人民法院决定……"明确法院对病犯负有暂予监外执行的审查和决定职责。Z市检察院（以下简称Z院）在办案中发现，近几年办理的所有拟做暂予监外执行案件组织病情鉴定大多在判决生效后才开始，其中多数是在病犯送押或送监受阻后，再由法院启动鉴定程序。由于从法院组织诊断到得出最终结论的周期因病情复杂程度不同，少则2个月多则2年，远未达到《暂予监外执行规定》第18条所要求的"人民法院应当在执行刑罚的有关法律文书依法送达前，作出是否暂予监外执行的决定"。其中也不乏由于受到疫情防控影响，监狱、看守所等监管机构定期收押导致判处实刑未及时交付执行现象频繁发生，交付执行难导致大量已决犯因病孕申请暂予监外执行案件量骤增。而在等待鉴定意见的过程中，该类罪犯普遍处于"失管"状态，还在社会上自由活动，引起同案犯（多为判处缓刑接受社区矫正对象）极大不满，也为社会安全稳定埋下隐患，更严重损害司法机关公信力。因监狱隶属于地市级以上检察院监督，基层检察院暂予监外执行监督对象只包括法院、公安机关。据此，本文将以Z院近5年所办案件为样本（均为收监执行受阻后人民法院决定和启动的暂予监外执行案件），深入分析暂予监外执行制度的司法实践情况，总结梳理案件背后体现出的深层次问题，提出切实可行有操作性的完善对策，以期从检

* 孟和，内蒙古自治区扎兰屯市人民检察院党组书记、检察长、三级高级检察官；王琪，内蒙古自治区扎兰屯市人民检察院检察委员会专职委员、二级检察官。

察监督角度为暂予监外执行发展完善提供参考。

一、暂予监外执行案件及检察监督情况

（一）暂予监外执行案件情况

2019 年 1 月 1 日至 2023 年 12 月 31 日，Z 院共计办理暂予监外执行案件 42 件 39 人（一人三次、一人两次），其中，2019 年 2 件 2 人，2020 年 1 件 1 人，2021 年 1 件 1 人，2022 年 14 件 14 人，2023 年 24 件 24 人。在这 42 起案件中，Z 院同意法院暂予监外执行 34 件 31 人，不同意法院暂予监外执行最终收监执行 8 件 8 人。在不同意暂予监外执行案件审查中，Z 院不同意暂予监外执行的主要原因包括：医院出具的病情诊断不能证实罪犯符合保外就医严重疾病范畴、缺少短期内有生命危险判定、病情诊断程序不规范、已经终止妊娠、可能有社会危险性等，不符合保外就医情形。

整体来看，在所有拟做暂予监外执行的 39 名罪犯中，被判处拘役、有期徒刑以内的轻刑犯居多，被判处拘役或 3 年以下有期徒刑的轻刑犯占总案件人数的比重为 85%。其中，有 19 人犯危险驾驶罪，4 人犯诈骗罪，4 人犯帮助信息网络犯罪活动罪，3 人犯寻衅滋事罪。

（二）暂予监外执行对象接受社区矫正情况

从以上 5 年所办理的 42 件案件来看，Z 市社区矫正机构负责监管在本地执行的暂予监外执行对象 35 人（法院决定人员 34 人，占比 97%；监狱管理机关批准的人员 1 人，占比 2.9%），在其他省份执行 4 人。暂予监外执行对象在接受社区矫正期间因病死亡 1 人，矫正期满后死亡 1 人。因无法按期提供病情审查材料，社区矫正机构提请延期提交复查材料 2 人，提请法院收监执行 1 人，法院决定收监执行 1 人（目前该名罪犯因病仍无法收监执行，法院已经再次启动暂予监外执行程序）。

（三）对暂予监外执行案件监督情况

Z 院在办理暂予监外执行案件的同时，同步增强对暂予监外执行后保外就医对象接受社区矫正检察监督力度。5 年来 Z 院针对人民法院、公安机关、司法局在暂予监外执行工作中存在的问题提出纠正违法 8 件，检察

建议 7 份。其中，人民法院 12 份，公安机关 2 份，司法局 1 份。

Z 院发现并纠正人民法院的主要问题包括保外就医委托程序不规范，提请保外就医的病情审查不全面，对医院出具的鉴定结论未进行实质性审查；提请或抄送检察机关相关文书材料缺失，对拟暂予监外执行罪犯未及时立案、公示，等等。

Z 院发现并纠正公安机关的主要问题包括法院下达收监执行决定后未及时收监执行导致罪犯以怀孕逃避执行，看守所仅凭投送时驻所医生测量罪犯血压达到 180mmHg 以上就拒收、凭罪犯自述既往病史或县级医院出具的病情诊断就拒收且不出具拒收函，等等。

Z 院发现并纠正司法局的主要问题包括：病情复查未按要求到省级政府指定的医院进行，未按《社区矫正法实施办法》要求每 3 个月提交一次复查材料，未对病情复查程序、复查项目进行明确，对保外就医的社区矫正对象身体状况和病情了解不清，对提交的病情复查诊断材料能不能充分反映罪犯病情是否符合保外就医严重疾病范围知之甚少，等等。

Z 院发现内蒙古自治区呼伦贝尔市指定的四家专业鉴定医院的主要问题包括罪犯病情诊断程序不完善（如高血压三级鉴定只测量一次当时血压得出结论），病情诊断不规范（如缺少病症必检项目），罪犯姓名、性别错误，医院出具的罪犯病情诊断意见书记载病情诊断结果与法医复检病情不符，罪犯病情没有达到保外就医疾病标准，等等。

二、检察监督过程中发现存在的问题

（一）法律适用方面存在的问题

1. 暂予监外执行案件可参考的法律法规相对较少

目前，我国刑事法律体系对暂予监外执行工作的规定较为笼统，在司法实践中暴露出诸多问题，现阶段可参考的仅有少数司法解释、内部文件规定，如保外就医严重疾病范围没有与时俱进，与现阶段国民身体素质情况严重不符，刑事诉讼法对于法院暂予监外执行决定前，检察机关能否介入监督以及遵循程序未明确，检察机关对法院暂予监外执行决定前开展检察监督仍缺乏系统的、完善的法律依据。[1] 如在司法实践中，检察院经审查不同意暂予监外执行的，一般通过回复函向法院提出检察意见，而法院对检察院的书面意见是否应当采纳没有明确规定。检察院制发监督文书后，法院的理由是看守所、监狱拒收无法投送，对后续处理亦无遵循。对于暂予监外执行的社区矫正对象违反监外执行规定需要收监执行，但因罪犯病情看守所认为其并不符合收监条件而拒收，看守所依据的是《看守所条例》，而社区矫正机构依据的是刑事诉讼法、《暂予监外执行规定》、社区矫正法等，不同法条之间存在衔接不畅、规定不同等情形，导致各单位工作衔接不畅、开展不顺。

2. 罪犯社会危险性认定缺乏明确标准

《暂予监外执行规定》第 6 条第 1 款规定，对需要保外就医或者属于生活不能自理，但适用暂予监外执行可能有社会危险性，或者自伤自残，或者不配合治疗的罪犯，不得暂予监外执行。社会危险性的认定直接决定着罪犯能否被保外就医，但对于社会危险性的认定却缺乏明确统一的标准，不同的司法机关在判定时也可能存在分歧。在 Z 院所办案件中，法院仅以在执行过程中罪犯配合程度、有无潜逃作为评价标准；Z 院则在此基础上以罪犯前科劣迹作为附加评判标准，并对前科劣迹情况进行详细鉴别，如对犯故意杀人、故意伤害、抢劫等严重暴力犯罪、多次犯罪、首次犯罪且属于轻罪区分为不同档次进行综合评价；而社区矫正机构出具的社会调查评估意见则以罪犯所犯罪行属轻罪、刑期短、便于管理就没有社会危险性，反之就可能存在社会危险性为标准进行评估，这些都在一定程度上存在片面性和主观性。

（二）病情诊断方面存在的问题

1. 疑难杂症病情增多，基层检察院法医人才稀缺

经 Z 院五年间办理的 42 起案件汇总中发现，涉及高血压三级 23 人、怀孕 5 人、肝硬化 2 人、肾功能问题 2 人、脑血管疾病问题 2 人、心脏功能不全 1 人、肺结核传染病 2 人、骨折类问题 1 人、精神类疾病（重度抑郁）1 人。因暂予监外执行案件包含法律和医学专业知识，而医学鉴定属

---

① 杨永华、蒲宏涛、刘鹏：《检察机关对暂予监外执行同步监督问题研究》，载《山西省政法管理干部学院学报》2015 年第 4 期。

于专业领域，涉及的主体多、环节多、专业性强，审查医院诊断证明等材料的真实性和准确性需要具备一定的医学专业知识，而承担此项工作的刑事执行检察人员通常没有此种专业技能，这就需要懂医学知识的法医进行协作配合。但司法体制改革后，法医技术部门或撤销或合并，后续人才培养招录更新不及时，导致法医队伍青黄不接，甚至有些基层检察院没有法医。且随着近年案件量的增长，涉及鉴定的病情日益呈现出复杂化趋势，疑难杂症病情激增，而基层院法医多为某一领域的“专业医生”，并不是“全科医生”，对暂予监外执行所涉及的病情无法做到全懂全专，整体导致暂予监外执行医学审查鉴定工作步履维艰。

2. 鉴定机构鉴定程序粗糙且费用昂贵，司法鉴定没有明确经费保障

在Z院办理的以上案件中，有5起案件寻找邻近省市鉴定机构进行辅助鉴定，对于鉴定机构出具的文证审查意见书Z院发现存在鉴定程序粗糙；罪犯姓名、病情鉴定错误；不实际查看病人只查看医院出具的诊断意见得出鉴定结论；等等。凡此种种导致法律效力大打折扣。同时，有资质的鉴定机构鉴定费用高昂，一般为2000—3000元不等，此类鉴定没有明确经费来源和保障，导致财务无法入账。而最高人民法院明确规定：人民法院对被告人、罪犯进行病情诊断、妊娠检查和生活不能自理鉴别工作的相关诊断、检查、鉴别费用列入人民法院办案经费预算。

3. 精神类疾病没有专业技术性证据审查机构

Z院曾办理一起精神病类暂予监外执行案件，经呼伦贝尔市第三人民医院（呼伦贝尔市精神卫生中心）诊断出具罪犯病情诊断书认为罪犯符合《保外就医严重疾病范围》第2条反复发作的，无服刑能力的各种精神病，如脑器质性精神障碍，符合暂予监外执行的法定条件，法院拟对其作出暂予监外执行决定。Z院受理该案后，经询问各环节办案人员发现在侦查阶段及审查起诉阶段，该罪犯可以正常沟通交流及回答问题，办案人员均未发现该罪犯存在精神类问题，在此期间其本人及家属也未提出过其有精神类疾病。因精神类疾病鉴定专业性较强，主观推定色彩较浓，且Z院法医对此类疾病鉴定没有相关资质，而呼伦贝尔市境内对精神病鉴定有资质的医院仅有呼伦贝尔市第三人民医院（作出结论的医院）。根据内蒙古自治区人民检察院《关于加强全区检察机关刑事执行检察工作的四条措施》中第3项第3条规定要求，刑事执行检察部门可以聘请相关临床专业的医学专家进行会诊或者提出专家意见，或委托公安机关、第三方具有相关鉴定

资质的司法鉴定机构进行技术性证据审查。Z 院询问周边旗县市有相关资质的鉴定机构（齐齐哈尔和平医院司法鉴定中心）和医院（齐齐哈尔第二精神病医院）后，均得到无法做相关文证审查及复检业务。后经请示内蒙古自治区人民检察院后达成一致意见，由内蒙古自治区精神卫生司法鉴定中心（平级单位）对呼伦贝尔市第三人民医院罪犯病情诊断书、司法鉴定意见书等材料进行审查评议。经过两次评议后，内蒙古自治区精神卫生司法鉴定中心认为该鉴定机构原始档案中没有被鉴定人受伤时的病历资料，被鉴定人颅脑损伤的部位和程度并不一定会导致精神病理性损伤，原鉴定机构出具的鉴定意见书也并未体现对被鉴定人服刑能力的详细检查，即其所出具无服刑能力的鉴定意见，主观推定的成分较大，客观支撑不足。据此，Z 院作出不同意暂予监外执行的检察意见。

（三）提请、批准、决定方面存在的问题

1. 缺少中级人民法院司法技术部门的审查参与

根据最高人民法院 2014 年印发的《关于罪犯交付执行前暂予监外执行组织诊断工作的有关问题的通知》规定，中级人民法院司法技术部门负责本辖区罪犯交付执行前暂予监外执行组织诊断工作。罪犯交付执行前暂予监外执行组织诊断工作应当由法医人员进行或组织相关专业的临床医学人员和法医人员共同进行。呼伦贝尔市中级人民法院没有参与基层法院罪犯交付执行前暂予监外执行组织诊断工作，案件均由基层法院技术人员自行带罪犯前往医院进行鉴定，不符合上述程序规定。

2. 暂予监外执行征求意见阶段法院移送材料不全

《暂予监外执行规定》第 18 条规定，人民法院在作出暂予监外执行决定前应当征求人民检察院的意见，但并未明确人民法院征求意见时应同步移送的材料。最高人民检察院印发的《人民检察院刑事执行检察部门办理暂予监外执行监督案件工作指引（试行）》第 12 条规定了检察机关在征求意见时应当审查的材料包括刑事判决书、病情诊断书及病历材料、保证书、社会调查评估意见书等材料，但是没有明确法院需要同步提交案件承办人意见作为参考，这就导致法院、检察院最后出具的意见极易相悖。

三、暂予监外执行及其检察监督工作未来发展思路

暂予监外执行作为刑罚变更执行的重要措施，对激励罪犯改造，促进罪犯回归社会具有十分重要的意义。检察机关作为法律监督机关，要准确定位暂予监外执行中的监督角色，将监督视角前移，从事后监督逐步演变成事中监督、事前监督及后续执行情况跟踪监督的全流程监督体系，从源头上堵塞违法违规暂予监外执行案件的漏洞，全力提升监督质效。为有针对性地解决上述问题，严肃刑罚执行，笔者结合Z市实际情况，提出如下建议，以期推动暂予监外执行工作规范化开展。

（一）嵌入配套保障，革新暂予监外执行制度设计

通过立改废释并举等方式，推动现有法律法规延伸适用，将现有的法律法规、部门规章及规范性文件进行全面梳理，完善暂予监外执行配套规定和监督标准体系，细化暂予监外执行程序中提请、批准、决定、社区矫正阶段病情复查、收监执行、检察监督等相关规定，对目前一些笼统性概念或主观随意性判断进行明确。例如，保外就医涉及病情要紧跟时代发展，符合现阶段普通国民身体素质情况。对暂予监外执行对象复查、鉴定费用探索纳入医保、低保等保障机制。对可能有社会危险性的认定适用、经规范治疗未见好转的治疗期限等争议问题作出统一司法解释，明确法院、检察院工作程序及执行监督标准，逐步形成系统、全面的暂予监外执行工作规范。

（二）理顺机构职责，明晰各环节全过程责任主体

落实暂予监外执行责任制，明确暂予监外执行程序中司法部门和医疗卫生部门的主体职责，细化责任分工，建立完善统一高效的暂予监外执行报告机制。一是法院可探索与医疗卫生机构为拟作暂予监外执行罪犯的挂号、诊断、检查开通“绿色通道”，同时对病情危重、有生命危险的罪犯开通“快速通道”，提高暂予监外执行保外就医病情诊断工作效率。笔者认为法院在拟作暂予监外执行前征求检察机关意见时，承办法官应对医学鉴定结果进行实质性审查，且出具承办人意见同步提交检察机关作为参

考。二是医疗卫生机构建立保外就医严重疾病需要开展的病情检查诊断[①]项目规范指引，明确常见病情应查尽查项目。日常鉴定不应只依赖于罪犯口述既往病史，还要参考既往病历资料，同时注重将医学鉴定结论、影像资料等客观检查结果综合对比，且经过一定时间段的规范治疗后确实未见好转才可最终得出科学认定依据。三是社区矫正机构要完善社区矫正阶段病情复查及提供病情诊断材料内容，不宜简单以没有提供复检材料或提供材料不全为由提请法院收监执行。同时，社区矫正应对社区矫正对象提供的复诊材料进行把关审查，查看罪犯病情是否好转、有无收监执行可能性。

（三）开展“法医＋外脑”，推动专业人才队伍同步建设

对内方面，将法医后备人才储备纳入检察机关未来发展五年规划，明确新时代检察机关法医工作职责和身份地位，合理安排布局法医人员职业发展空间和晋升渠道。随着暂予监外执行案件量的增加，笔者建议可逐步探索将法医纳入刑事执行检察部门进行公开招聘，或由地市级检察院统一全市法医人员管理调配，对于案件量小的基层院，有此类案件统一上报市院，由市院调配全市法医进行鉴定，从而打造一支专精特新尖的法医队伍。对外方面，积极寻求医院医生等具备医学专业知识的人参与，探索建立医学诊断鉴定专家人才库，吸收常见病情领域专家学者，共同开展“外脑辅助审查”，也可通过聘请医学专业人员担任检察官助理，完善监督的专业性和全面性，弥补法医技术缺陷，从而提升监督质效。

（四）创新工作机制，合力提升暂予监外执行工作质效

Z院在司法实践中，与呼伦贝尔市辖区内两家检察院创新开展“相邻院集中办案工作机制”，即根据内蒙古自治区人民政府指定的33家医院开展全区暂予监外执行罪犯诊断、检查、鉴别工作，其中有4家医院分布在呼伦贝尔市境内，分别为呼伦贝尔市人民医院（全科，位于H区）、内蒙古林业总医院（全科，位于Y市）、呼伦贝尔市传染病医院（传染病，位于Z市）、呼伦贝尔市精神卫生中心（精神类疾病，位于Y市）。为方便

① 樊秋霞：《保外就医制度的考查与完善——以法院暂予监外执行组织诊断为视角》，载《医学与法学》2021年第3期。

开展暂予监外执行罪犯医学诊断、检查、鉴别检察现场监督工作，Z院与H院、Y院签署《暂予监外执行罪犯诊断、检查、鉴别同步监督相邻院协作工作机制》，进一步规范暂予监外执行病情诊断异地同步监督工作。即三院有罪犯拟做暂予监外执行，检察院需要现场监督时，根据诊断医院、地域特征进行分工协作，即罪犯在呼伦贝尔市人民医院鉴定的，由H区院派员进行现场监督；罪犯在内蒙古林业总医院、呼伦贝尔市精神卫生中心（精神类疾病）鉴定的，由Y市院派员进行现场监督；罪犯在呼伦贝尔市传染病医院（传染病）鉴定的，由Z市检察院派员进行现场监督。该工作机制实施以来，三院对办理暂予监外执行现场监督案件依法进行同步监督，实现从结果监督向过程监督、事后监督向事前监督的转变，对暂予监外执行罪犯病情诊断工作进行全程介入式监督，以确保医学诊断活动的真实有效性，督促相关职能部门规范履职，确保暂予监外执行决定依法合规开展，切实维护刑罚执行的公平公正。

四、结语

刑罚执行作为刑事诉讼的“最后一公里”，高质效办案一直是刑事执行检察的第一要务，而暂予监外执行案件的公正办理，关系刑罚执行的公平公正，关系人民群众对司法公平正义的感受。“高质效办好每一个案件”，前提是依法，核心是公正，这就要求每一个刑执人要切实转变以往的监督思维和办案理念，要把“有质量的数量”和“有数量的质量”统筹在更加注重质量上，在实体上进行实质化审查，确保实现公平正义，在程序上让公平正义更快、更好实现，在效果上让人民群众可感受、能感受、感受到公平正义，实现办案质量、效率、效果的有机统一。

刑事公诉案件无罪判决的实证研究

——以近十年全国2268份刑事裁判文书为分析样本

陈 岑 杜 思*

公诉案件无罪生效裁判是指人民法院针对人民检察院提起公诉的案件，根据查明的案件事实、证据和相关法律规定宣告被告人无罪的生效裁判。本文共筛选2015年至2024年公布在中国裁判文书网上的2268份刑事公诉案件无罪裁判文书，从宏观上考察无罪判决在我国的整体情况，作为后续全面研究无罪判决案件特点和成因的依据。

一、审理程序分布和罪名分析

从审理程序来看，其占比分别为刑事一审（1422件，占比62.70%）、刑事二审（555件，占比24.47%）、刑事再审（291件，占比12.83%）。

从罪名来看，无罪判决共涉及150余个罪名，占全部罪名的30%左右，排名前三的案由及其占比分别为：故意伤害罪（307件，占比13.54%）、诈骗罪（181件，占比7.98%）、合同诈骗罪（155件，占比6.83%）。

罪名相对集中于侵犯财产犯罪（498件，占比22.71%）、破坏社会主义市场经济秩序犯罪（467件，占比21.30%）以及侵犯公民人身权利、民主权利犯罪案件。妨害社会管理秩序罪为308件，略少于侵犯公民人身权利、民主权利犯罪（400件，占比18.24%），数量相对较少的分别是贪污贿赂罪（208件）、渎职罪（163件）以及危害公共安全罪（150件）。

* 陈岑，广东省清远市人民检察院党组书记、检察长、二级高级检察官；杜思，广东省清远市人民检察院法律政策研究室二级检察官助理。

二、无罪判决的宣告理由

根据我国《刑事诉讼法》第200条第2项和第3项的规定，无罪案件可以分为“依法不构成犯罪”和“证据不足、指控犯罪不能成立”的无罪案件（以下简称法定无罪案件和存疑无罪案件），在前文所述的2268件案件中，有1293件案件属于“法定无罪”的情形，占比57.01%，有975件案件属于存疑无罪的情形，占比42.99%，总体来看，在实践中法定无罪案件数量略高于存疑无罪的案件数量，两者的比重约为6:4。这说明，法定无罪案件是当前无罪案件的主体。在判决说理方面，大多数的无罪判决仍然侧重于对被告人是否符合犯罪构成要件进行分析和论证。

具体来看，在1293件法定无罪案件中，有1027件案件欠缺犯罪构成要件，占79.43%。其中笼统表述为不符合犯罪构成要件的有395件，被告人不具备特殊犯罪的特定主体身份的有53件，被告人主观上不具备法定的犯罪故意或犯罪目的为160件，被告人的行为和危害结果之间不存在刑法意义上的因果关系的有91件，无法确定损害后果或没有造成危害后果以及情节显著轻微、危害不大的有177件，犯罪数额未达到入罪标准、涉案物品并非刑法分则所规定的特定物品以及没有事实危害行为的有151件。此外，有70件案件不满足“违法性”要求，有48件案件按照从旧兼从轻的原则，依法不构成犯罪。另有93件案件“不属于刑法调整范畴”，其他因无法预见或者意外事件等情形的有38件，这几种类型案件约占全部无罪案件的19.26%。

对975件存疑无罪案件进行分析，主要有三个因素：一是定罪证据达不到确实、充分的证明标准。其中笼统表述为“事实不清，证据不足”的有418件，证据之间存在矛盾无法排除合理怀疑等情况的有109件，无法排除他人作案可能或关键涉案人员未到案有22件。二是因相关证据不能作为定案根据导致全案证据不足。因鉴定意见（相关检测结果）不能作为定案根据的有65件，因侦查活动违法或者相关程序有重大瑕疵的不能作为定案根据的有16件，交通事故责任认定书不能作为定案根据的有17件，侦查实验笔录无法作为定案根据的有3件。三是因客观证据不足或证据无法相互印证。综合全案达不到事实清楚、证据确实充分的证明标准，证据之间形不成完整的证据链而不能定案的有131件，由于案件缺乏客观性证据，直接证据仅有被告人供述且无其他证据相互印证的有 23 件，被告人供述不稳定或前后矛盾的有 35 件，只有被害人陈述且无其他证据相互印证的有 33 件，或者以言词证据为主且存在矛盾的有 54 件。另外，有 30 件案件在判决理由中明确提到了“疑罪从无”（包括疑罪利益归于被告人等）；10 件案件因事实证据发生变化而宣告无罪。

三、无罪判决案件的主要原因分析

（一）欠缺犯罪构成要件

1. 欠缺犯罪主观方面的认定

主观故意的认定直接关系罪与非罪的认定，这在诈骗类犯罪和故意伤害罪中表现尤为明显，在 160 件因不具有犯罪主观故意或不具有非法占有目的而宣告无罪的案件中，诈骗罪 33 件（占 20.63%），合同诈骗罪 22 件（占 13.75%），信用卡诈骗罪 8 件（占 5%）以及故意伤害罪 18 件（占 11.25%）。如谢某某合同诈骗一案①，谢某某在没有告知的情况下，将向李某、郑某作为债权担保的车位出售给余某，谢某某收取余某的车位转让款 23 万元后，将上述车位交给余某使用，双方并到物业管理处确认，谢某某已经完成了向余某交付车位的义务，对其收取余某车位款并没有非法占有目的。又如原某某故意伤害案②，被害人焦某某等十多人因服装仿版问题与商场内商户发生冲突，原某某作为商场管理人员到场劝离，其间，用脚踢倒被害人焦某某并用对讲机砸伤汤某头部（致轻微伤）。法院认为，被害人因服装仿版问题致使大量人员堵塞商场通道，严重影响商场的正常经营，原某某为维护商场秩序带离被害人，其行为属正常履职，且手推、脚踢等手段轻微，未击打要害部位。因此，不符合故意伤害罪的主观要件。

2. 欠缺刑法上的因果关系

在司法实践中，欠缺刑法上因果关系的情形主要包括以下三种：一是介入因素导致因果关系中断。在被告人的行为实施之后，出现了独立的、

---

① 参见（2018）粤 5191 刑初 36 号判决书。

② 参见（2017）粤 01 刑终 1573 号判决书。

异常的因素，该因素直接导致危害结果的发生，从而中断了被告人的行为与危害结果之间的因果关系。例如吴某某过失致人死亡案①，被告人吴某某深夜驾车高速追逐郭某驾驶的车辆，两车接近时，郭某车辆向右变线，这一介入因素的出现，直接导致两车发生碰撞，造成三人死亡的危害结果。郭某的变线行为不具有通常性，并且这一异常行为的介入对损害后果起了决定性的作用，故吴某某的行为与损害后果之间不具有刑法上的因果关系。二是被害人自身原因导致因果关系中断。危害结果的发生主要是由被害人自身的特殊体质、疾病等原因造成的，被告人的行为只是诱发了危害结果的发生，而非决定性因素。例如刘某甲、刘某乙过失致人死亡案②，刘某甲、于某因婚姻纠纷产生争执，刘某甲与其父刘某乙均和于某的父亲于某乙厮打，于某乙喊叫数句后突然倒地不起，经抢救无效于当日死亡。经鉴定，于某乙死于冠心病，而引发冠心病的诱因系“情绪激动、外力、剧烈体力活动”几个因素，无法得出“因被告人击打被害人而诱发被害人冠心病死亡”的唯一性结论。三是行为与结果之间缺乏必然联系。被告人的行为虽然与危害结果之间存在一定的联系，但这种联系并非必然的、直接的，而是偶然的、间接的。如在殷某某玩忽职守案③中，殷某某作为某镇人民政府镇村规划办公室主任，接到群众举报后，会同领导处理铭泰铸造厂违章情况问题，下达了责令停止违法行为通知书，并通知土地主管部门。此后，殷某某两次巡查均未发现私搭乱建行为，表明其已履行职守。姜某某死亡的直接原因是其没有挂扣安全带和缺乏防护措施，与殷某某的行为无法律上的因果关系。

3. 欠缺危害后果

危害后果是犯罪构成要件的重要组成部分，是衡量行为社会危害性程度的重要指标。据统计，因欠缺危害后果而被判决无罪的案件共有 177 件。主要包括以下几种：一是无法确定损害后果。由于案件基本事实无法查清、鉴定结论存在矛盾或不确定性且无法重新鉴定等原因，导致损害后果无法确定或难以量化。例如，在故意伤害案件中，无法确定被害人的伤情等级；在经济犯罪案件中，无法确定犯罪数额或涉案金额。例如在王某

---

① 参见（2018）冀 1023 刑初 160 号判决书。

② 参见（2018）津 0106 刑初 365 号判决书。

③ 参见（2017）辽 0283 刑初 496 号判决书。

某滥用职权案[①]中，王某某身为国家机关工作人员，在国家环保项目监管中未按规定履行职责，存在渎职行为。但由于案涉工程未验收且原因不明，无法确认施工和设备是否符合标准，也无法确定国家是否存在实际资金损失，因此无法认定其渎职行为造成的具体损失数额。二是没有造成危害后果。行为虽然具有一定的社会危害性，但尚未达到刑法规定的犯罪程度，或者没有造成实际损害。如青海某某集团、南京某某公司等人骗取贷款、票据承兑、金融票证案[②]，行为人以出具虚假证明材料等欺骗手段骗取银行贷款2.29亿元，但提供了真实足额抵押，未给银行或金融机构造成损失。三是情节显著轻微。行为虽然符合犯罪构成要件，但根据《刑法》第13条，情节显著轻微，危害不大，可以不认为是犯罪。如蒯某某故意毁坏财物案[③]，蒯某某对停放在地下停车场一层通道右侧的被害人的车辆进行踢踹，造成他人财物毁损，其行为属于故意毁坏财物，但由于毁损物品的价值尚未达到定罪标准，且其在案发后积极赔偿被害人的经济损失，并已取得被害人的谅解，情节显著轻微，危害不大，故蒯某某的行为不构成犯罪。

4. 欠缺刑法意义上的危害行为

实施刑法意义上的危害行为是指案件中足以构成犯罪的具体行为要素，是区分罪与非罪的关键。因欠缺刑法意义上的危害行为而被判决无罪的案件共有151件。具体表现在：一是没有实施犯罪行为。被告人并未参与犯罪活动，或者虽然参与了相关活动，但并未实施刑法规定的危害行为。例如，在共同犯罪案件中，被告人并未参与具体的犯罪行为，只是提供了帮助；在过失犯罪案件中，被告人并未实施违反注意义务的行为。如王某甲等人非法占用农用地案[④]，西营砂场共有股东六人，超范围采挖行为发生在王某甲负责期间，这期间的生产管理由高某丁、李某甲负责，高某戊和其他三名股东不参与砂场生产管理，不应该对非法行为负责。又如王某乙失火案[⑤]，三被告人一同到刘某父母坟地上坟，准备祭祀物品、点

① 参见（2019）黑0113刑初151号判决书。

② 参见（2020）青0104刑初114号判决书。

③ 参见（2016）京02刑再1号判决书。

④ 参见（2016）冀08刑终323号判决书。

⑤ 参见（2019）晋0922刑初111号判决书。

燃冥纸的行为系被告人刘某实施，王某乙对被告人刘某的点火行为未有效制止，不属于犯罪行为，不构成失火罪。二是犯罪数额未达到入罪标准。刑法分则对某些犯罪规定了数额较大的入罪标准，如果行为人的犯罪数额未达到该标准，则不构成犯罪。例如，在盗窃案件中，行为人窃取的财物价值未达到盗窃罪的立案标准；在诈骗案件中，行为人诈骗的财物价值未达到诈骗罪的立案标准。如王某某盗窃案①，被害人睡着后手机掉到了长椅下，已经脱离了被害人的实际占有和控制，不属于随身携带的财物，并存在手机可能为其他人遗失的可能，因此，王某某的行为不属于扒窃行为，涉案手机价值人民币 771 元，未达到盗窃犯罪的立案标准，不构成盗窃罪。三是涉案物品并非刑法分则所规定的特定物品。刑法分则对某些犯罪的对象进行了特殊规定，如果涉案物品不属于该特定物品，则不构成犯罪。例如，在非法持有毒品罪中，涉案物品必须属于毒品；在走私普通货物、物品罪中，涉案物品必须属于国家禁止或者限制进出口的货物、物品。如薛某某非法持有毒品案②，薛某某通过邮购的方式欲购买真毒品，但卖家出售给她的毒品实际为假毒品，因此，不构成非法持有毒品罪。

5. 不具备特殊犯罪的特定主体身份

在刑法分则中，某些犯罪对犯罪主体有特殊要求，即只有具备特定身份的人才能构成该罪。如果行为人不具备该特定身份，即使实施了相关行为，也不构成犯罪。这种情形被称为“不具备特殊犯罪的特定主体身份”。在司法实践中，主要有以下几种：一是国家机关工作人员。贪污贿赂罪或渎职罪通常要求行为人必须是国家机关工作人员或国有企业事业单位中的公职人员。若行为人没有担任任何公职或受委托从事公务，即使其行为造成了公共利益的损害，也不能对其进行定罪。如李某某玩忽职守案③，李某某作为村基层组织的干部，并非国家机关工作人员，在案证据证明李某某作为村委会人员对其辖区的新增“两违”现象有及时报告的义务，该义务系协助政府从事行政管理工作的义务，而不是受委托从事行政管理的义务，故李某某不具备玩忽职守罪犯罪主体资格。二是单位犯罪主体。对于某些需要以单位名义实施的行为，若行为主体不是法人或其他依法成立并

---

① 参见（2019）豫 1722 刑再 3 号判决书。

② 参见（2016）晋刑终 401 号判决书。

③ 参见（2015）亳刑终字第 00438 号判决书。

具备独立承担法律责任能力的组织，则不能认定为单位犯罪。如佛山某抛光砖总汇、伍某某单位行贿案[1]，某抛光砖总汇是个体工商户，由被告人伍某某个人经营，指控的行贿行为也是由伍某某个人决定和以个人名义具体实施的，收益归伍某某个人所有，其行为不符合单位犯罪的特征，且被告单位亦不符合单位犯罪的主体资格。三是特定职务人员。当法律规定某一罪名仅适用于拥有特定职务或职责的人时，如果没有达到这一标准，则无法构成相应犯罪。例如在某车业有限公司、胡某某、王某某等非法吸收公众存款案[2]中，宋某某虽然按公司要求做假账，但由于其行为与公司非法吸收资金的行为无直接关联，并且他并不是公司的主管人员或直接责任人员，因此不构成非法吸收公众存款罪。

（二）定罪证据达不到确实、充分的证明标准

定罪证据达不到确实、充分的证明标准是导致案件无法形成有效判决的重要原因之一。这种情形可以细分为几种典型情况：一是事实不清，证据不足。控方提供的证据不足以清晰地揭示案件的事实真相，或者某些关键事实未能得到充分的证据支持。据统计，“事实不清，证据不足”的情况占到了418件。这表明，在很多情况下，尽管存在一定的线索或间接证据，但这些证据并未能构建起一个完整且无懈可击的事实框架。另外，由于侦查部门（主要是公安侦查部门）在收集证据时不充分、不全面、不及时，导致证明犯罪事实的证据链无法形成，证据体系有瑕疵。如陈某故意伤害案，陈某在争吵中用拳头将被害人丰某左眼打伤。之后丰某多方求医不治，左眼失明。由于案发时侦查部门没有对被害人作伤势鉴定，导致最后无法证明被告人的伤害行为与被害人的左眼失明有必然的因果关系。二是证据之间存在矛盾无法排除合理怀疑。有109件案件属于证据之间存在明显的矛盾，或者不同证据指向了不同的结论，难以形成一致且可信的指控。例如任某某故意杀人案[3]，公诉机关指控的唯一客观直接证据是任某某右手指甲缝擦拭物中含有被害人的生物成分，但无法证明该擦拭物是人血还是人体表皮组织，且提取程序不规范，缺乏笔录和见证人。任某某在

---

① 参见（2018）粤0604刑初88号判决书。

② 参见（2018）川11刑再2号判决书。

③ 参见（2018）豫0322刑初45号判决书。

侦查阶段既有无罪供述，又有有罪供述，但有罪供述与其他证据无法形成完整的证据锁链，且其当庭予以否认，相关证据矛盾和疑点无法合理解释、排除，无法得出被害人系任某某杀害的唯一结论。三是无法排除第三人作案的可能性或关键涉案人员未到案。共有22件，即可能存在其他潜在嫌疑人或者因为关键人物尚未归案，导致案件的核心事实无法确定。例如田某某非法持有枪支案[①]中，涉案枪支存放于多人可出入的监控室，既无指纹、DNA等生物痕迹锁定田某某实际控制，亦无监控录像或证人目击其持有行为，存在他人擅自存放的合理怀疑。

（三）相关证据不能作为定案根据

证据的合法性、客观性与关联性直接决定案件事实的认定。在975件存疑无罪判决案例中，有101件案件因证据收集、鉴定或侦查程序存在重大瑕疵，导致关键证据被依法排除。一是因鉴定程序合规性导致鉴定意见不能作为定案根据。鉴定程序合规性的重要性，包括消毒规范、检材保管、送检时效、鉴定资质及方法科学性等问题。在危险驾驶案中，多起判决因使用含醇类消毒液（如安尔碘）违反《车辆驾驶人员血液、呼气酒精含量阈值与检验》（GB19522—2010）国家标准，导致血液样本污染；血样未按规定低温保存、超期送检且未经审批等问题也时有发生，导致鉴定意见被排除。盗窃案件则因指纹提取与现场勘查记录矛盾、检材来源无法溯源，暴露出检材保管的严重疏漏。此外，鉴定机构资质缺陷、鉴定方法失范以及程序违法等问题，均被法院认定为证据排除的核心依据。二是因侦查活动违法或者相关程序有重大瑕疵的不能作为定案根据。包括同步录音录像缺失、见证制度虚化、物证保管失范、辨认程序违法等。例如，王某某故意毁坏财物案[②]中，讯问笔录因无同步录音录像而被排除。在吕某玲、张某国盗窃案[③]中，13份笔录中9份无讯问人签名、4份仅一人签名，且辨认程序违反“七人混杂”规定，物证清单缺失提取人信息，证据体系被全面否定。王某故意伤害案[④]中，侦查人员七次违规提审被告人至非羁

① 参见（2015）滨塘刑初字第334号判决书。

② 参见（2017）辽0726刑初129号判决书。

③ 参见（2018）豫0322刑再1号判决书。

④ 参见（2020）新23刑初9号判决书。

押场所进行“思想工作”，且无法提供监控录像，翻供合理性无法排除。而曹某走私、贩卖、运输、制造毒品案[①]因执法记录仪视频缺失且鉴定通知书签名系伪造，关键物证链断裂。这些案件凸显取证程序合法性对证据效力的决定性影响，因违反《刑事诉讼法》第56条可能严重影响司法公正且无法补正之规定，证据即丧失证明资格。三是交通事故责任认定书不能作为定案根据。交通事故责任认定书因其法律性质、证明标准及审查逻辑与刑事审判存在本质差异，不能直接作为刑事定案根据。在司法实践中，法院对交通事故责任认定书的审查聚焦三大核心问题：一是程序违法，如张某某交通肇事案[②]中，事故认定书未检测被害人酒驾、毒驾及车辆制动性能，且现场图修改后未更新结论，程序明显违规。二是责任划分逻辑错误，如廖某某交通肇事案[③]，法院指出被害人酒驾系死亡主因，交警仅以被告人逃逸推定主责，混淆行政责任与刑法因果关系。三是逃逸情节滥用，如李某交通肇事案[④]，李某逃逸但基础停车行为合法，法院明确逃逸不能单独作为刑事主责依据；类似地，刘某交通肇事案[⑤]中，交警以逃逸推定刘某立主责，但法院认定其基础行为仅负次责，逃逸与事故无刑法因果关系。四是侦查实验笔录无法作为定案根据。侦查实验需在与案发时相同或相似条件下进行，若实验程序违法（如未经负责人批准、缺乏参与人签名）、条件偏差（如忽略载重、环境变量）或记录不完整（如缺失关键步骤描述），则无法作为定案依据。例如，张某生产、销售伪劣农药案[⑥]中，某市公安局两次侦查实验的温湿度、土壤条件与案发时差异显著，且未模拟农药实际使用浓度，实验结论被认定无法证明因果关系；宗某某故意毁坏财物案[⑦]中，实验车辆未还原案发时严重超载、前轮规格不一及无点火钥匙等关键条件，实验结论与刹车痕迹消失的客观事实矛盾，证据效力被否定。

---

① 参见（2016）晋09刑终185号判决书。

② 参见（2018）苏0322刑初659号判决书。

③ 参见（2016）川1423刑初108号判决书。

④ 参见（2015）阜刑二终字第00115号判决书。

⑤ 参见（2020）粤51刑终169号判决书。

⑥ 参见（2016）内07刑终68号判决书。

⑦ 参见（2014）鄂五峰刑初字第00105号判决书。

（四）因客观证据不足或证据无法相互印证

根据《刑事诉讼法》第55条“证据确实、充分”的标准，强调直接证据与间接证据须形成闭合链，若存在取证程序违法、证明力存疑、言词证据矛盾或无法排除合理怀疑等情形，综合全案达不到事实清楚，证据确实、充分的证明标准，则应依法作出无罪判决。例如，在王某某强奸案[①]中，物证“商业浴池毛巾被”由被害人及证人自行提取且未及时移交，存在污染或伪造风险，加之血迹仅通过血型匹配未进行DNA鉴定，无法唯一指向被害人，且关键证人证言均为间接传来证据，无法证明暴力行为或强奸过程；在刘某某强奸案[②]中，案发现场物证（剪刀、指纹照片）灭失，被害人陈述矛盾且无其他直接证据佐证，无法形成完整证据链。汪某某帮助伪造证据罪案[③]中，指控汪某某篡改合同的关键书证未进行笔迹鉴定，证人证言存在利害关系且相互矛盾，无法证明伪造行为与被告人的关联性；周某诈骗案[④]中，公诉机关指控周某虚构投资项目，但资金流向仅凭被害人单方陈述，缺乏合同文本、转账备注等客观证据印证诈骗故意。这些案件集中体现刑事证明标准的严格适用：对于物证，要求来源合法、保管链条完整且鉴定结论具有排他性；对于言词证据，需排除传闻属性并与其他证据交叉印证；对于主观要件，须通过客观行为与证据反向推导，若证据链存在断裂或解释多元性，则依据“存疑有利于被告人”原则宣告无罪。

（五）违法阻却事由

违法阻却事由的无罪判决主要体现为正当防卫、正常履职行为及合法行为三类。例如，在正当防卫类案件中，法院着重审查防卫紧迫性与限度标准，如张某故意伤害案[⑤]，面对持刀攻击的反击行为被认定为未超过必要限度。正常履职行为类案件强调职权依据与程序合法性，如马某某挪用

---

① 参见（2017）皖刑再2号判决书。

② 参见（2018）冀0408刑初196号判决书。

③ 参见（2016）陕0113刑初976号判决书。

④ 参见（2019）琼0108刑初280号判决书。

⑤ 参见（2019）赣06刑终219号判决书。

公款案[①]，协调单位团购住房属职责内公务行为，无证据证明谋取私利；余某故意伤害案[②]中，在顾客及保安人员被扎伤后，余某作为保安队长，追赶行凶一方人员，追赶行凶人员是正常履行职责行为。合法行为类案件则结合具体法律规定判定行为性质，如李某非法占用农用地案[③]，法院依据农村土地承包法认定林地流转程序合法。肖某飞违法发放贷款案[④]中，被告单位依据地方政策调整贷款审核标准被认定为合法履职行为。

（六）不属于刑法调整范畴

因行为性质不属于刑法调整范畴而宣告无罪的裁判逻辑可归纳为两类：民事法律调整与行政法调整，二者均严格遵循刑法的补充性原则，强调民事救济与行政规制应优先于刑事追责，仅在法益侵害严重性突破社会容忍底线且其他法律手段无法有效规制时，方可启动刑事司法程序。民事法律调整类案件中，法院通过审查行为性质、主观意图及社会危害程度，将形式上符合犯罪构成但实质上属于私权纠纷或民事违约的行为排除于刑事评价之外。例如，在郝某某故意毁坏财物案[⑤]中，行为人基于土地权属争议，经集体决议程序清除他人果树，虽造成财产损失，但因缺乏毁坏财物的直接故意且存在合法化事由，被认定为民事侵权纠纷，需通过协商赔偿或民事诉讼解决；又如肖某某信用卡诈骗案[⑥]，行为人以足额抵押获取信用额度后未按期还款，法院认定银行可通过行使抵押权实现债权救济，其行为本质系民事违约，行政法调整类案件则注重审查行为虽违反行政管理规范，但未达到刑事违法性标准。如尹某某非法经营案[⑦]，行为人超范围经营烟草制品虽违反专卖法规，但依据司法解释明确划定的入罪边界，此类“超地域、超许可类型”行为属于行政违法范畴，应由市场监管部门予以行政处罚；类似情形亦见于张某甲非法转让土地使用权案[⑧]，农村集

---

① 参见（2017）豫1282刑初690号判决书。

② 参见（2014）南宛刑初字第659号判决书。

③ 参见（2018）湘3122刑初14号判决书。

④ 参见（2017）黑1121刑初167号判决书。

⑤ 参见（2017）豫9001刑初429号判决书。

⑥ 参见（2014）宜中刑二终字第169号判决书。

⑦ 参见（2017）鄂06刑终359号判决书。

⑧ 参见（2015）亳刑再终字第00002号判决书。

体土地上违建售房行为依最高人民法院专项答复被排除刑事可罚性，明确此类问题应交由土地管理部门依行政程序处理。

（七）适用从旧兼从轻原则

因法律变更适用从旧兼从轻原则宣告无罪的裁判逻辑集中体现为刑法补充性原则的严格贯彻，法院通过对比行为时与裁判时的法律规范，重点审查入罪数额阈值、行为模式界定及违法性评价标准等核心要素的变化，对因法律调整而脱罪的行为，优先适用保障被告权益的规范。例如，在张某信用卡诈骗案[①]中，恶意透支型信用卡诈骗罪的入罪标准由旧法 1 万元提升至新法 5 万元，被告人透支金额未达新标准而被认定无罪；又如李某某等人虚开增值税专用发票案[②]，因虚开税款入罪标准从 1 万元调整为 5 万元，原审认定的 4.6 万元虚开行为依新法不再具有刑事违法性。

（八）对法律适用问题存在分歧

对法律适用问题的不同认识同样是造成无罪案件的重要原因。近年来，刑法经过了多次修正，新罪名层出不穷，原有的追诉标准也随着社会变迁而发生了重大调整。目前，由于检法两家沟通及时，提前研判，基本排除了因定罪标准发生变化而产生的无罪案件，以及法律对“情节或后果严重”等不明确导致认识分歧而产生的无罪案件。因此，检法两家主要产生的分歧基本上属于对刑法基础理论的理解与适用问题。

四、提高检察机关公诉案件质量的建议

（一）构建全流程证据治理体系，夯实证据质量基础

构建“诉侦协同—阶梯介入—监督闭环”三位一体的全流程体系，可将证据标准深度嵌入侦查活动，推动取证规范化，系统性解决证据瑕疵与程序违法问题。一是构建诉侦协同的规范化取证指引体系。通过联席会议、办案指引、同堂培训等制度强化诉侦衔接，建立退查案件动态跟踪机

---

① 参见（2018）晋 0926 刑初 94 号判决书。

② 参见（2017）沪刑终 7 号判决书。

制，利用大数据平台实时掌握补证进展，对补证新情况及时研商策略并派员参与复核取证，同步建立退查质量双向评价体系，将补证采纳率纳入侦查考核。二是健全重大疑难案件的阶梯式介入机制。对可能无罪或重大影响的案件，依托侦查监督协作配合办公室分级介入；对证据薄弱或存疑不捕案件，重点引导客观证据收集；对拟存疑不起诉或可能无罪的案件，运用“证据树分析法”重构证明体系，必要时自行补充侦查。此外，当检察机关对侦查获得的证据存有疑问时，可依法行使调查核实权，补强证据体系。[1] 三是强化程序性监督的闭环管控机制。通过录音录像抽查、证据合法性审查等手段，及时纠正刑讯逼供、超期羁押等违法行为。对证据缺陷案件制发纠正违法通知书，严重违法的启动非法证据排除程序。建立无罪案件回溯分析制度，提炼证据收集薄弱环节，优化侦查取证指引，实现司法与侦查的良性互动。

（二）按照“以审判为中心”要求，坚持证据裁判原则

第一，强化证据合法性审查。对取证程序实施穿透式核查，重点审查取证主体适格性、程序合规性及证据完整性。对程序性瑕疵证据依法排除，对形式瑕疵证据要求补正或合理解释。同时发挥庭前会议的证据预审功能，通过控辩质证提前解决证据能力争议，确保证据准入符合法定要求。第二，完善证明力分层评估体系。针对证据冲突，建立分类治理机制，对涉及犯罪构成的实体性矛盾启动补侦程序；对形式性偏差运用逻辑与经验法则合理解释。引入证明力梯度评价模型，量化分析证据关联强度，科学分配证明权重。第三，确立客观性证据审查机制。[2] 坚持用客观性证据检验主观性证据，做到主、客观证据协调运用，构建以客观性证据为基础的证明体系。对于言词证据依赖度较高的案件，应加强同步录音录像的审查，排除非法证据。第四，完善审前程序过滤机制。构建正向闭合与反向排除双重审查标准，正向确保犯罪构成与证据链条完整对应；反向通过“合理怀疑清单”验证。对无法达到证明标准的案件，应严格行使不

---

① 参见张威、石炜：《强化证据收集审查运用构建刑事指控体系》，载《检察日报》2024 年 12 月 3 日。

② 参见陆旭、孙皓：《提高公诉案件质量的路径选择——基于近五年 T 省无罪判决案件的实证分析》，载《人民检察》2017 年第 20 期。

起诉裁量权，并通过规范化指引明确程序过滤标准，防止“带病起诉”。

（三）强化公诉能力建设，应对庭审实质化挑战

庭审实质化改革对公诉人履职能力提出更高要求，检察机关需以专业化、规范化为导向，构建覆盖庭前准备、庭审对抗、庭后复盘的全流程能力提升机制。首先，庭前准备阶段需建立风险预判与证据补强双重防控机制。公诉人通过反向审视证据链条，系统梳理争议焦点与证明薄弱环节，形成风险评估报告。针对翻供、证言变化等风险，及时补充调取客观证据，构建多维证据体系。制定精细化举证策略，运用可视化技术展示证据关联性，确保举证逻辑严谨、表达清晰。其次，庭审对抗环节应聚焦交叉询问技术与法律说理能力的协同提升。构建主询问引导与反询问制约相结合的复合型策略，通过开放式提问还原事实细节，运用封闭式提问锁定陈述矛盾，对于当庭翻供或证言突变的情形可即时出示同步录音录像等客观性证据形成质证优势。

（四）全面加强对下指导与类案研究，为基层办案提供支持与保障

一是类案指导机制的体系化建构。上级检察机关应建立“问题发现、研究反馈、标准输出”的全流程指导闭环，依托跨层级研讨平台就新型疑难案件出具书面指导意见。建立类案强制检索制度，要求基层院办理争议案件时同步检索“两高”指导性案例及辖区典型判例，确保法律适用统一。针对普遍性证据审查难题，协同制定类案证据标准适用指引，规范证据收集、固定与审查的操作规程。二是抗诉监督效能的协同化提升。探索“抗前指导、抗中协同、抗后复盘”机制，要求下级院提交提请抗诉分析报告阐明争议焦点，上级院组建跨部门检察官联合审查组实质化审查抗诉必要性及证据补侦可能性，对支持抗诉案件派员参与庭前会议及庭审，通过预案联合制定、出庭意见交叉审核形成监督合力。三是经验传导与能力建设的双向互动。系统梳理基层创新实践并进行理论提炼推广，定期开展案件质量评查和专项培训，探索案件反向审视机制，针对撤回起诉、无罪判决等情形组织跨部门复盘并制发工作指引指导基层实践。

（五）深化诉审协同与诉讼参与人意见吸纳机制，构建案件全流程风险防控体系

首先，强化与审判机关的沟通协调至关重要。在审查起诉阶段，检察机关需严格把好事实关、证据关、程序关以及法律适用关，并与审判机关保持密切沟通协调，必要时召开联席会议，针对证据采信、事实认定及法律适用等关键问题进行深入研讨交流，以求达成共识，提高案件审理质量。此外，检察机关还应强化对审判过程的监督职能，对存在有罪判无罪、应认定的事实未被认定以及量刑畸轻畸重等问题的案件，依法提出抗诉，维护司法公正。其次，积极听取辩护律师的意见，对于提出的无罪意见应给予高度重视，迅速受理并落实辩护律师的取证申请，严肃核查有关非法取证行为的控告线索，加强司法人权保障。当需要全面客观地把握犯罪事实和证据时，应及时主动地征询鉴定人、专家等专业人士的意见。最后，对于重大敏感或办理压力较大的无罪案件，办案单位应及时向上级检察机关和当地政法委报告，争取得到各方面的支持，确保案件依法公正办理。除了关注案件本身的处理，还需妥善做好无罪案件的后续工作，必须充分依靠当地党委的支持，积极争取政府的配合，着力探索司法救助机制，完善涉诉信访终结制度，保证宣告无罪案件取得较好的法律效果和社会效果。[①]

① 参见马剑：《人民法院审理宣告无罪案件的分析报告——关于人民法院贯彻无罪推定原则的实证分析》，载《法制资讯》2014年第1期。

未成年人综合司法保护研究

——以 A 市“未成年人保护联盟”检察履职为视角

吴端端　陈文墙　苏咏莉*

2019 年，A 市委政法委部署推动，牵头市检察院等 12 家单位正式成立 A 市“未成年人保护联盟”，推动开展“未成年人保护联盟”工作。在此背景下，A 市“未成年人保护联盟”推动涉及未成年人保护相关职能部门协同开展校园安全和未成年人保护工作，促进司法保护与家庭保护、学校保护、社会保护紧密衔接，打造共建共治共享未成年人保护格局。通过多年的“未成年人保护联盟”工作，取得了一定成效，但在源头预防、分级矫治、依法惩处、综合治理及机制建设等方面仍需进一步完善。

一、“未成年人保护联盟”履职的检察实践

2019 年以来，A 市检察机关为加快实现未成年人全面综合司法保护，结合 A 市工作实际，整合未成年人权益保护职责的相关部门，开展了系列未成年人综合司法保护工作。

（一）搭建三大平台

针对涉罪未成年人、困境未成年人和其他未成年人三类群体的不同保护需求，相应地共建三个平台，为各类未成年人提供有针对性的保护。一是涉罪未成年人社会支持平台。统筹建设“未成年人观护中心”，引入专

---

* 吴端端，福建省泉州市人民检察院第八检察部主任、一级检察官；陈文墙，福建省泉州市人民检察院第八检察部副主任、一级检察官；苏咏莉，福建省泉州市人民检察院第八检察部聘用书记员。

业的未成年人司法社工，依托社会力量加强对涉罪未成年人的监督、观察、矫正、保护、管束等，帮助其顺利回归社会。探索的未成年人帮教工作的做法，被列入“全国未成年人检察创新实践基地”创新项目。二是困境未成年人关爱平台。将农村留守儿童、困境儿童、受侵害未成年人作为重点关爱群体，搭建快速反应、及时保护、联动关爱平台。探索的“刑事案件留守儿童信息管理平台”“刑事案件留守儿童救助联动机制”，被确定为第二批“全国未成年人检察工作创新实践基地”创新项目。三是“未成年人保护联盟”展示中心平台。建设“A市青少年社会保护中心”，打造未成年人司法社会服务基地，统筹帮教基地及司法社会工作服务，为未成年人提供综合司法保护。

（二）共治一方环境

青少年违法犯罪、受侵害，不懂法、不信法是重要原因。联盟各单位加强青少年法治教育，营造成长法治环境，从源头上预防和减少青少年违法犯罪。一是开展“法治进校园”巡讲活动。活动以校园为主阵地，组织检察官、法官、警官，同时在学校、社区街道招募志愿讲师、志愿巡讲员，设立“法治观察员”“普法宣传员”共同成立法治宣讲团，开展带案、带专题、带法律进校园。二是建设法治教育基地。“青少年社会保护中心”采用“漫画+游戏”的形式呈现儿童防拐、预防侵害、远离校园暴力等教育主题。立足实际，与学校共建“青少年法治教育基地”，打造各具特色的法治教育基地。三是打造特色精品课程。为扩大法治教育覆盖面，检察院、教育局结合工作中常见的未成年人犯罪和被侵害案例，从学校和学生的实际需求出发，联合打造线上“法治课堂”，由优秀的未检检察官录制系列视频，在辖区范围内统一发布授课光盘，授课内容同步上传到“腾讯视频”“学生安全教育平台”，让广大学生和家长能够随时随地、更加方便快捷地参与法治学习。

（三）构建五项机制

各联盟单位织就一张未成年人安全的立体防护网络。一是建立健全入职查询制度，联盟单位检察院、教育局、公安局会签《教育行业从业申请人违法犯罪记录信息前置查询制度（试行）》。二是建立校园安全常态化联合检查机制。定期组织开展校园及周边安全隐患大排查，同时加大对校园周边的网吧、出租房屋、毒水晶泥等安全隐患的排查。三是建立性侵害未成年被害人一站式询问制度。建立一站式询问室，对遭受性侵害的未成年被害人开展一次性询问、一次性完成人身检查及证据提取等工作，同时聘请心理咨询师开展心理辅导，避免对未成年人造成二次伤害。四是推行“问题少年”临界预防机制。对有严重不良行为或者未达刑事责任年龄的青少年，推出一堂法治课、一次参观羁押场所、一次旁听庭审、一场军事训练、一次心理辅导的“五个一”法治教育套餐；为解决家庭监护和教育缺失难题，检察院联合妇联在各地推动设立家庭教育指导驿站。五是联合开展专项行动。开展保护未成年人免受电子烟侵害专项法律监督活动、住宿场所及营业性娱乐场所、酒吧专项整治监督行动等，推动公安机关、文旅、人社部门开展联合整治行动，排查整改相关场所。

二、“未成年人保护联盟”履职反思和困境

在各方的共同努力下，联盟工作成效日益凸显，初步形成联盟单位快速联动、快速处置涉未成年人突发事件的机制模式，但在未成年人犯罪预防、临界未成年人治理、罪错未成年人治罪的综合保护过程中仍存在问题和困境。

（一）“未成年人保护联盟”原履职模式无法与新时期的未成年人保护和治理相适应

2019 年以来，A 市检察机关办理的未成年人犯罪案件整体平稳，但在 2024 年明显上升，对于这一现象，原有的运行模式已无法应对未成年人犯罪明显上升的新情况。

（二）“未成年人保护联盟”协作机制不够明确

各部门职责不够清楚，沟通协调机制不够完善，还无法达到实现未成年人保护治理与治罪并重。未成年人保护法虽明确要求建立政府主导的未成年人保护工作协调机制，但在实践中，这些机制大多停留在文件层面，未能充分发挥统筹协调作用。由于缺乏有效的统筹规划和任务分工，各部门在面对复杂的罪错未成年人的犯罪预防和治理时，难以形成工作合力。

（三）信息共享不畅通，存在数据壁垒

未成年人保护工作的数字化运用不够，公安、教育、民政等部门都建立未成年人数据信息管理模块，但各部门的未成年人数据信息难以共享，出于对未成年人的隐私保护，各数据间存在数据壁垒。特别是对于专门学校的学生、多次被治安处罚的严重不良少年、涉罪未成年人的矫治信息等，均存在无法共享，或共享信息不完整、不准确而影响对未成年人的权益保护、治理治罪、矫治帮教等，严重影响了司法效率和矫治措施的针对性。

（四）罪错未成年人分级干预体系不健全

预防未成年人犯罪法根据未成年人罪错行为的严重程度分为一般不良行为、严重不良行为、重新犯罪行为三类。但在实践中，[①] 罪错未成年人的分级处遇未能根据罪错未成年人的年龄、性别、心理特点、犯罪原因、犯罪性质、犯罪危害等因素，对其进行不同程度和方式的细化处置。存在配套措施、衔接机制不完善，对罪错未成年人存在刑事处罚与专门学校的专门矫治无法达到有机衔接等。

（五）罪错未成年人未能够精准帮教和依法惩戒有机结合

一是对临界未成年人干预措施不多，许多处置措施缺乏个性化、针对性的教育矫治等。[②] 司法办案中发现，未成年人的罪错行为通常由轻及重、逐渐恶化，一旦错失最佳矫治教育时机或者干预措施不当，其可能实施更为严重的犯罪行为。在实践中对有严重不良行为的未成年人缺乏有效的惩处方式，特别是对不满 14 周岁的未成年人，只能处予治安行政处罚，且因年龄原因，不予执行，也未被追究，逐渐让未成年人造成犯罪司法机关不处罚的错觉，最后由严重不良行为走上违法犯罪。二是对于轻犯罪未成年人未能精准帮教，未能重点针对犯罪人员回归社会后的跟踪帮教，预防

---

① 寇世锋、杜延安、周尚稷：《罪错未成年人分级处遇研究》，载《未成年人检察》2024 年第 1 辑。

② 宫鸣：《坚持预防为主提前干预努力为未成年人健康成长提供坚强司法保障》，载《未成年人检察》2021 年第 1 辑。

再犯罪不到位。2019年以来，A市检察机关统计被判处的1497名未成年人犯罪，其中1332名未成年人被判处三年以下的轻犯罪，占89%。对于判处管制、拘役、三年以下的轻犯罪人员的未成年人回归社会后，未能较好地开展帮扶工作，促使更好融入社会。

（六）“六大”保护融合推进不足

针对未成年人犯罪新形势和工作新要求，最高人民检察院也明确提出“预防就是保护，惩治也是挽救”的理念。对未成年人坚持教育为主、惩罚为辅，坚持“零容忍”，从严惩治侵害未成年人犯罪。但司法保护与家庭保护、学校保护、社会保护、网络保护、政府保护还未能融合履职，“六大”保护合力不足。

综上，亟须针对未成年人的年龄、心理、性格以及犯罪规律和特点，完善“未成年人保护联盟”各部门的职能作用，不断深入研究未成年人综合司法保护，[①] 以最有利于未成年人原则提升未成年人综合司法保护质效。

三、深入推进综合司法保护的建议

随着新时代的发展，为完善“未成年人保护联盟”充分发挥保护未成年人的合力，应进一步探索各部门职责配合细化、机制优化、职能建设、罪错未成年人治理等方面的建设，不断深化未成年人司法保护。

（一）深化升级“未成年人保护联盟”，明确各部门具体职责

一是探索具体构建“学校保护工作机制”“社会保护工作机制”“网络保护工作机制”“政府保护工作机制”“司法保护工作机制”等“六大”保护工作机制，明确各大领域保护工作重点内容，各牵头部门每年根据实际制定本领域工作方案，压实各部门工作责任，确保未成年人保护工作落地见效。二是探索“未成年人保护联盟”升级，由党委牵头成立未成年人保护工作协调小组，依据未成年人保护法、预防未成年人犯罪法和相关法规政策，把未成年人保护工作职能责任细化，并将具体细化内容挂钩到各

① 寇世锋、杜延安、周尚稷：《罪错未成年人分级处遇研究》，载《未成年人检察》2024年第1辑。

职能部门，把责任落实到具体部门，并定期召开联席会议，通报工作进展情况，总结形成工作机制。

（二）探索建立未成年人“权益保护”与“预防犯罪”两个维度共同构成未成年人保护整体工作

一是“权益保护”由妇儿工委牵头统筹，有效整合各类资源，依托妇联在妇女儿童工作中的经验和基础，组织各成员单位开展针对未成年人的普法宣传教育、困境儿童救助、闲散未成年人帮扶、家庭教育指导、心理疏导等日常保护工作。二是“预防犯罪”由政法委牵头统筹，政法部门各司其职，把未成年人违法犯罪预防治理作为当前未成年人保护工作的重要措施，突出以“司法保护”为切入点，落实“对不良行为干预”“对严重不良行为矫治”“对重新犯罪预防”的三级处遇机制，建立未成年人从出现严重不良行为开始至十八周岁成年期间的全流程干预机制，有效预防和遏制未成年人违法犯罪。

（三）打破数据壁垒，实现信息共享

一是按照及时、准确、高效的要求，加强部门间信息沟通，在依法保护未成年人隐私、有利于护航未成年人健康成长的前提下，建立健全政法部门、民政、教育、妇联等部门和单位涉及未成年人社会保护信息互通共享机制，探索通过政法数据平台打破数据壁垒，建档立库实现信息共享。二是探索政法部门协同建档帮教信息，构建数字平台。公安机关对被抓获的未成年人开展社会调查，并及时将社会调查信息填录至数字平台完成建档，确保罪错未成年人在被抓获后第一时间纳入帮教范围。并根据未成年人的罪错程度及诉讼、帮教环节的流转，各牵头职能部门应对信息进行动态补充、更新。原则上，被抓获的未成年人被判定为严重不良行为未成年人的，由公安机关负责完善建档信息，被送入专门学校的，专门学校应当将学生在校内学习期间建立的档案，含入校前情况、校内学习矫治表现等上传至系统平台；未成年人被刑事立案的，完善建档信息的任务，在侦查环节由公安机关负责，在审查起诉环节由检察机关负责，在审判环节由法院负责，在社区矫正阶段由司法行政部门负责。各部门应接续衔接，确保未成年人的处置及帮教信息全流程留痕。

（四）探索建立罪错未成年人分级干预体系，防止罪错升级

在政法委的牵头下，政法部门加强沟通，对于罪错未成年人积极探索开展预防教育。对于涉案的未达刑事责任年龄、有不良行为、行政处罚记录的青少年建立档案，联合司法社工、网格员、志愿者等开展精准犯罪预防。一是推动专门教育建设，推动专门矫治教育与刑事办案配套衔接，将不符合刑事处置的严重不良行为未成年人送到专门学校矫治。二是探索开展专门教育短期培训班。弥补专门学校学位不足的短板，联合相关部门通过开展短期培训班将严重不良行为未成年人进行集中教育矫治。三是防范打击涉未成年人违法犯罪。加强少年警务团队建设，依法严厉打击伤害未成年人，以及引诱、利用、拉拢、胁迫未成年人参加违法犯罪的行为。探索推广未成年人违法犯罪预警模型，通过人脸识别、信息比对、出行轨迹监控等，对未成年人团伙作案、流窜作案进行分析研判，加强预警，提前防范瓦解未成年人违法犯罪。

（五）坚持全员、全流程精准帮教，切实预防再犯

将罪错未成年人分为有严重不良行为未成年人、专门学校离校学生、涉罪人员、社区矫正人员等四类人员开展精准帮教。一是对有严重不良行为未成年人跟踪帮教。对有严重不良行为的未成年人，按照预防未成年人犯罪法关于“对严重不良行为矫治”的规定，由公安机关为主负责帮教矫治。帮教矫治探索建立四级挂钩联系制度开展。探索由公安机关每周将新增严重不良行为未成年人名单汇总至当地司法保护工作小组办公室，由办公室推送至各乡镇（街道），由乡镇（街道）建立“社区干部+片区民警+学校老师/监护人”的挂钩服务工作小组。挂钩服务小组对未成年人实施“动态”帮教，开展“一月一排查一回访”，全面掌握未成年人的思想动态、阻断不良朋辈影响、提升家庭监护能力。对于不配合跟踪帮教，不遵从帮扶要求达到严重程度，或者帮教期间再违法再犯罪的，公安机关应依法予以处理，或者会同教育行政部门将其送入专门学校。

二是专门学校离校学生的重点跟踪帮教。将专门学校离校学生纳入严

重不良行为未成年人进行重点跟踪帮教,[①] 通过专门学校的专门教育引导罪错未成年人回归社会，减少再犯罪的可能。离校前，专门学校应对学生离校后的社会支持情况进行全面调查，了解学生的出校去向，掌握学生经济状况、亲子关系、心理健康等，连同学生在校内的表现情况等档案资料，在学生离校前半个月上报移交给专门教育委员会。专门教育委员会根据学生的离校档案，对离校后欲复学、参加培训、就业、待业等不同情况的学生，组建由学校校长、社区干部、民警等人员组成的工作专班，由工作专班持续跟踪离校学生的学习和生活，严防其再犯。对存在经济困难、家庭监护薄弱、心理健康不良等问题的离校学生，专班制定离校学生“一人一策”，精准分析学生的个体需求，联动社区、当地民政、妇联、团委等部门，为未成年人重新融入社会链接资源、提供帮助。

三是涉罪未成年人跟踪帮教。涉罪未成年人帮教按照诉讼阶段确定牵头部门。在侦查阶段，由公安机关负责帮教。未成年人涉嫌犯罪被取保候审的，按照刑事诉讼法的规定，由公安机关在执行取保候审过程中对未成年人开展跟踪帮教。检察机关对受理审查逮捕的未成年人作出不批准逮捕决定的，应当协助公安机关开展跟踪帮教。检察机关自受理审查起诉时起，接续公安机关对涉罪未成年人开展帮教。在审查起诉期间、附条件不起诉考验期内，以及作出相对不起诉决定（含附条件不起诉后作相对不起诉决定的）后仍未成年的涉罪未成年人，由检察机关联合司法社工开展持续跟踪帮教。检察机关可以向专门教育委员会提交建议，将被作出相对不起诉、附条件不起诉决定的未成年人送入专门学校进行矫治教育。在审判环节，法院应加强对未成年被告人的训诫和教育。以上诉讼环节，未成年人被送往看守所羁押的，看守所应根据未成年人的身心特点开展针对性帮教。

四是社区矫正未成年人的跟踪帮教。对社区矫正人员由法院将名单报送至司法行政部门，严防工作衔接不畅导致脱管。司法行政部门应按照相关法律规定及工作要求，牵头对被判处缓刑在本辖区执行的，及刑满释放居住在本辖区的未成年人开展针对性帮教矫治，被矫治对象的其他帮教需求，可通过平台提交至相关部门予以协助。

---

① 重庆市人民检察院第一分院、重庆市合川区人民检察院课题组:《检察机关助推专门学校与专门教育问题研究》，载《未成年人检察》2024 年第 3 辑。

（六）强化各联盟单位职责，融合“六大”保护

一是不断强化罪错未成年人帮教的社会化支撑。争取为民办实事资金，建设罪错未成年人社会支持体系，开展各类帮教服务，在帮教结束后重新就业、重返校园。同时联合司法社工为罪错未成年人开展团体心理辅导。

二是开展家庭教育指导工作。[①] 对罪错未成年人的帮教绝对不应该只是司法机关、社会组织、观护单位的事，家长必须承担应有的责任。联合妇联建立家庭教育指导机制，对涉案未成年人家庭开展强制性家庭教育指导，对失管未成年人家庭开展督促性家庭教育指导。特别是对拟作出附条件不起诉及相对不起诉决定的未成年人家庭（审查环节已成年的除外）发出“督促监护令”，不断提升家长亲职能力，保障监护人职责落实，督促和引导其正确履行监护职责。

三是建立保护救助工作。严格落实涉未成年人刑事、民事案件特别程序，推行“一站式”保护办案、询问未成年被害人办案规定。对遭受犯罪侵害未成年人及民事、行政、公益诉讼案件的涉案困境未成年人，加强心理干预、经济救助、法律援助、转学安置等保护措施，充分体现司法的人文关怀。

四是做好信息保密及记录封存。未成年人接受帮教矫治相关记录予以封存，不纳入个人档案，除因司法机关办案需要或有关单位根据国家有关规定进行查询的外，不得向任何单位和个人提供。参与干预矫治工作的单位和个人不得暴露未成年人隐私，对涉及未成年人个人信息的材料严格保密。

五是加强涉及未成年人保护互联网信息的日常监测，密切关注反映侵害未成年人合法权益的重大案件、侵权线索和热点事件等，及时协调有关单位核实基本情况，做好分类处置工作。

---

① 莫非：《社会观护体系下附条件不起诉案件的选择适用和考察帮教》，载《刑事检察实务培训讲义》（第3版），法律出版社2022年版，第109页。

四、结语

当今社会发展迅速，未成年人保护工作面临着许多新特点、新挑战，如何更好地守护未成年人的成长是一项复杂的系统工程，必须综合治理、系统治理。应坚持“最有利于未成年人”原则，通过系统分析研判未成年人保护和发展需求，建设有利于未成年人权益保护和犯罪防治的新机制、新方法，对罪错未成年人开展全流程干预矫治跟踪，全力预防和减少未成年人违法犯罪发生，构建多方位、多层次的综合司法保护。各方的共同努力，推动司法保护与家庭保护、学校保护、社会保护、网络保护、政府保护的衔接融合，构建保护未成年人新格局。

长江大保护背景下非法捕捞水产品梯次治理模式研究*

刘士豪　吴潇雨**

长江禁渔是为全局计、为子孙谋的重要决策。《长江十年禁渔计划》全面实施4年来，禁渔取得阶段性成效，相比上一个4年长江流域非法捕捞水产品案件减少了2050件，下降69.05%。[①] 但在案件办理中也出现不容忽视的问题：一方面，案件办理仍存在规则不统一、类案不同判、生态修复赔偿适用标准不一且方式单一等情况；另一方面，非法捕捞作为典型轻罪，在司法实践中也反映出出罪机制有待完善、刑罚附随后果需科学评估与值得关注的问题。本文对《长江十年禁渔计划》实施前后长江流域非法捕捞水产品罪案件的司法实践进行全面检视，以发现问题、分析原因、探讨解决策略，进一步探索该类型轻微犯罪的梯次治理模式，更好保护长江生态。

一、长江流域非法捕捞水产品罪案件总貌呈现

（一）案件数量明显下降，源头预防成效显著

十年全面禁捕是从顶层设计上践行共抓大保护、不搞大开发的关键之举。从2015年1月至2020年12月，非法捕捞水产品罪刑事一审案件逐年

* 本文系江西省人民检察院2024年理论研究一般项目“长江大保护背景下非法捕捞水产品轻罪梯次治理模式研究”（项目编号：JXJC2024B010）的阶段性成果。

** 刘士豪，江西省九江市浔阳区人民检察院党组书记、检察长、三级高级检察官；吴潇雨，江西省九江市浔阳区人民检察院第一检察部检察官助理。

① 除文中另有说明外，案件数据均来源于中国裁判文书网，载https：//wenshu.court.gov.cn/2024年12月访问。

上升；2021年《长江十年禁渔计划》全面实施后则首次出现下降，降幅为166.41%；2022年继续下降，降幅为337.61%；2023年上升13.9%；2024年上升37.80%。总体来看，案件总数下降明显，源头预防成效明显，但从2023年开始有缓慢上升的趋势，见图1。

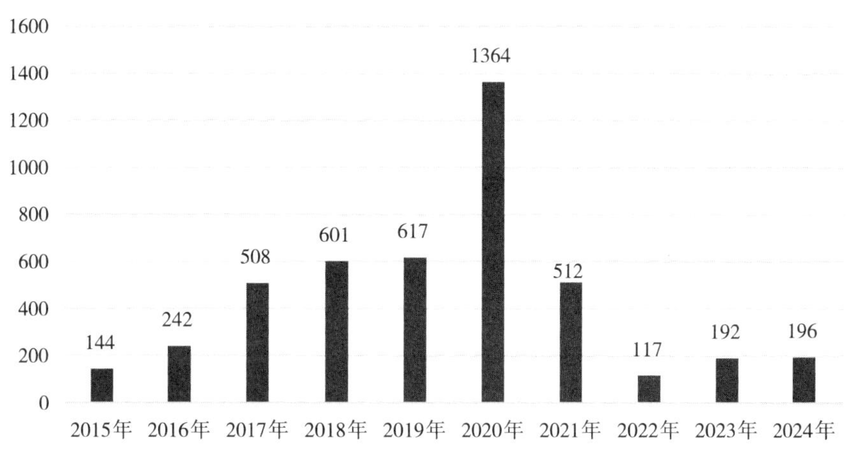

图1　2015年1月至2024年12月长江流域非法捕捞水产品罪一审刑事案件数量变化

（二）刑罚逐渐轻缓，案件效果不断提升

在4493件长江流域非法捕捞水产品罪刑事一审判决书中①，判处拘役3530件，适用缓刑2655件；缓刑适用率从2015年的45.83%，上升至2024年的82.65%。适用认罪认罚从宽制度率由2017年的26.97%提升至2024年的96.42%（见表1）。

表1　2015年至2024年长江流域非法捕捞水产品罪判处刑罚情况

年度	刑事一审判决书数量	拘役（件）	缓刑（件）	缓刑适用率	认罪认罚案件数	适用认罪认罚从宽制度率
2015年	144	83	66	45.83%	—	—
2016年	242	193	121	50.00%	—	—

① 为真实反映长江流域非法捕捞水产品罪案件总体情况，在中国裁判文书网选取了《长江十年禁渔计划》全面实施前6年、后4年（2015年1月至2024年12月）、案由为非法捕捞水产品罪、文书中含“长江”的一审刑事案件为样本进行分析，得样本数量4493件。

续表

年度	刑事一审判决书数量	拘役（件）	缓刑（件）	缓刑适用率	认罪认罚案件数	适用认罪认罚从宽制度率
2017 年	508	400	261	51.38%	137	26.97%
2018 年	601	389	248	41.26%	145	24.13%
2019 年	617	468	333	53.97%	425	68.88%
2020 年	1364	1137	921	67.52%	1228	90.03%
2021 年	512	422	338	66.02%	498	97.27%
2022 年	117	111	77	65.81%	96	82.05%
2023 年	192	156	128	66.67%	180	93.75%
2024 年	196	171	162	82.65%	189	96.42%

（三）生态修复赔偿适用普遍，生态环境系统保护理念不断增强

生态损害补偿通过要求责任方对生态环境损害进行补偿，提高行为成本，达到生态保护目的。[①] 长江流域非法捕捞水产品案件中，被告人缴纳生态修复金率由 2015 年的 4.17% 升至 2024 年的 43.37%，采取增殖放流方式修复生态环境比率由 2015 年的 3.47% 升至 2024 年的 20.92%。《长江十年禁渔》全面实施以来四年，判处缴纳生态修复金案件比率分别为 55.47%、55.56%、44.27%、43.37%，平均适用率为 52.02%；采取增殖放流方式修复生态环境比率分别为 32.42%、42.74%、28.13%、20.92%，平均适用率为 30.58%。总体来看适用较为普遍，见表 2。

表 2　2015 年至 2024 年长江流域非法捕捞水产品案件生态修复赔偿总体情况

年度	刑事一审判决书数量	缴纳生态修复金（件）	缴纳生态修复金率	增殖放流	增殖放流率
2015 年	144	6	4.17%	5	3.47%
2016 年	242	69	28.51%	22	9.09%
2017 年	508	175	34.45%	14	2.76%
2018 年	601	235	39.10%	91	15.14%

① 郭超、王伟、古清月等：《非法采矿类公益诉讼案生态环境损害鉴定评估的审查要点探析》，载《环境保护》2022 年第 18 期。

续表

年度	刑事一审判决书数量	缴纳生态修复金（件）	缴纳生态修复金率	增殖放流	增殖放流率
2019 年	617	321	52.03%	140	22.69%
2020 年	1364	745	54.62%	311	22.80%
2021 年	512	284	55.47%	166	32.42%
2022 年	117	65	55.56%	50	42.74%
2023 年	192	95	44.27%	54	28.13%
2024 年	196	85	43.37%	41	20.92%

二、长江流域非法捕捞水产品案件存在的主要问题

（一）案件定罪要素的争议焦点分析

1. 禁渔区范围宽泛，省级重点水域划分标准不一

依照《农业农村部关于长江流域重点水域禁捕范围和时间的通告》禁捕范围包括长江流域水生生物保护区等五类区域。其中“其他重点水域”指相关省级渔业行政主管部门划定的其他禁捕天然水域。对于此项规定，各省划分标准各不相同，且部分省份将设定职权转授给市、区级政府，出现层层规定、范围不明的问题。[①] 在实际办案中，亦存在被告人因禁渔范围异议提起上诉的情况[②]（见表3）。

表3　云南、江西、湖北关于长江流域水生生物保护区等五类区域划分标准

	云南省	江西省	湖北省
其他重点水域	滇池、程海、泸沽湖等高原湖泊，以及州（市）确定的其他重要支流	省人民政府确定的其他水域	省级渔业行政主管部门依法审批的禁捕水域。与长江汉江干流、重要支流、大型通江湖泊连通的其他天然水域

① 云南、江西、湖北三地关于长江流域重点水域禁捕范围和时间的通告。

② （2023）鄂 10 刑终 80 号、（2020）鄂 05 刑终 312 号。

2. “禁用方法”“禁用工具”入罪门槛低

非法捕捞水产品罪入罪标准有5条：（1）非法捕捞水产品五百公斤以上或者价值一万元以上的；（2）非法捕捞具有重要经济价值的水生动物苗种、怀卵亲体或在水产种质资源保护区内捕捞水产品五十公斤以上或者价值一千元以上的；（3）在禁捕区域使用电、毒、炸等严重破坏渔业资源的禁用方法捕捞的；（4）在禁捕区域使用农业农村部规定的禁用工具捕捞的；（5）其他。实际办案中，符合第1、2条标准案件较少，占比6.6%。入刑要素为使用禁用方法或工具占93.4%，其中涉及的捕捞方式按案件数量占比排序依次为：电捕42.83%、笼壶28.39%、刺网14.39%、耙刺4.38%、张网4.25%、拖网3.30%、真饵复钩钓具1.11%、其他（如陷阱、毒药等）1.35%。最高人民法院、最高人民检察院、公安部、农业农村部关于印发《依法惩治长江流域非法捕捞等违法犯罪的意见》明确：对于刚达到规定数量或价值标准，行为人积极配合调查并接受且具有从宽处罚情形的，可以不追究刑事责任。在司法实践中，最高人民检察院《关于检察机关办理长江流域非法捕捞案件有关法律政策问题的解答》中的从宽情形：（1）不以生产、经营为目的，使用小型网具、钓具等危害较轻的工具、方法非法捕捞的；（2）自愿认罪认罚的；（3）具有积极承诺及履行生态环境修复义务等悔罪表现的尚需进一步细化落实：在具体案件办理中，依据禁用方式或工具入罪的标准相对明确，但如何结合行为危害性、主观恶性等因素实现精准化、梯度化裁量，仍有探索空间（见表4）。

表4　案例一

判决书号	案情	处理结果
（2023）云0722刑初402号	刘某、周某酒后以食用为目的向他人借用电捕鱼工具相邀到金沙江支流五郎河电鱼，被公安机关当场查获，二人作案时间短，渔获物为两条泥鳅	被告人均系初犯、偶犯，且自愿认罪认罚，法院对二人作出有期徒刑六个月，缓刑一年的判决
（2023）黔0328刑初46号	被告人在马家沟小河实施电鱼，在河里电鱼10分钟左右，被公安机关现场查获，三人捕捞鲫鱼、鲶鱼、小龙虾等渔获物共计25条，经称量615克	被告人主动缴纳生态修复费，自愿认罪认罚，有悔罪表现。分别被判处有期徒刑八个月，缓刑一年；有期徒刑六个月，缓刑一年；有期徒刑六个月，缓刑一年

3. “禁用工具”“禁用方法”定罪缺乏梯次、标准单一

4493份判决书中2056份记录了非法捕捞所得重量，数值从0.08公斤至16609.8公斤；1043份记录了非法渔获涉案价值，金额跨度从11元至691405.5元。分析得出：从非法渔获重量维度看，当重量低于1公斤时，刺网、真饵钓复钩具方式占据主导地位；在1—100公斤范围内，电捕和笼壶使用频次高，随后是刺网和张网；在100—10000公斤区间内，耙刺、拖网占比显著提升。对超过1万公斤的非法渔获，捕捞方式主要是拖网、耙刺，且通常为多条渔船团伙作案。从涉案价值维度看，在价值低于100元案件中，笼壶使用占比最高，其次是钓具、电捕。涉案价值在100—10000元之间时，各种捕捞方式占比相对均衡。涉案价值超过1万元的案件，拖网、刺网、耙刺占比增加，电捕和笼壶占比减少。

从农业农村部禁用渔具名录[①]危害性说明可以看出，不同禁用工具对生态环境造成的损害具有差距，例如钓具类禁用工具危害性明显低于刺网类，见表5。

表5　部分禁用渔具危害性说明对比

禁用渔具种类	危害性说明
单片刺网、双重刺网等刺网类禁用工具	捕捞强度大，对渔业资源破坏严重。阻挡鱼类洄游，影响河道通航。渔具丢弃、抛弃和遗失的数量多，容易造成幽灵捕捞
拟饵复钩钓具、真饵复钩钓具等钓具类禁用工具	捕捞强度大，钓获效率高，对渔业资源保护造成不利影响

部分省份在制定量刑指引过程中对这一情况予以考虑，如《重庆市高级人民法院关于非法捕捞犯罪的量刑指引》《江苏省高级人民法院关于长江流域重点水域非法捕捞刑事案件审理指南》，在具体量刑情节上以捕捞工具、捕捞方法为区分标准，在相应的法定刑幅度内确定量刑起点。但大部分省份对不同类型禁用方法、禁用工具没有明确量刑起点的区分，大量案件（案例二，见表6），在定罪量刑方面未体现出不同梯次，且显失公平。

---

① 参见《农业农村部关于发布长江流域重点水域禁用渔具名录的通告》。

表 6　案例二

判决书号	犯罪嫌疑人姓名	地域	时间	作案工具	涉案数量	处理结果
（2023）鄂 1221 刑初 324 号	王某	湖北	2023 年 12 月	8 个鱼钩的路亚海竿（真饵复钩）	白鲢鱼 1 条	判处拘役二个月，缓刑三个月
（2022）湘 0921 刑初 204 号	聂某某	湖南	2022 年 7 月	三重刺网	渔获 0.55 千克	单处罚金人民币 1000 元

（二）案件办理中存在的突出问题

1. 量刑不均衡、类案不同判

在 2023 年长江流域非法捕捞水产品罪刑事一审判决书中，以使用禁用方法或工具非法捕捞渔获物 10 千克以下或 20 尾以下或涉案金额 200 元以下为标准（排除渔获物为有重要价值野生水生动物名录鱼类的情况），得样本数量 83 件，其中判处实刑 15 件（拘役 13 件，有期徒刑 2 件）；判处缓刑 65 件（拘役 39 件，有期徒刑 26 件）；单处罚金 3 件。量刑不均衡、类案不同判情况明显。

2. 生态修复赔偿标准不一、方式单一

长江流域非法捕捞水产品案件中检察机关提起附带民事公益诉讼率从 2018 年的 8.93% 逐年攀升至 2024 年的 41.8%。4493 份判决书中有 2858 份涉及非法捕捞生态损害修复，其方式主要有：违法者主动缴纳损害补偿金，委托行政机关增殖放流；法院判决违法者缴纳一定数额损害补偿金或自行购买苗种补偿放流。2858 起案件中，不考虑渔业资源损失，直接缴纳 1000 元、2000 元、3000 元或其他数值补偿金用于生态修复的 1787 起，占比 62.53%。355 起有具体修复建议，如明确恢复补偿鱼苗种类、数量、增殖放流时间、地点等。1203 起有鉴定意见，意见主要分为计算市场价值、计算生态修复成本 2 种，生态环境损害量化的计算方法不统一，收集计算的渔业资源数据存在不确定性，得出的生态环境损害数额相差较大（案例三，见表 7）。

表7 案例三

判决书号	犯罪嫌疑人姓名	地域	作案工具	涉案数量	是否累犯	处理结果	生态修复处罚
（2023）鄂1224刑初237号	王某某	湖北	电鱼器	杂鱼1公斤	否	拘役三个月	增殖放流价值6250元的鱼苗
（2023）湘0821刑初54号	朱某	湖南	电鱼器	杂鱼1.9公斤	否	拘役三个月，缓刑六个月	缴纳980元生态修复赔偿金用于增殖放流

3. 行刑衔接机制有待精细化构建

近年来，积极主义刑法立法观推动刑罚功能转向风险预防与秩序控制。[①] 部分学者认为，我国刑事立法呈现的“风险驱动”与“象征主导”等趋向。[②] 环境犯罪刑事立法作为一种“象征性立法”使得法益概念更加稀薄，例如在渔业法等作为规制手段的前提下，刑法相关立案标准中将部分属于前置性危害行为（禁用方法、工具）纳入立法范围，使得该罪认定不再置重于结果或者实害，只要有使用禁用方法或者禁用工具的行为就基本符合法律规定的要求，一些符合形式标准但实际危害可能极小的行为也要受到刑罚的惩戒，与刑罚谦抑性原则相悖。

（三）案件中隐藏的诸多深层次社会问题

1. “捕、运、销”产业链依然存在

在非法捕捞水产品案件中，具有“捕、运、销”产业链案件占比2.23%，渔获物数量、价值远高于一般案件，对生态环境造成巨大损失。如2023年J市X区检察院在办理一系列非法捕捞水产品案中，发现近千万斤非法捕捞水产品流入该市某水产批发市场，通过水产经营户对外批发。经深入调查，该市场水产经营户未严格落实进货查验制度，对无合法

---

① 周光权：《积极刑法立法观在中国的确立》，载《法学研究》2016年第4期。

② 刘艳红：《象征性立法对刑法功能的损害——二十年来中国刑事立法总评》，载《政治与法律》2017年第3期。

来源凭证的渔获物，仍然进行采购、加工、销售。行政管理部门对水产品经营户准入机制不完善，经营范围或名称中含有“野生鱼”等字样的经营主体也能注册成功，有过长江野生鱼经营史的经营户也未受到行政处罚。

2. 部分渔民“上岸”又“下水”，缺乏持续跟踪保障

相关刑事判决书中，载明被告职业的3321件，其中被告职业系渔民的253件，占比7.62%。渔民“上岸”又“下水”的问题值得警惕。以J省J市落实情况为例，该市有建档立卡退捕渔民17917人，全部纳入社会保障体系，868人纳入社会救助保障范围，退捕工作成效较为明显。但仍存在部分渔民重操旧业的情况，J市X区检察院2023年受理审查起诉非法捕捞水产品罪案件29件42人（其中渔民32人）。通过深入走访调研，涉案渔民反映从事非法捕捞的原因主要有：（1）退捕后择业困难，涉案渔民未获得公益性岗位，收入较低；（2）部分退捕渔民患有肝病，身体疾病导致就业渠道狭窄；（3）选择城镇企业职工基本养老保险的退捕渔民，中等缴费档次需缴纳8000—10000元，开支较大。上述问题亟须有针对性地加以解决。

3. 需审慎评估轻罪刑罚的附随后果

数据显示，在4493件长江流域非法捕捞水产品罪刑事一审判决书中，累犯仅38件，占比0.85%，其中前罪为非法捕捞水产品或因此受到行政处罚的仅11件，占比0.24%。这反映出该类犯罪的行为人通常具有犯罪行为危险性较低、再犯可能性较小、社会复归相对容易的特点。然而刑罚的附随后果（如犯罪记录带来的前科报告义务、特定职业资格限制等）可能对行为人及其家庭产生深远影响，包括对其再就业、经济能力恢复、乃至家庭成员发展空间造成客观限制。

三、长江流域非法捕捞水产品治理策略与体系构建

（一）着力破解非法捕捞案件办理的实体问题

1. 优化非法捕捞案件的入罪标准

当前，我国刑法体系犯罪类型由侧重自然犯、实害犯转向法定犯、危险犯为主，非法捕捞水产品罪等轻微法定犯、危险犯处罚正当性的质疑加剧，个案公正性问题凸显，刑罚负面效应累积。刑事司法应正视一律追诉

与一律入刑的不合理性[①]。在最高人民法院、最高人民检察院、公安部、农业农村部关于印发《依法惩治长江流域非法捕捞等违法犯罪的意见》执行过程中，以禁用方式或工具（第 3 条、第 4 条）作为核心入罪标准的模式，在实现快速精准打击严重违法行为的同时，其梯度设计及与其他情节（如数量、价值、后果）的协同评价机制有待进一步优化。行为人使用的禁捕工具只反映其造成生态损害的可能性，使用工具的时长、不同工具造成实际损害的程度，决定了其行为危险性，应当综合考虑。建议采用“使用禁用方式或工具 + 非法捕捞水产品一定数量或使用禁用工具次数时长 + 其他情节”的入罪模式，优化追诉程序，运用“但书”规定不予起诉、区分轻微犯罪不予起诉、扩大附条件不起诉等分流措施，合理调控入刑规模。[②]

2. 准确把握非法捕捞案件从严和从宽的标准

第一，明确从重情节设定。对于以非法捕捞为业、纠集多条船只非法捕捞、造成水生生物资源或者水域生态严重损害等严重破坏水产资源的非法捕捞犯罪依法从重处罚。第二，明确从宽情节设定。依法准确适用《刑法》第 13 条“但书”规定和绝对不起诉，对“情节显著轻微、危害不大，不认为是犯罪”的行为做出罪处理。对于同时具有从重和从宽处理情节的案件，要综合情节，作出总体判断，做到罪责刑相适应和案件处理的三个效果统一。

（二）持续聚焦非法捕捞案件办理的程序问题

1. 证据的收集审查

针对实务中容易出现的争议点，如上述的禁渔区、禁用方式工具等，以及渔获物数量重量方面，应当规范收集审查程序。现场情况需要拍照固定，帮助指控；实物证据如毒物应及时提取，保全证据；特殊禁用工具明确由渔政部门进行界定，电鱼电瓶应考虑功率和使用时间；非法捕捞的鱼类种类数量需要综合考虑幼鱼数量和最小鱼类规格问题。

---

① 张明楷：《责任刑与预防刑》，北京大学出版社 2015 年版，第 72 页。

② 肖中华：《轻罪的范围界定、设置原则与认定规则》，载《贵州大学学报（社会科学版）》2022 年第 1 期。

2. 案件办理的诉讼程序

考虑到实务中大量非法捕捞案件属于微罪，建议对案件进行繁简分流，对于微罪案件适用快速办理机制，缩短办案期限。简化办案手续，一般情况下不再要求换保。考虑到非法捕捞行为人社会危险性相对较低，再犯可能性小，一般没有调查社会影响的必要，对拟判处缓刑的案件可不要求作社会评估。

3. 探索附条件不起诉程序，扩张犯罪记录封存的适用

为满足当前非法捕捞等轻微违法行为程序出罪的现实需求，可以在现行基础上构建相关案件的附条件不起诉程序。大量非法捕捞水产品罪案件行为人并无社会危险性，再犯可能性低，建议将目前犯罪封存机制的适用范围扩展至这一群体。

（三）推进非法捕捞案件综合一体化治理

1. 规范行刑双向衔接

确立行政执法与刑事司法双向移送规则。在确定行政处罚金额方面，应当建立生态损害补偿计算合理标准。为节约司法资源，对于上文中认定为轻微范围的犯罪，可以根据渔获物重量、禁用渔具种类设定不同档次的修复费用；对于大规模非法捕捞案件，综合适用基于非法渔获市场价值的专家权重打分法和基于资源/生境重建的修复成本法进行评估，[①] 并加强生态修复效果评估。

2. 科学增殖放流与自愿参与公益服务

非法捕捞生态损害补偿放流应在科学指导下进行，加强对品种选择、苗种规格、放流规范、放流季节、放流区域等科学规范，鼓励基于生态系统多样性的多物种补偿放流。对确无履行能力的部分人员，建议探索以侵权人劳务代偿开启生态环境损害赔偿替代性修复的新模式，通过参加保护水域生态环境等公益性质活动，或参与河道管理、加固、垃圾清理等工作，按照从事劳务行为的内容、强度及时间，经相关部门统计及量化后，在其应当承担的赔偿数额范围内予以折抵。

---

① 肖中华：《轻罪的范围界定、设置原则与认定规则》，载《贵州大学学报（社会科学版）》2022 年第 1 期。

3. 加强全链条监督、保障

加强对渔具销售环节的监管，要求上游销售店家严格遵守有关渔网、渔具销售规定，不得出售明令禁止的渔网渔具。加大对消费末端的监管，对水产农贸市场、饭店、民宿等重点场所开展常态化专项督查，严禁销售长江野生鱼类，同时动态跟踪落实退捕保障政策。建立动态精准帮扶机制，加强退捕渔民就业服务。增加公益性岗位、提高岗位收入，引导各类用人单位积极吸纳退捕渔民，对符合条件的用人单位按规定落实相关补贴政策。

对无正当理由批准延期或分期缴纳罚款行为的检察监督探究

赵苑池　刘东杰 *

一、基本案情

2021年6月23日，某市生态环境局某县分局执法人员在检查时发现，胡某砂石有限公司机制砂加工生产项目违反了建设项目环境评价制度和建设项目竣工环境保护验收制度。某市生态环境局遂于2021年9月27日作出行政处罚决定，对胡某砂石有限公司罚款332000元。2021年10月10日，胡某砂石有限公司以确有经济困难为由，向某市生态环境局提出延期至2024年2月28日前缴纳罚款的申请。某市生态环境局经审批后，于同日作出延期缴纳罚款通知书，同意该公司延期至2024年2月28日前缴纳罚款。2024年4月，检察机关在开展行政非诉执行专项监督活动中发现该案线索。经调查核实，发现类似自行政处罚决定作出后以延期缴纳罚款为由，超过两年未向人民法院申请强制执行的案件有12件。

二、意见分歧

检察机关能否对行政机关以延期或者分期缴纳罚款为由，长期未向法院申请强制执行的行为进行监督，是本案的争议焦点。《行政处罚法》第66条第2款规定："当事人确有经济困难，需要延期或者分期缴纳罚款的，

* 赵苑池，浙江省宁波市宁海县人民检察院公益诉讼检察部副主任；刘东杰，浙江省宁波市人民检察院法律政策研究室检察官助理、全国检察理论人才、全国行政检察人才。

经当事人申请和行政机关批准，可以暂缓或者分期缴纳。”《行政强制法》第 53 条规定：“当事人在法定期限内不申请行政复议或者提起行政诉讼，又不履行行政决定的，没有行政强制执行权的行政机关可以自期限届满之日起三个月内，依照本章规定申请人民法院强制执行。”由于现行法律对延期或分期缴纳罚款的最长期限并无明文规定，实践中不同行政机关对此也未达成共识，法院对因延期或分期缴纳罚款逾期向法院申请强制执行的处理亦不统一。检察机关能否对行政机关以延期或分期缴纳罚款为由长期未向法院申请强制执行的行为进行监督，需要结合案情，具体问题具体分析。本案中，存在两种意见。

第一种意见认为，检察机关不能监督。《行政处罚法》第 72 条第 2 款规定：“行政机关批准延期、分期缴纳罚款的，申请人民法院强制执行的期限，自暂缓或者分期缴纳罚款期限结束之日起计算。”根据这一规定，在延期或者分期缴纳罚款的情形下，申请法院强制执行的期限起算点不再是行政强制法规定的申请行政复议或者提起行政诉讼法定期限期满之日。本案中，暂缓缴纳罚款期限结束之日为 2024 年 2 月 28 日，此时胡某砂石有限公司仍未缴纳罚款，环保部门在三个月内即 2024 年 5 月 28 日前申请法院强制执行均符合法律规定，因此检察机关不能进行监督。

第二种意见认为，检察机关应当监督。根据最高人民法院《关于适用〈中华人民共和国行政诉讼法〉的解释》（以下简称《行诉法解释》）第 156 条规定：“没有强制执行权的行政机关申请人民法院强制执行其行政行为的，应当自被执行人的法定起诉期限届满之日起三个月内提出。逾期申请的，除有正当理由外，人民法院不予受理。”本案中，环保部门最迟应于作出行政处罚九个月（法定起诉期限六个月 + 申请执行期三个月）内即 2022 年 6 月 27 日前向法院申请强制执行。即使将延期缴纳罚款作为逾期申请的理由，也应有必要的限度和充分的证据，方可认定其理由系正当，现环保部门仅凭当事人的一份申请书便同意延期，导致出现行政处罚决定作出后近三年仍未得到履行，行政机关亦未向法院申请强制执行的情况，对此检察机关应当监督。

三、意见评析

笔者同意第二种意见，理由如下：

（一）行政机关法律适用错误

一是从设立行政非诉执行期限的立法本意看，生效的行政行为能否得到及时执行，不仅关系到行政目的的实现和公共利益的维护，而且影响到行政相对人权利的保障和法律秩序的安定，[①] 因此行政非诉执行制度设立了行政非诉执行期限。实践中，行政机关是否在法定期限内提出强制执行申请，是法院对行政非诉执行案件审查的重要内容，若行政机关逾期申请，则需承担法院不予受理的严重后果。也正是基于上述原因，行政处罚法在赋予了经济确有困难的当事人申请延期或者分期缴纳罚款的权利但并未对延期或分期缴纳罚款的最长期限作出规定的情况下，部分部门规章如《环境行政处罚办法》和《农业行政处罚程序规定》规定了“延期或者分期缴纳的最后一期缴纳时间不得晚于申请人民法院强制执行的最后期限”，其目的是保证生效行政处罚决定书不超过法定强制执行期限，及时执行到位。

二是从行政处罚法的修正历程看，虽然行政处罚法在 1996 年颁布时即赋予了当事人申请延期或分期缴纳罚款的权利，但在此前历次修正过程中均未明确上述情况下行政机关申请法院强制执行的期限起算点，导致实践中各方对此认识不一。2021 年行政处罚法修法过程中，有关方面提出延期或者分期缴纳罚款的情形下，申请法院强制执行的期限起算点不清楚，建议予以明确。故在该次行政处罚法修正中增加了第 72 条第 2 款，明确了延期或者分期缴纳罚款期限结束后，当事人仍不缴纳罚款的，没有强制执行权的行政机关可以自该期限结束之日起三个月内申请人民法院强制执行。此后前述部门规章陆续在修订时将关于延期或分期缴纳罚款最长期限的条款予以删除。

三是从行政法律规范适用看，《行政处罚法》新增的第 72 条第 2 款的规定，解决了延期或分期缴纳罚款情形下申请法院强制执行的期限起算点的问题，但也带来了新的问题。该规定似乎与《行政强制法》第 53 条及《行诉法解释》第 156 条的规定存在冲突。如何破解行政法律规范表面上的冲突？关键在于对《行诉法解释》第 156 条规定的理解。《行诉法解释》

① 参见周维栋：《论非诉行政执行的期限变更及其正当理由》，载《政治与法律》2022 年第 11 期。

第156条虽明确要求没有强制执行权的行政机关应在被执行人的法定起诉期限届满之日起三个月内提出强制执行申请，但该条款中“逾期申请的，除有正当理由外，人民法院不予受理”的表述，增加了基于正当理由变更期限的内容，为法院和检察机关对行政机关延期或分期缴纳罚款的审批行为的司法审查和监督提供了法律支撑。可以说，《行政处罚法》新增的第72条第2款是对《行政强制法》第53条的补充，而《行诉法解释》第156条又是对该新规的制约，三者并不冲突，反而更凸显了行政诉讼制度的监督功能。本案中，当事人提交了延期缴纳罚款申请书但未提供经济确有困难的证据，行政机关亦未主动调查即于当事人申请当日审批同意，违反了《行政处罚法》第66条第2款的规定，实难认定为正当理由，检察机关应当进行监督。

（二）具体行政行为不能违背行政法原理

法治并不排斥行政裁量，但反对不受限制的裁量。2014年行政诉讼法修改时，增加了行政行为“明显不当”这一审查标准，这一方面说明立法者鼓励司法机关对行政裁量的合理性进行适度的审查，另一方面也说明立法者在合法性审查的概念上坚守了实质合法的观点，即明显不当也是违法。[①] 检察机关作为法律监督机关，同时也是司法机关，更应对“明显不当”的行政行为履行法律监督职责。

延期或分期缴纳罚款审批行为是否“正当”，应当依据法定考虑因素、程序性规定和平等原则等相对客观的标准作出判断。详言之，当事人经济是否确有困难是法定考虑因素，审批流程规范是程序正当的要求，对同等情况作出同等处理、对不同情况作出不同处理是实质公平的要求。当事人应在行政处罚决定书确定的履行期限届满前向行政机关提出申请，行政机关应及时对申请材料进行审查，必要时进行实地调查核实，对于延期时间超过6个月等特殊案件经案审委员会等组织集体讨论决定；自然人应提供家庭生活贫困或因遭受重大疾病、意外事故等导致家庭经济负担过重等证据，法人应当提供财务报表、账户流水等证明企业经营困难，一次性缴纳罚款后可能面临停工停产的证明；针对自然人和法人作出不同的处理，根据罚款金额、经济困难情况确定延长缴纳罚款的最长期限和分期缴纳罚款

① 参见何海波：《行政诉讼法》，法律出版社2022年版，第104—105页。

的期数。为实现“个别正义”与“创造性行政”，同时防止越权与权力滥用，各行政机关可根据自身执法性质与职能、当事人和案件实际，确定与罚款缴纳期限、期数相关的配套内部程序性规范。

本案中，通过审查行政机关提供的审批材料发现，没有足以证明当事人经济确有困难的材料，相反前期调查笔录显示当事人经营稳定处于盈利状态。在此情况下环保部门同意延期缴纳罚款长达近三年，属明显不当，检察机关应当监督。

（三）检察机关应当充分履行行政检察职能

检察机关是国家的法律监督机关，是保障国家法律统一正确适用的司法机关。行政法律规范数量庞杂，不同法律规范之间的适用冲突较为常见，尤其是当司法裁判与行政执法对具体法律规定的理解和适用存在认识分歧时，往往会影响司法权威性和执法公信力。本案中，行政处罚法新规的出台，环保部门认为是对行政强制法申请法院强制执行期限规定的突破，在现行法律规范没有规定最长延长期限时，其允许延期三年缴纳罚款并无不当。但法院则认为，不论从系统解释的角度还是从目的解释的角度来看，延期缴纳罚款均有必要限度，行政裁量不可任性。检察机关作为法律适用的“第三只眼睛”，应当肩负起监督国家行政法律规范得以统一适用的职责。[①]

检察机关行政检察监督职能，包括行政非诉执行监督、行政裁判结果监督、行政审判人员违法行为监督、行政裁判执行监督。行政非诉执行，是指行政机关作出行政行为后，作为行政相对人的公民、法人或者其他组织在法定期限内，既不履行行政决定所确定的义务，又不提起行政诉讼或者行政复议时，没有强制执行权的行政机关向法院提出申请，经过法院审查并裁定执行，使行政行为的内容得以实现的制度。行政非诉执行监督要立足监督法院对行政非诉执行申请的受理、审查、裁定和执行实施活动，以及由此“穿透”监督到行政环节中行政机关存在的违法行使职权或不行

① 章志远：《行政违法检察监督的功能定位》，载《国家检察官学院学报》2024年第2期。

使职权，是对司法活动和对行政执法的双重监督。[①] 本案中，检察机关在履行法律监督职责中发现行政机关作出行政处罚决定后长期未向法院申请强制执行，导致行政处罚长期不能收缴，应当进行监督。

综上所述，笔者认为，延期或分期缴纳罚款的立法本意是对行政非诉执行制度的补充和完善，由于现行法律规范缺乏对最长期限的明确规定，产生了巨大的行政裁量空间。行政机关任意批准分期或者延期处罚，导致行政处罚款迟迟不能收归国库，严重减损了行政行为的公正性和权威性。检察机关应当善于从具体法律条文中深刻领悟法治精神，高质效履行行政检察监督职责，督促行政机关依法履职，提升行政行为的规范性和权威性。

最终，检察机关向某市生态环境局制发类案监督检察建议，督促其规范延期或分期缴纳罚款的审批行为，及时向法院就行政处罚案件申请强制执行。该局采纳检察建议，并出台延期缴纳罚款细则，对延期缴纳罚款的适用条件、提出时限及申请程序进行明确规定。

---

① 参见张相军、张薰尹：《行政非诉执行检察监督的理据与难点》，载《行政法学研究》2022 年第 3 期。

欺骗无性自我防卫能力的人员卖淫获利定性问题

远桂宝　顾　敏　蒋长永*

一、基本案情

2023年2月6日至17日，被告人张某某、王某某途经某地集市时偶遇王某，张某某、王某某通过言语交谈知道王某系精神病人，二人经预谋后以“与男性发生性关系，有助于缓解其病情”为由，骗得王某同意从事卖淫活动。后张某某联系嫖客、确定卖淫价格，王某某负责将王某接送至宾馆等地。其间，在王某拒绝向部分嫖客卖淫时，张某某以不提供饮食、住宿进行言语威胁，并安排王某某与王某共同在宾馆住宿，防止其离开。二被告人以上述方式欺骗王某向他人卖淫33次，非法获利9730元。经鉴定，被害人王某患精神分裂症（发病期）、无性自我防卫能力；IQ（智力商数）的测定值为89。

被告人张某某、王某某涉嫌的盗窃、强奸等犯罪事实略。

二、意见分歧

张某某、王某某的行为应当如何定性，存在三种不同意见：

第一种意见认为，张某某、王某某的行为构成引诱卖淫罪。“两高”

* 远桂宝，江苏省南通市开发区人民检察院综合业务部副主任、检察官助理；顾敏，江苏省海安市人民检察院综合业务部检察官助理；蒋长永，江苏省南通市经济技术开发区人民法院刑事审判庭副厅长、员额法官。

《关于办理组织、强迫、引诱、容留、介绍卖淫刑事案件适用法律若干问题的解释》（以下简称《解释》）第 8 条第 1 款第 1 项规定引诱他人卖淫的，应当依照刑法第三百五十九条第一款的规定以引诱他人卖淫定罪处罚。该《解释》并未对引诱卖淫的对象作出特殊规定，即精神病人可以成为引诱卖淫罪的犯罪对象。本案中，张某某、王某某对原先未有卖淫念头的王某言语哄骗，诱使其从事卖淫活动，故二被告人的行为构成引诱卖淫罪。

第二种意见认为，张某某、王某某的行为构成强奸罪。张某某、王某某明知王某系精神病人，仍介绍其卖淫，虽然嫖客因主观上不明知王某为无性自我防卫能力的精神病人，不能认定为强奸罪，但张某某、王某某将王某交由嫖客嫖娼，放任嫖客与无性自我防卫能力的精神病人发生关系，成立强奸罪的间接正犯。

第三种意见认为，张某某、王某某的行为构成强迫卖淫罪。张某某、王某某明知王某系精神病人，表面上是介绍其卖淫，但行为的实质是利用妇女无性自我保护能力、不知抗拒的状态强迫其卖淫。且张某某在王某拒绝向部分嫖客卖淫时，以不提供饮食、住宿相威胁，虽然强迫程度较轻，但结合王某认知能力欠缺的特殊情况，该语言威胁足以对王某形成精神强制，故应当认定二人的行为构成强迫卖淫罪。

三、意见评析

笔者同意第三种意见，具体分析如下：

（一）精神障碍患者的性自我防卫能力评定

医学上依据精神障碍患者症状的严重程度、社会功能受损情况以及对个体日常生活的影响，将精神障碍分为轻度精神障碍和重度精神障碍两大类，前者如人格障碍、神经症等，后者如精神发育迟滞、精神分裂症等。[①]

---

① 参见中华医学会精神科学会：《中国精神疾病分类方案与诊断标准》，载《中华精神科杂志》2001 年第 3 期。

性防卫能力指的是患者对性侵犯的性质和后果有无判断能力和自我保护能力。[①] 2020年司法部发布了《精神障碍者性自我防卫能力评定指南》（以下简称《评定指南》），将性防卫能力分为有性防卫能力、无性防卫能力和削弱型性防卫能力。司法机关认定被害人是否具有性防卫能力，主要由鉴定机构依据《评定指南》对被害人性不可侵犯权利的认知和意志要素进行医学上的初步诊断，再对辨认能力的损伤程度进行考察，并根据损伤程度出具相应的等级鉴定意见。

在精神障碍患者被性侵案件中，患者主要为精神发育迟滞者，其症状往往表现为智力低下，即IQ测定值较低。值得注意的是，精神发育迟滞的程度并不一定与性知识、两性行为的辨认能力等有必然联系，因为精神发育迟滞者的缺陷并不仅限于智力，还包括思维、情感、记忆力、注意力等整个心理过程，并表现出社会适应能力的障碍，因此简单地将精神发育迟滞者的临床诊断、分级与性自卫能力的评定对应划分是不严谨的，具体鉴定时仍要结合症状对行为的影响考虑。[②]

本案中被害人王某IQ的测定值为89，虽然不属于精神发育迟滞者，但经鉴定后依然被评定为无性自我防卫能力。因此，在对涉及精神发育迟滞者的性自我防卫能力鉴定意见审查时，需要结合在案证据中被害人工作生活中的社会适应能力、对性行为的性质与后果、发生性行为有无利益驱动及性行为发生前后有无自我保护措施等情况综合认定。[③]

（二）性侵案件中被害人同意的认定

刑法的目的和任务是保护法益，强奸罪保护的法益是妇女的性自主决定权。目前，我国通说认为强奸罪的犯罪手段具有强制性，本质特征是违背妇女意志。[④] 尽管司法实践中强奸罪的犯罪形态主要表现为暴力强制手

---

① 参见刘协和：《精神障碍妇女性防卫能力鉴定中的几个问题》，载《中华精神科杂志》2000年第1期。

② 参见谢斌、郑瞻培：《性自我防卫能力的有关因素分析》，载《中国神经精神科杂志》1995年第2期。

③ 参见刘小林、刘军训等：《精神发育迟滞性防卫能力鉴定的若干问题》，载《中国法医学杂志》2006年第2期。

④ 参见高铭暄、马克昌主编：《刑法学》（第十版），北京大学出版社、高等教育出版社2022年版，第468—469页。

段，如直接暴力殴打或以言语暴力相威胁等，但精神障碍女性因其特殊性，在更容易成为性侵害案件受害人的同时，该类案件的作案往往不需要采取暴力强制手段，行为人通常是利用精神障碍妇女“不知反抗”的状态，采取哄骗等“其他手段”实施奸淫行为。因此，判断精神病妇女同意发生性行为是否属于刑法意义上的被害人同意，成为认定该类案件能否构成强奸罪的关键点。

由此需要引入被害人同意理论，该理论最早由古罗马学者乌尔比安提出，该观点认为被害人意志的形成不是非法的，并引申为得到被害人承诺的行为不违法，旨在说明被害人对可由自己支配的利益作出允诺后，阻却他人侵害行为成立犯罪。[1] 鉴于精神障碍女性缺乏对性的实质性认知，既不知反抗也没有反抗的能力，即使其作出了形式上的同意发生性关系的性承诺，也应认定为无效的被害人同意，直接推定该类行为违背其意志，认定行为人构成强奸罪。该情形如同医生对患者谎称，通过性交将药物送到患者体内才能治好病，后患者误信谎言后同意与医生发生性关系，因患者对行为性质存在误解，以为奸淫行为有助于治疗自己，进而作出同意承诺，但实质上是对侵害内容缺乏认识，应当认为法益承诺错误后构成强奸罪。[2]

具体到本案中，因被害人为无性自我防卫能力人，且对两性行为的性质及后果缺乏理解能力，在遭受性侵害时可能未表现出相应反抗，甚至主动要求发生性行为，故而法律对其人身权利予以特殊保护，在行为人明知妇女是精神病患者而与其发生性关系时，推定该行为违背了妇女的意志，以强奸罪论处。本案的特殊性在于，二被告人并非直接与被害人发生性关系，而是将被害人带至宾馆卖淫从中获利。此时，如果行为人利用了他人欠缺故意的行为，即利用他人的不知情可以成立强奸罪的间接正犯。[3] 但一方面，嫖客与王某的接触时间较短，在嫖娼的过程中与王某发生性关系，因未发现王某有明显异常的行为，故嫖客不存在主观上明知王某系精神病人，进而与其发生性关系的情形，其行为不构成强奸罪。另一方面，张某某、王某某既未教唆嫖客与王某发生性关系，也未通过欺骗、强制等

① 参见田宏杰：《刑法中的正当化行为》，中国检察出版社 2004 年版，第 339 页。

② 参见付立庆：《被害人因受骗而同意的法律效果》，载《法学研究》2016 年第 2 期。

③ 参见张明楷：《刑法学》（第六版），法律出版社 2021 年版，第 529 页。

手段支配、控制嫖客与王某发生性关系，进而将嫖客作为实施犯罪行为的工具，满足自己的性欲，即张某某、王某某不构成强奸罪的教唆犯或者间接正犯，故二被告人的行为不构成强奸罪。

（三）特殊情形下强迫卖淫罪的认定路径

卖淫是买方以财物换取卖方的性服务，双方交易的对象是性服务，卖淫的本质是交易。[①] 引诱卖淫是指以金钱、物质或者腐朽的思想勾引、诱惑他人进行卖淫活动的行为。引诱他人卖淫要求无卖淫想法的人，经过行为人的教唆产生卖淫的想法并实施卖淫，其前提是卖淫人员对于卖淫有认识并自愿从事卖淫行为。卖淫能否成为无性自我防卫能力人的真实意愿，要结合其认知能力和自由意志综合考察，只有能认识到卖淫的行为方式、社会意义后仍自愿实施该行为，才能认定卖淫系其真实意愿。本案中二被告人偶遇王某，在与王某相处的过程中见其精神异常，编造“与男性发生性关系，有助于缓解病情”等理由，将其带至宾馆卖淫。作为无性自我防卫能力的王某无法理解性行为的性质及可能的后果，也无法理解卖淫的社会意义和通过金钱交易满足对方性欲的本质。因此，王某自始至终都缺乏对卖淫的认识，不存在经过二被告人劝说后同意卖淫的真实意愿，二被告人的行为不符合引诱卖淫罪的构成要件。

强迫卖淫是指行为人采用暴力、威胁或者其他手段，迫使他人卖淫的行为，既包括直接使用暴力手段或者以暴力相威胁，也包括使用其他非暴力的逼迫手段，如揭发隐私等，目的大多数为营利，也可能是报复、泄愤等。从犯罪构成的角度看，强迫卖淫罪与强奸罪存在共性之处，即两罪都包括暴力、胁迫和其他手段，都有违背被害人意愿发生性关系的行为，但强迫卖淫罪中的强迫手段是为了使被害人不得不同意卖淫、不敢不卖淫，即使被害人内心不愿意，但对嫖客不存在反抗，甚至“积极主动”，而嫖客并不知道被害人的内心活动。

本案中，张某某、王某某强迫王某卖淫的方式主要表现为两方面：一方面，张某某、王某某为非法获利，明知王某系精神病人仍介绍王某卖淫，并向王某提出“与男性发生性关系，有助于缓解其病情”等理由，对

---

① 参见周啸天：《“组织、强迫、引诱幼女卖淫”规定再解读》，载《华东政法大学学报》2016 年第 2 期。

于二被告人编造的一般公众均认为非常荒谬的理由，王某却深信不疑，其原因在于王某无性自我防卫能力，无法理解性行为的性质及可能的后果。张某某、王某某表面上是介绍王某卖淫，但其实质是利用妇女不知抗拒的状态强迫其卖淫，该手段与强奸罪中其他使妇女不能抗拒、不敢抗拒、不知抗拒的手段相当，属于强迫卖淫罪中的其他强迫手段，该手段也是本案的主要犯罪手段。另一方面，因部分嫖客年龄偏大，在王某提出不愿意与其发生性关系时，张某某、王某某又以不提供吃住进行言语威胁，并安排王某某与王某在同一宾馆住宿，防止其离开。张某某、王某某的言语威胁及监视行为虽然对普通人不至于产生心理强制，但因王某患有精神分裂症，其智力商数偏低，上述行为足以让认知能力欠缺的王某产生心理恐惧，该种手段也构成强迫卖淫罪中的胁迫手段。综上，因王某系无性自我防卫能力人，行为人介绍其卖淫，不论王某是否同意，均视为违背其意志，应认定为强迫卖淫罪。

（四）本案处理结果

2023 年 8 月 2 日，海安市公安局以张某某、王某某涉嫌强奸罪、盗窃罪等移送审查起诉，海安市人民检察院经审查后对张某某、王某某的强迫卖淫犯罪事实追加起诉，并于同年 8 月 31 日提起公诉。2024 年 3 月 26 日，海安市人民法院以（2023）苏 0685 刑初 417 号判决书作出一审判决，判决被告人张某某犯强迫卖淫罪判处有期徒刑五年六个月，并处罚金人民币二万五千元，以强奸罪、强制猥亵罪、盗窃罪、强迫卖淫罪数罪并罚后判处有期徒刑七年三个月，并处罚金人民币二万五千元；认定王某某系强迫卖淫罪的从犯，对被告人王某某以强迫卖淫罪判处有期徒刑三年，并处罚金人民币一万元，以强制猥亵罪、盗窃罪、强迫卖淫罪数罪并罚后判处有期徒刑三年九个月，并处罚金人民币一万三千元。一审宣判后，张某某、王某某均未上诉，判决已生效。

跨境赌博犯罪的司法适用罪名辨析

敖　宇　张新安*

一、基本案情

2021 年 3 月，王某在微信上联系好友俞某，在与俞某的聊天中得知，俞某目前在境外缅甸一带生活，是“欧亚国际”赌博网站的成员，俞某主动向王某提供“欧亚国际”赌博网站赌博账号供其赌博，王某在赌博中得知发展会员可以从会员赌资中获取 0.8% 的洗码费，王某为获取非法利益，联系俞某成为“欧亚国际”赌博网站的国内代理，俞某替王某申请到赌博网站的代理账号，王某就在自己经营的服装店发展身边的朋友、客户，帮发展的会员在赌博网站上注册赌客账号、设置登录密码、开通支付账号，将发展的会员纳入自己代理账号名下，会员利用手机登录后就可以在境外赌博平台上以“百家乐”“牛牛”等赌博方式进行网络赌博，赌博网站根据王某发展会员参与赌博赌资的流水，向王某的账户转入洗码费。2021 年 3 月至 11 月，王某在担任“欧亚国际”赌博网站代理期间，共注册 18 个赌博账户，发展 10 余人参与赌博，通过收取洗码费的方式，非法获利人民币 20 余万元。

二、意见分歧

本案的争议在于王某担任境外赌博网站代理，在国内发展赌客线上参与境

* 敖宇，江苏省无锡市惠山区人民检察院第二检察部教导员、一级检察官；张新安，江苏省无锡市惠山区人民检察院第一检察部检察官助理。

外网络赌博，其行为是认定组织参与国（境）外赌博罪还是认定开设赌场罪？

第一种意见认为王某的行为应定组织参与国（境）外赌博罪。该案案发时间是在2021年3月1日以后，王某通过俞某介绍成为境外“欧亚国际”赌博网站国内代理，王某在国内发展赌客后，向赌客提供境外网络赌博平台登录方式并帮助注册赌博网站账号，参与服务器设置在境外的网上赌博活动，属于组织、招揽中国公民参与境外网站赌博，2021年3月1日实施的《刑法修正案（十一）》第36条对《刑法》第303条作出修改，其中增设组织参与国（境）外赌博罪，王某的行为构成组织参与国（境）外赌博罪。

第二种意见认为王某应定开设赌场罪。王某认识的俞某长期在缅甸生活，通过聊天得知俞某在国外参与“欧亚国际”赌博网站的赌博活动，后俞某发展王某作为“欧亚国际”赌博网站在国内代理后，王某帮其发展国内下线赌客并为赌客开设赌博账户、为赌客在网站赌博提供上下分服务，获取非法利益，其犯罪行为符合“两高”、公安部《办理跨境赌博犯罪案件若干问题的意见》（以下简称《办理跨境赌博案件意见》）的规定“以营利为目的，利用信息网络、通讯终端等传输赌博视频、数据，组织公民跨境赌博活动，有下列情形之一，担任赌博网站、应用程序代理并接受投注的”，王某的行为符合上述意见的规定，应认定为开设赌场罪。

三、意见评析

笔者同意第二种意见，具体分析如下：

（一）《刑法修正案（十一）》对赌博罪进行修改的背景和目的

近年来，境外赌场和网络赌博集团对我国公民招赌吸赌问题日益突出，跨境赌博违法犯罪活动日益猖獗，致使大量资金外流，互联网领域黑灰产业助推传统赌博和跨境赌博向互联网迁移，跨境网络赌博违法犯罪活动呈高发态势，境外赌博集团利用网络即时通讯、移动支付等技术，赌博已完成线上化转型，网络犯罪、跨境赌博蔚然成风，赌博类犯罪已经从传统的赌博罪、开设赌场罪到组织参与国（境）外赌博罪的犯罪化演变。[1]

---

① 参见劳东燕：《刑法修正案（十一）条文要义》，中国法制出版社2021年版，第286页。

跨境赌博包含网络赌博的时代特征，跨境赌博从传统的线下模式扩展至线上+线下并存模式，跨境网络赌博具有运营成本低、资金结算便利、赌博网站服务器设在境外，不易打击处理等特点，境外赌博集团将赌博业务由线下实体赌场转向线上网络赌博，并不断发展推广代理模式，利用虚拟货币、加密通讯等热门技术规避打击。随着我们周边国家、地区的“赌场诱惑”以及多种营销手段兴起，我国跨境赌博犯罪形势不容乐观，惩治跨境赌博刻不容缓。为依法惩治跨境赌博等犯罪活动，精准打击跨境赌博犯罪，维护国家经济安全、社会稳定，2019 年开始有关部门即发文或者出具司法解释对跨境赌博犯罪的新情况进行惩治和打击，2021 年 3 月 1 日开始实施的《刑法修正案（十一）》新增设了“组织参与国（境）外赌博罪”，体现从严从重打击跨境赌博犯罪。

（二）不应认定组织参与国（境）外赌博罪之法理分析

在理论上，开设赌场罪与组织参与国（境）外赌博罪的区别，主要表现在客观方面。具体而言，开设赌场罪，其核心要素和行为类型是“开设”。亦即，赌场的设立，抽头比例设定、人员配备及分工等要素，均是“开设”的内在要求。当然，赌场开设后，行为人也会主动向社会招揽赌徒，组织他人参与赌博也是开设赌场的重要内容，但不是全部要素。换言之，招募参赌者参与赌博，仅仅是开设赌场罪中的一个行为或者环节。相反，组织参与国（境）外赌博罪，在客观上更侧重于行为人对参赌者的“组织”行为，即将参赌者介绍、引流到国（境）外赌场。换言之，只要行为人实施了介绍、引流、撮合行为，将我国公民输送至国（境）外赌场参与赌博，此时即为犯罪既遂。这是我国刑法对跨境赌博严厉打击的一种手段，即通过共犯正犯化的方式，强行将介绍、引流行为纳入独立的犯罪治理体系。这也就意味着，组织参与国（境）外赌博罪的客观行为，不要求行为人对赌场开设、经营具有控制和管理职能。如果行为人介绍、引流后，又在赌场中实际承担了赌博经营活动中的具体工作内容，比如为赌客开设赌博账户、为赌客在网站赌博提供上下分服务，则不再是单纯的组织参与行为，而演变为与他人一起开设赌场的行为。

在《刑法修正案（十一）》修改前，组织参与国（境）外赌博行为作为开设赌场的帮助行为，原本属于开设赌场罪的规制范畴，尤其是“为赌博网站担任代理并接受投注”的行为，往往伴随组织参赌人员参与跨境赌博，由此二者呈现交叉重叠关系，难以准确区分。《刑法修正案（十一）》增设组织参与国（境）外赌博罪，即组织中华人民共和国公民参与国（境）外赌博，数额巨大或者有其他严重情节的。本罪与开设赌场罪的区分应以组织行为的控制力和作用力为考虑要素，单纯的聚集、招揽行为仅成立开设赌场的共犯，在司法实践中应警惕组织参与国（境）外赌博罪可能面临的扩张化、重刑化风险，应严格限定“组织”的成立范围。首先，“组织”概念本身具有特定内涵，王某在境内发展身边朋友、客户帮其注册账号网上赌博的协助行为的控制力和作用力有限，未能达到组织参与国（境）外赌博罪的组织的强度；其次，若将王某的协助行为认定为组织参与国（境）外赌博罪的帮助犯，其同时也构成开设赌场罪的帮助犯，将会导致两个罪名的难以区分，也未能凸显立法的独立价值；最后，如将控制力、作用力较弱的协助组织行为认定为组织参与国（境）外赌博罪的帮助犯，可能不当限缩上述行为的出罪空间，比如受雇佣为赌场从事接送参赌人员、望风看场等，除参与赌场利润分成或者领取高额固定工资的以外，一般不追究刑事责任。因此，王某担任赌博网站代理发展会员的行为，其组织行为的控制力、作用力均较弱，属于协助组织行为，应以开设赌场罪的帮助犯处理更为恰当，综合考虑跨境因素，可以在量刑上从重处罚。

（三）认定开设赌场罪之法理分析

1. 定罪规定明确

2020 年出台的《办理跨境赌博案件意见》规定：“以营利为目的，利用信息网络、通讯终端等传输赌博视频、数据，组织公民跨境赌博活动，有下列情形之一，担任赌博网站、应用程序代理并接受投注的”应认定为开设赌场罪，《办理跨境赌博案件意见》将组织、招揽中华人民共和国公民赴境外赌博的诸多情形归属于“开设赌场”的范畴，为开设赌场罪的司法适用提供了充分的规范依据，具有充分的法律依据，又有明确的量刑标准，认定开设赌场罪具有理论的正当性和实践的可操作性。本案中，王某明知俞某为境外赌博网站的工作人员，为获取赌客的洗码费，担任“欧亚国际”赌博网站的国内代理积极发展下线参与赌博，利用互联网注册赌博账号吸引赌客在境外赌博网站上赌博，其行为符合开设赌场罪的犯罪要件以及司法解释规定。

2. 量刑标准明确

组织参与国（境）外赌博罪作为《刑法》第303条第3款，刑法条文并未直接规定法定刑，而是表述为“依照前款的规定处罚”，属于援引规范，与开设赌场的处罚规定相比，该罪中的援引规范的明确性程序较低。[①]上述定量要素未予明确，且“依照前款的规定处罚”在司法实践中存在争议，在未出台任何规范解释的情况下，司法实践中难以对组织参与国（境）外赌博罪准确量刑。而开设赌场罪的相关司法解释，对网上开设赌场的定罪量刑标准、共同犯罪认定和处罚、网络赌博参赌人数、赌资数额和网站代理均有明确规定，本案中王某认识的老乡俞某长期在缅甸生活，通过聊天得知俞某在国外担任“欧亚国际”赌博网站的代理，后俞某发展王某作为“欧亚国际”赌博网站国内代理后，王某帮其发展国内下线赌客并为赌客开设赌博账户、为赌客在网站赌博提供上下分服务，王某通过收取洗码费的方式非法获利20余万元，根据开设赌场罪相关的司法解释，属于“情节严重”，与境外赌博网站的参与人员构成开设赌场罪的共犯。

3. 案例支撑

打击跨境赌博专项工作开展以来，全国公安部门共侦办各类跨境赌博及相关犯罪案件1万多起，移送审查起诉3万余人，根据目前公开的法律文书库检索，跨境赌博类案件以开设赌场罪、赌博罪定罪处罚。2025年1月，最高人民法院发布依法惩治赌博及关联犯罪典型案例，其中第3个案例，被告人吴某斌等组织参与国（境）外赌博案，为近年跨境赌博类案件中少有的认定为组织参与国（境）外赌博罪，但是，该案被告人吴某斌在澳门赌场开设赌博账户，通过电话邀集、当面招揽等方式，以旅游等名义组织境内公民出境赌博，并提供陪赌、结算、后勤保障等“全包式”服务，根据赌客在赌场赌资数额获取赌场返利，吴某斌的组织赌客出境的犯罪行为与本案王某在境内担任赌博网站代理发展会员的行为不同，综上，笔者认为当前在办理跨境网络赌博犯罪案件时，以开设赌场罪定罪处罚较为适宜。

① 参见最高人民法院刑事审判第五庭：《关于跨境赌博治理问题调研报告》，载《人民法院报》2023年8月18日。

借用资质型串通投标行为法律问题探析

——以张某甲等人串通投标案为例

张震宇　马　伟*

一、基本案情

2019年10月，安阳某医院门诊医技综合楼建设项目公开招标，张某甲为了达到中标该项目的目的，通过马某某、王某甲、王某乙联系到张某乙，让张某乙联系了三家公司参与该项目的竞标，三家公司分别为广某建筑集团有限责任公司（以下简称广某公司）、江西某工第一建筑有限责任公司（以下简称江西某工公司）和平煤某建工集团有限责任公司（以下简称平煤某公司），后找到四某工程造价咨询有限责任公司史某某、张某丙制作三家公司的投标预算（包含投标报价），并在张某乙的安排下，将投标保证金分别打入三家公司相关人员账户。投标前，因自认为平煤某公司信誉不好，得分较低，主动放弃该公司参与投标，仅利用广某公司和江西某工公司参与投标。

本项目参与投标的公司共计10家，其中张某甲一方借用2家公司资质参与投标，另有陈某某帮助他人借用2家公司资质（河南源某建筑有限公司和河南征某建筑工程有限公司）参与投标，其余6家公司是否借用他人资质参与投标无相关证据证明。

本项目招标投标采用综合评分法：商务标得分70分（包含投标报价、评价基准价、偏差率、分部分项清单、主要材料清单、措施项目清单），

---

* 张震宇，河南省安阳市汤阴县人民检察院党组书记、检察长；马伟，河南省安阳市汤阴县人民检察院一级员额检察官。

技术标得分 15 分（包含内容完整性和编制水平，施工方案和技术措施，质量管理体系与措施，安全管理体系与措施，环境保护管理体系与措施，工程进度计划与措施，拟投入资源配备计划，施工表进度或施工网络图，施工总平面布置图，在节能减排、绿色施工、工艺创新方面针对本工程有具体措施或企业自由创新技术）、信誉得分 10 分（包含投标人获最高质量奖、安全文明奖、建筑企业先进情况，ISO 质量、环境、职业安全健康管理体系认证情况，省市投标先进企业情况，承接过类似工程情况、拟派建造师获优秀项目经理情况）、现场考评得分 5 分。本次评标控制价为 9926.000601 万元，基准价 7682.3624 万元，下浮比例 F 值由参与投标的河南省某成建设工程有限公司现场抽取号码球 44 号，对应 F 值 11.52%。

本次招投标中，广某公司投标报价为 8782.995043 万元，偏差率最低，投标报价总分最高，相应商务标总分 69.31 分（第一），技术标得分 11.82 分（第一），信誉标得分 8.3 分（第三），现场考评得分 2.5 分（第六），综合评分为 91.93 分（第一），广某公司中标，中标金额约 8782.995043 万元。事后，张某乙、王某乙、尚某某获利共计 18 万元（包含资质使用费）。

二、意见分歧

关于张某甲等人的行为是否构成串通投标罪，存在以下分歧意见：

第一种意见认为，张某甲等人不构成串通投标罪。第一，张某甲等人不符合串通投标罪的主体要件。《刑法》第 223 条第 1 款规定：投标人相互串通投标报价，损害招标人或者其他投标人利益，情节严重的，构成串通投标罪。《招标投标法》第 25 条第 1 款规定：投标人是响应招标、参加投标竞争的法人或者其他组织；第 2 款规定：依法招标的科研项目允许个人参加投标的，投标的个人适用本法有关投标人的规定。本案中，张某甲等人系个人借用他人资质参与投标，非法人或其他组织，也非依法招标的科研项目，故不符合串通投标罪的主体要件。第二，张某甲等人不属于相互串通投标报价。所谓串通投标报价，是指两个以上的投标人在投标过程中，相互串通，暗中抬高或者压低投标报价。[①] 本案中张某甲等人借用 2 家公司资质参与投标，因 2 家公司均系其控制，实质上系一个主体参与投

① 参见刘艳红：《法定犯不成文构成要件要素之实践展开——以串通投标罪“违反招投标法”为例的分析》，载《清华法学》2019 年第 3 期。

标，不具备两个以上主体相互串通，暗中抬高或压低投标报价情形。第三，张某甲等人未损害招标人或投标人的利益。本案中，张某甲等人借用2家公司资质参与投标，只是增加中标的概率，而增加中标概率对其他投标方并没有实际可预见的损害，因为无论找多少公司参与投标，大家依然公平竞争，只是竞争对手的多少而已；2家公司在10家公司所占比例较小，对中标所起作用较小；对于招标方来说，有更多的竞争者参与投标，只要没有故意集体压低或抬高报价，对招标方没有损失。第四，张某甲等人的行为不属于情节严重。串通投标报价与中标、损失之间应有因果关系，如果投标报价不是中标的决定因素、重要因素，或者与损失之间没有因果关系，那么串通投标报价的行为不属于情节严重。本案采用综合评分法，投标报价不是中标的决定因素，与造成的损失之间没有因果关系，故不属于情节严重。

第二种意见认为，张某甲等人构成串通投标罪。第一，张某甲等人符合串通投标罪的主体要件。串通投标罪的主体不应限定在招标投标法的相关规定中，而应该在其自身体系内做实质解释。[①]《刑法》第223条仅规定投标人，而未限制是个人还是法人或组织。《刑法》第231条规定，单位犯本节第221条至第231条之规定，对单位判处罚金，并对直接负责的主管人员和其他直接责任人员，依照本节各该条的规定处罚。按照《刑法》自身体系来解释来看，第221条至第230条首先规定的是自然人主体，同时不排斥单位构成该章节犯罪。若不追究自然人主体责任，不利于打击犯罪，与串通投标罪所应保护的法益不相符。张明楷在《刑法学》（第六版）中认为，《刑法》第223条中的招标人与投标人，解释为主管、负责、参与招标、投标事项的人，而未限定为法人或组织。第二，张某甲等人行为属于投标人相互串通投标报价。张某甲等人借用2家公司资质参与投标，按照招标报价下浮的限价依阶梯价格排列编制了投标报价，符合《招标投标法实施条例》（以下简称《实施条例》）第39条规定的“不同投标人的投标文件由同一单位或者个人编制”情形，属于投标人相互串通投标。第三，张某甲等人的行为损害了招标人或其他投标人利益。串通投标的实质是数个投标人通过谋划，形成统一的意志，形式上的数个投标人成

---

① 参见刘艳红：《法定犯不成文构成要件要素之实践展开——以串通投标罪“违反招投标法”为例的分析》，载《清华法学》2019年第3期。

为事实上的一个投标人，限制或者破坏招投标的竞争性，损害招标人或者其他投标人的利益。[①] 刑法规定串通投标罪，目的在于通过刑罚这一严厉的手段来规范招标投标活动，促进当事人遵循公开、公平、公正以及诚实信用原则，保护国家利益、社会公共利益和招标投标当事人的合法权益。一人控制几家公司投标的行为，比与他人串通投标更为严重，举轻以明重，应当构成串通投标罪。[②] 张某甲作为实际投资者，借用2家公司资质投标同一项目，并决定2家公司的投标报价，其实质上就是2个投标主体相互串通投标报价的行为，符合串通投标罪第一款的规定。第四，张某甲等人的行为属于情节严重情形。根据2022年4月6日最高检、公安部《关于公安机关管辖的刑事案件立案追诉标准的规定（二）》第68条规定，投标人相互串通投标报价，或者投标人与招标人串通投标，涉嫌下列情形之一的，应予立案追诉：（3）中标项目金额在400万元以上的。该案中，张某甲中标项目的金额为8782.995043万元，已达立案追诉标准，属于“情节严重”。

三、意见评析

招标投标是市场经济发展的产物，是一种合理的资源配置方式，在一定程度上促进了经济繁荣，但是因为有利可图，滋生了一些破坏招投标的违法犯罪行为，故在1997年刑法中增加了串通投标罪，但是规定相对简略，加上没有相关配套司法解释，与1999年通过的招标投标法在投标人的认定和适用上存在一定分歧，给司法实践中串通投标罪的认定带来一定的困难。笔者赞同第二种意见，理由如下：

（一）关于串通投标罪犯罪主体的认定

1. 串通投标罪的刑事立法早于招标投标法的实施

串通投标罪是在1997年刑法修订时新增设的罪名，招标投标法是

---

① 参见李金升：《投标报价呈规律性差异构成串通投标罪》，载《中国招标》2015年第4期。

② 参见孙莉、范圣军、曲晓霖：《串通投标案件法律适用难点刍议》，载《山东警察学院学报》2023年第2期。

1999 年第九届全国人大常委会审议通过，并于 2000 年 1 月 1 日施行。刑法设立时的主体一般应当包括自然人，故串通投标罪在立法时的主体范围设定并没有也不可能援引或者参照招标投标法，那么在界定串通投标罪主体范围时，不能按照后施行的招标投标法限制刑事罪名的主体范围，即无须按照招标投标法限制为法人或其他组织。[①]

2. 刑法和招标投标法的违法程度不同，判断标准不同

刑法是规则具有严重社会危害性的犯罪行为，注重的是行为实质上的社会危害性，即是否实质破坏了招标投标市场的公平秩序，是否造成严重后果，而非形式上的主体身份，法律后果涉及剥夺、限制人身自由等刑事处罚。实践中，许多串通投标行为并非以法人名义实施，而是由自然人私下协商报价、操纵投标过程等方式破坏市场竞争秩序，损害招标人或国家、集体的利益。若仅因主体身份排除自然人刑事责任，将导致法律规制的漏洞，无法全面保护刑法所保护的法益。招标投标法作为行政经济法，其立法目的在于规范招标投标市场公平竞争秩序，确保招标投标活动的规范性和透明度，更强调形式上的合规性，法律后果以行政处罚、经济赔偿为主。招标投标法将投标人主体限定为法人或其他组织，是基于程序管理的便利性和市场准入的规范性考虑，如《招标投标法》第 26 条规定，投标人应当具备承担招标项目的能力，《建筑法》第 12 条规定，从事建筑工程施工企业、勘察单位、设计单位和工程监理单位，应当具备相应的资质和条件。自然人不可能具备上述条件，也就不可能参加工程招投标，故招标投标法将投标人限定为法人或其他组织。综上，将自然人作为串通投标罪的主体，既符合打击实质危害的要求，也确保了法律规制的完整性。

3. 串通投标罪的主体范围要在刑法自身的体系中进行实质的解释

从体系解释来看，在理解某一行为规范时，要结合整体刑法规范来看。从《刑法》第 223 条和第 231 条的规定来看，第 231 条是特别规定，单位犯本章节第 221 条至第 230 条规定之罪的，对单位判处罚金，并对其直接负责的主管人员和其他直接责任人员，依照本节各该条的规定处罚。从整体刑法体系来看，串通投标罪的主体是包含自然人的，若依据招标投标法的规定，将串通投标罪的主体限制为法人或其他组织，那《刑法》第 231 条岂不是多此一举。实践中发生的大量串通投标案件，自然人往往是

---

① 参见曹文婧：《串通投标罪司法适用研究》，南昌大学 2021 年硕士学位论文。

违法犯罪行为的策划者、推动者和执行者，将其纳入串通投标罪主体范围，能够更全面打击此类违法犯罪行为。当投标人只能是单位时，极易造成大量的自然人实施串通投标的行为不构成犯罪，也不能用行政法规来规制，形成司法空白，不利于规范人们的行为，容易造成市场的混乱，不符合刑法设定的初衷。[①]

4. 按照刑法解释原则解释“投标人”

界定一个概念，包括了对该文字的一般理解，以及一般人解读该文字所能接受的范畴。从本质上说，就串通投标犯罪而言，刑法与行政法所维护的法益是具有一致性的，市场竞争秩序既是行政法律规范要维护的，也是刑法要保护的法益。无论是法人还是自然人，只要实施了串通投标行为，扰乱公平的市场竞争秩序，侵犯了该法益，就符合设立本罪的目的，也没有违反罪刑法定的原则，[②] 对其主体的解释也未超过一般人能够接受的范畴。实践中，参与投标活动的人员既可能代表投标单位，也可能系个人擅自实施，如果反映的是单位意志，则可以按照单位犯罪处理，如果不能反映单位意志，应追究其个人刑事责任。在司法实践中，存在众多自然人构成本罪的案例。

另外，福建省高级人民法院、省检察院、省公安厅、省建设厅等部门联合召开座谈会，出台《办理串通投标犯罪案件有关问题座谈会纪要》（闽公综〔2007〕734 号），该会议纪要也是将投标人未限定为法人或其他组织，具有一定的参考意义。

本案中，张某甲借用广某公司和江西某工公司资质参与投标，指使史某某、张某丙编制投标文件，并决定了投标报价，其在 2 家公司串通投标中起到主要作用，工程中标后负责施工，张某甲可以认为是上述公司在该项目上的直接负责人，从实质上讲张某甲符合投标人的主体身份。因现有证据只能证实，广某公司和江西某工公司仅出借了资质，没有相关证据证实其知情、参与串通投标，故无法追究广某公司和江西某工公司的责任，仅能追究张某甲等人的刑事责任。

---

① 参见曹文婧：《串通投标罪司法适用研究》，南昌大学 2021 年硕士学位论文。

② 参见曹文婧：《串通投标罪司法适用研究》，南昌大学 2021 年硕士学位论文。

（二）关于相互串通投标报价的认定

1. 串通投标报价的法律渊源

串通投标罪入刑后，关于第1款中的“串通投标报价”的罪状描述未曾修改。串通投标报价最早出现在1993年12月1日实施的《反不正当竞争法》（已被修改）第15条规定：投标者不得串通投标，抬高标价或者压低标价；投标者和招标者不得相互勾结，以排挤竞争对手的公平竞争。“相互串通投标报价”是指投标人在投标中，包括投标前和投标过程中，串通一气，商量好抬高标价或者压低标价等行为，既包括多方相互串通，也包括一方与多方串通。现行的《招标投标法》第32条第1款规定：投标人不得互相串通投标报价，不得排挤其他投标人的公平竞争，损害招标人或其他投标人的合法权益。该条款中的“投标人不得相互串通投标报价”与“不得排挤其他投标人的公平竞争”是并列不同方式，而非递进关系。故理论界，一般也将“串通投标报价”解释为“抬高标价或者压低标价”。“抬高标价”通常表现为投标人通过私下协商，使部分投标人故意报出高于市场合理水平的价格，以确保特定投标人中标，从而损害招标人的利益；“压低标价”是指投标人串通后以异常低价投标，排挤其他竞争对手，待中标后再通过变更合同、降低质量等方式弥补损失，不仅扰乱市场秩序，还可能影响工程质量安全。

2. 只有串通报价才可能构成串通投标罪

虽然《招标投标法实施条例》在第39条列举了5种属于投标人相互串通投标的情形，在第40条列举了6种视为投标人相互串通投标的行为，但刑法规定的串通投标罪，要求投标人相互串通投标报价，即除串通投标行为外，还需要在投标报价上进行串通。

虽然抬高或压低标价通常是串通投标的常见手段，投标人串通抬高标价可能导致招标人支付更高费用，而压低标价可能排挤竞争对手，但中标后可能无法保证质量，从而损害了其他投标人或招标人的利益。但是法律并未将“实际影响标价”作为必要前提，即标价可能并未被明显抬高或压低，但是依然破坏了公平竞争，损害了其他投标人利益，也可能构成串通投标罪，如造成经济损失50万元以上，违法所得20万元以上，中标金额在400万元以上、采取威胁、欺骗或贿赂等非法手段。如果仅以“抬高或压价标价”为要件，大量违法犯罪行为将无法被追责，违背“同害同罚”

原则。故抬高或压低标价是串通投标的典型表现，但并非必要条件。

本案中，张某甲借用2家公司资质参与投标，2家公司的招标文件均由同一单位或个人编制，该行为属于行政法规制的串通投标行为；张某甲找人制作的招投标文件中包含了投标报价，该投标报价系由张某甲决定，故张某甲行为属于串通投标报价。张某甲通过个人实际控制行为，使得广某公司和江西某工公司在投标报价上进行了串通，符合2个主体串通投标报价。如果张某甲仅借用1家公司资质参与投标，并未对招标文件、报价进行控制，其属于《招标投标法实施条例》第42条第1款“使用通过受让或者租借等方式获得的资格、资质证书投标”的情形，《招标投标法》第33条规定的以他人名义投标情形，应属于行政法规制的范畴，不属于刑法规制的范畴。

（三）关于损害招标人或者其他投标人利益的认定

关于损害有两种解释，一种是有形的、实质的损害，如造成经济损失多少等；一种是抽象的损害，如对市场秩序的损害。本罪的客体是复杂客体，既包括正常的市场秩序，也包括国家、集体、公民的合法权益。《招标投标法》第5条规定：招标投标活动应当遵循公开、公平、公正和诚实信用的原则。损害国家、集体、公民的合法权益，既包括实际的损害，也包括抽象的损害结果。

本案中，张某甲等人不具备投标资格，而借用他人资质投标、中标，其行为一是损害了公平竞争的市场秩序，让其他真正有资质、有能力的投标人无法公平竞争。二是损害了招标人的利益，使得招标人无法在真实的市场竞争环境中筛选出最佳的中标人，增加了项目实施的风险；其没有相应的实力，在项目施工过程中，张某甲通过变更签证单、虚报土方运输距离和土方运输量的方式增加工程成本；为了弥补中标工程的施工成本及支付的资质使用费、管理费，获取更大的经济利润，采用多种不正当手段逼迫招标单位提供中标合同之外的工程，因无法达成一致意见，造成民生工程长期停产，给招标人和国家造成巨大的经济损失和负面影响。综上，张某甲等人的行为损害了招标人及其他投标人的利益。

（四）情节严重的认定

情节严重是区分罪与非罪的分水岭，情节一般由招标投标法调整，情节严重由刑法来调整。2022 年最高检、公安部《关于公安机关管辖的刑事案件立案追诉标准的规定（二）》规定应予六种立案追诉的标准。该规定是“情节严重”的具体认定标准，并非对本罪全部客观要件内容的阐明，也就是说，情节严重是一个定量标准，而定性取决于前面的客观行为。之所以将中标金额认定为 400 万元，主要理由是：2018 年国务院批准的《必须招标的工程项目规定》，与工程建设有关的施工单向合同估价在 400 万元以上的必须招标。因建筑工程领域的招投标项目金额一般很大，串通投标行为造成的后果也很大，将中标金额 400 万元列为立案追诉标准，会扩大串通投标罪的适用范围，增加犯罪数量，通过刑法的惩罚和预防功能来减少相关违法犯罪行为的发生；中标金额 400 万元相较于其它几项立案追诉标准易取证和认定。本案中，符合中标金额在 400 万元以上的条件，达到了情节严重的程度。

综上，张某甲符合串通投标罪的主体要件，符合串通投标报价的构成要件，损害了招标人和其他投标人的利益，也达到了情节严重的标准，构成串通投标罪。

十标九串，无标不围。围标、串标是扰乱招标投标市场秩序的源头，导致了很多非法分包和转包，为获利压缩了成本，催生了很多豆腐渣工程和不合格产品，必须引起高度重视并采取有效措施予以打击。只有这样，才能维护市场秩序，保障各方利益，促进经济社会的健康发展。

互利模式下娱乐经营场所为卖淫活动提供平台的行为认定

解维克　王　敏　王　蓉*

一、基本案情

2018 年 1 月至 2021 年 3 月，被告人孙某某伙同林某、侯某某在经营管理丽人餐饮娱乐有限公司（以下简称丽人 KTV）过程中，聘用被告人芮某、刘某某、王某某、朱某等 17 人担任总经理、总监，招聘营销经理（俗称“妈咪”），招募卖淫人员吴某某、胡某某、周某某等多人从事卖淫活动 140 余次。与传统的娱乐经营场所直接控制卖淫女，采取统一定价、收取嫖资、安排嫖客等管理方式从事卖淫活动不同，丽人 KTV 经营者以投资经营俱乐部为主，不直接参与具体卖淫活动，也不从嫖资中抽取利益，而是通过为“妈咪”“小姐”卖淫活动提供固定平台以刺激、带动 KTV 消费、提升客源，从而获取收益。从公司成立到案发期间，丽人 KTV 共获取营业收入 1.9 亿余元。

二、意见分歧

在办理本案的过程中，对这种互利模式下经营者行为的定性，存在以下三种不同意见：

第一种意见认为，被告人孙某某、林某、侯某某主观上没有组织“小

* 解维克，江苏省镇江市人民检察院党组副书记、副检察长；王敏，江苏省镇江市人民检察院行政检察部门检察官助理；王蓉，江苏省丹阳市人民检察院第六检察部副主任。

姐”出台卖淫的故意，客观上未对卖淫活动实施严格的管理控制，卖淫人员对外从事买卖性服务不受丽人 KTV 管控，其行为不构成犯罪。

第二种意见认为，丽人 KTV 经营者构成容留卖淫罪。KTV 股东及高层管理人员未实际参与卖淫活动的协商与管理，未从嫖资中获利，组织结构松散，“妈咪”和“小姐”是否卖淫、何时向何人卖淫出于其个人意愿，娱乐场所经营人员仅在一定程度上放任、容留卖淫，对此承担相应罪责。

第三种意见认为，娱乐场所经营者构成组织卖淫罪。孙某某、林某、侯某某对丽人 KTV 坐台、出台卖淫活动吸引客人获取利益系主观明知，其通过签订高额销售目标、督促完成业绩、提示查处力度等制度积极为卖淫活动搭建平台，实施变相控制，符合组织卖淫罪的构成要件。

三、意见评析

笔者同意上述第三种意见。具体分析如下：

（一）娱乐经营场所为卖淫活动提供平台的行为构成组织卖淫罪

从组织卖淫罪的立法沿革看，我国 1979 年刑法没有设定组织卖淫罪、协作组织卖淫罪等罪名，只在第 140 条和第 169 条规定了强迫妇女卖淫罪和引诱、容留妇女卖淫罪。[①] 1991 年全国人大常委会通过了《关于严禁卖淫嫖娼的决定》（以下简称《决定》，部分失效）增加了组织他人卖淫罪，并设置了有期徒刑为十年的量刑起点。1997 年刑法首次在刑法中规定了组织卖淫罪，并将量刑起点从有期徒刑十年降低至有期徒刑五年。这一立法修订反映了立法者对组织卖淫犯罪活动社会危害性及其刑罚配置的重新认识。值得注意的是，1997 年刑法对组织卖淫罪是以简单罪状的形式进行描述，并未对其行为和特征进行说明，关于“情节严重”和“情节特别严重”在当时也未予以明确。2015 年《刑法修正案（九）》取消了组织卖淫

---

① 1979 年 7 月 1 日通过的《刑法》第 140 条规定：“强迫妇女卖淫的，处三年以上十年以下有期徒刑。”第 169 条规定：“以营利为目的，引诱、容留妇女卖淫的，处五年以下有期徒刑、拘役或者管制；情节严重的，处五年以上有期徒刑，可以并处罚金或者没收财产。”

罪中的“情节特别严重”情形，同步废除了死刑规定，改为无期徒刑。2017年“两高”《关于办理组织、强迫、引诱、容留、介绍卖淫刑事案件适用法律若干问题的解释》（以下简称《解释》）对涉卖淫类犯罪作出进一步细化解释，对组织卖淫罪的概念、认定、量刑等问题进行了回应，将管理或者控制他人卖淫3人以上的认定为组织他人卖淫。

根据《解释》第8条第1款第3项的规定，容留未成年人、孕妇、智障人员、患有严重性病的人卖淫的，容留一人即构成容留卖淫罪。如果行为人虽然实施了组织行为，但被组织卖淫人员的人数不到三人的，这种情况下只能依法降格作容留或介绍卖淫处理。《解释》第1条规定，以招募、雇佣、纠集等手段，管理或者控制他人卖淫，卖淫人员在三人以上的，应当认定为《刑法》第358条规定的“组织他人卖淫”。组织卖淫者是否设置固定的卖淫场所、组织卖淫者人数多少、规模大小，不影响组织卖淫行为的认定。最高人民法院、最高人民检察院1992年12月11日印发的《关于执行〈全国人民代表大会常务委员会关于严禁卖淫嫖娼的决定〉的若干问题的解答》（以下简称《解答》，已废止）规定，组织他人卖淫罪，是指以招募、雇佣、强迫、引诱、容留等手段，控制多人从事卖淫的行为。按照对刑法词义的一般理解，多人就是指三人以上。《解答》虽然已经废止，但是《解释》吸纳了《解答》的合理规定，将组织卖淫罪中被组织卖淫人员的人数明确规定为三人以上。

本案中，“妈咪”“小姐”等多人在娱乐场所内招揽客人，从事卖淫活动并非偶然、自发的零散行为，而是形成了普遍、规模现象，从微信聊天、转账记录以及被告人供述等证据均证实从事卖淫人员高达上百人，卖淫140余次。经营管理者招聘“妈咪”从业人员，设定业绩和提成刺激制度，下达订房任务，“妈咪”组内招募“小姐”，在自上而下设定的框架内鼓励卖淫女出台卖淫，以稳定增加客源提高订房和高额酒水消费收入从而牟取巨大营业利益的目的。这种卖淫活动实际系人为组织控制，将单个的、零散的个体变相纠集，依靠相对固定场所或俱乐部、KTV等集中实施卖淫，形成一定规模和聚集效应，应构成组织卖淫罪。

（二）组织卖淫罪与容留卖淫罪的界分

组织卖淫是通过招募、雇佣、纠集等手段实现对相对松散卖淫活动的整合、管理与控制，客观方面多表现为利用相对固定场所，制定上下班、旷工等严格制度，设定卖淫时间、地点、价格等控制、指挥多人卖淫。组织者与卖淫人员之间存在着管理与被管理、控制与被控制的关系，这是本罪区别于其他卖淫相关罪名最本质的特征。虽然组织卖淫罪也有“容留”行为，但组织卖淫中的引诱、容留与单纯的引诱、容留卖淫还是有质的区别的：组织卖淫中的引诱、容留，体现的是组织性，是为组织卖淫服务的，作为组织卖淫的一种手段，即行为人以组织者的姿态来接收卖淫女，只要加入这个组织，就必须接受这个组织的各种制度和管束。而单纯的引诱、容留卖淫，体现的是便利性，即为卖淫人员提供便利条件，不参与组织管理活动，其本身是犯罪客观方面的基本内容，而没有发展到组织卖淫的程度。

本案中，是明显具有管理、控制特征的，并不是单纯的容留卖淫。娱乐场所、俱乐部等通过搭建平台，以严格的利益传导为模式，设立分级、考勤等风险防控和奖惩制度实现对卖淫人员的控制与管理。第一，KTV 将管理层、“妈咪”“小姐”的收入与业绩捆绑，上述人员只有完成订房任务和业绩指标才能获得高额提成。反之，未完成任务或违约者，按规定罚款或自己花钱订房，致使“妈咪”在签订业绩协议后需要不断督促“小姐”完成任务，尽可能满足客人需要，包括出台卖淫，以实质利益约束控制卖淫链条。第二，娱乐场所内“小姐”必须经介绍或同意才能出台卖淫，要服从管理，不同卖淫行为嫖资标准不同。此外，如上所述，KTV 还分别制定考勤、休假、轮房、陪餐、服装等制度和惩罚措施，实施对卖淫行为以及人员控制。第三，KTV 通过不同会议，由经营者向管理层、管理层向“妈咪”、“妈咪”向“小姐”传达各项任务要求，实现制度化管理。此外，俱乐部制定了严格的分级以及定期会议等风险防控制度，根据“小姐”形象将卖淫人员区分不同等级，并对其主动吸引客源进行目的性培训，鼓励、支持“小姐”出台卖淫。为逃避打击或查处，娱乐场所经营者采取了严格的反侦查措施，明面上规定“禁止在 KTV 场所卖淫”“不得从事有偿陪侍”，实际固定安排望风人员通知，定期对“妈咪”“小姐”进行模拟检查演练，设计盘问说辞，安排脱逃路线等，严令要求“小姐”等人聊天记录中不得出现“出台”等敏感词，以其他用词代替。每天由专人检查手机记录和转账信息，当日清除，使得卖淫活动更加隐蔽，以保障娱乐场所运转有序。

实际上，随着社会发展和行为人反侦查能力的提高，组织卖淫的组织行为也存在一个变迁过程。最初的阶段，行为人往往通过扣押卖淫人员财物、证件等方式实现对卖淫者人身自由的控制，并直接控制定价、收取嫖资、约定分成，甚至直接揽客，可以说事无巨细，以保证卖淫活动处于自己的绝对管理或控制之下。后在扫黄重压之下，一些娱乐场所、洗浴中心等被查风险升高，于是部分不法分子摆脱场所限制，利用网络等手段将零散的单个卖淫行为组织起来，既突破地域、人数限制，扩大卖淫的范围，又便于逃避执法人员的追查。近年来，组织卖淫活动越发呈现产业地下化趋势，卖淫人员对组织者的人身依附性降低，组织者与卖淫者更多的是一种管理与合作的关系，组织者提供场所，建立"管理制度"，搭建平台供"妈咪"和"小姐"开展卖淫活动，不从嫖资中获益，而是通过卖淫活动带动娱乐场所消费来获取利益，可以说与卖淫者形成一种共生现象，相互依靠、相互促进。

（三）组织卖淫罪与协助组织卖淫罪的界分

协助组织卖淫罪是从组织卖淫共同犯罪中的帮助行为中独立出来，单独成罪。关于二者之间的关系，有观点认为应当以是否具有组织卖淫的共同故意进行区分。数人主观上具有共同组织卖淫的故意，并在该故意指引下客观上实施了组织卖淫行为，都应当按照组织卖淫罪定罪处罚。[①] 笔者认同该观点，当前卖淫的日常活动分化出不同的分工方式和工作程序，如招募、管理、运送、财务、安保等。就组织者与协助组织者的关系而言，组织者在整个卖淫体系中处于关键和核心地位，位于犯罪金字塔上层，负责全面领导卖淫组织，其清楚地知道自身行为会发生卖淫者与嫖客发生性关系之结果，为牟取非法利益仍制定内部制度和运行规则，起到控制和管理卖淫活动全过程的作用。协助组织卖淫行为人一般从属于组织卖淫者，这类人员在卖淫活动中主要扮演配角角色，地位较低，多按老板安排负责招募、运送人员或充当保镖、打手、管账人等，主要是协助、帮助作用，不存在对卖淫活动的管控职能。

司法实践中通常不可能离开组织卖淫罪而单独认定协助组织卖淫罪。换言之，协助组织卖淫罪的成立以他人实施组织卖淫罪的构成要件为前

① 孙华璞：《组织卖淫罪从犯与协助组织卖淫罪关系问题的研究（下）》，载《人民法院报》2017年6月7日。

提，协助者的行为依附于组织者。如果不存在正在组织他人卖淫或将要组织他人卖淫的行为人，则招募、运送者的辅助作用便无从实现。虽然实践中也存在组织者自身从事协助性质的行为，如A设立休闲会所，组建卖淫团伙，管控调度卖淫人员从事卖淫活动，同时其也自己直接参与发放招嫖卡，管理账目等辅助事务。但总的来说，A协助行为的范围相对较小，其整体开设卖淫场地、纠集招募卖淫人员、控制或者管理卖淫活动、招揽嫖客等都是组织卖淫的行为内容。即使除去A从事的辅助性事务，卖淫活动也能继续开展，只是会增加一定难度，但并不会直接导致组织卖淫活动不能成立。然而，招募、运送以及保镖、打手、管账等人员侧面对推进卖淫活动进行的协助行为却不可能主导卖淫活动的运营。

本案中，涉案人员孙某某、林某、侯某某的行为属于“组织性”还是“帮助性”应结合具体案情分析。首先，若认定孙某某、林某、侯某某行为是协助组织卖淫罪，如上所述，其依附于组织卖淫罪，则本案中组织者归罪于谁俨然成为问题。下游的经理、“妈咪”人员众多，各人分工不一，要实现管理、控制整个卖淫链条和卖淫人员不具有操作性，不可能成为卖淫活动的组织者，孙某某、林某、侯某某更不能是“协助者”。其次，从孙某某、林某、侯某某行为客观行为分析，其利用娱乐场地，招聘管理人员、“妈咪”等人通过签署业绩协议层层传导，客观促成管理层、“妈咪”安排“小姐”卖淫方式吸引客人消费，进而增加KTV营业收入，三人实施了一定的组织手段。另外，孙某某、林某、侯某某三人为保障卖淫活动顺利开展，制定了一系列制度措施，包括考勤、休假、轮房、服装、逃避检查应急处理等制度，以实现对卖淫人员的控制和管理。因此，该三人的行为并非简单的“协助”他人，其位于卖淫链条金字塔结构中的上层，自始至终主导、控制整个卖淫犯罪活动，符合组织卖淫罪的构成要件。

2022年1月29日，检察机关以孙某某、林某、侯某某涉嫌组织卖淫罪依法提起公诉。2023年4月21日，法院判决三人犯组织卖淫罪，判处有期徒刑十一年至六年不等。

四、案外思考

不同于以往的组织卖淫行为，当前实践中出现娱乐场所经营人员利用会所作为平台，通过设定业绩管理、考勤奖惩、人员分级、风险防范等措施，以严格利益为传导促成管理层、“妈咪”“小姐”等人在其搭建的框架体系内从事卖淫活动。经营者对卖淫人员人身自由剥夺或财物控制性降低，彼此形成共生现象，其运作模式和盈利模式并未改变管理或控制他人卖淫这一本质特征。检察机关在办案过程中，应当重点从是否对卖淫活动进行了整合、调度、约束等行为判断组织卖淫罪的“管理”和“控制”要件，从手段目的、主导地位出发区分与容留卖淫、协作组织卖淫的关系。

《检察调研与指导》征稿启事

《检察调研与指导》创刊于 2014 年，是最高人民检察院法律政策研究室和中国检察出版社共同主办的公开发行的唯一综合性连续出版物。

《检察调研与指导》以指导开展检察理论研究工作以及检察业务调研工作为宗旨，立足于新时代检察理论与实践研究，努力打造为广大检察干警了解最高检重要工作部署、学习交流办案经验，发表调研成果并参评“全国检察机关调研骨干人才”的重要平台，具有很强的实践性、指导性、权威性。

《检察调研与指导》服务检察，面向基层，内设特稿、专题研讨、调研聚焦、实务研究、案例剖析等栏目，与时俱进深化法律监督理念创新。特稿，围绕新时代检察工作新发展，刊发最高人民检察院领导对检察工作的重要讲话及理论文章，尤其是法律政策研究工作的展望与部署；专题研讨，每辑确定一个重点专题，集中刊发与法律政策研究室当年工作重点相关的研究成果、实务探讨等文章；调研聚焦，围绕当下检察理论与实践，刊发法律分析准确、透彻，逻辑性和说理性较强的理论调研文章；实务研究，围绕“在办案中监督，在监督中办案”，刊发创新开展“四大检察”业务工作的经验做法、实务研究成果等文章；案例剖析，刊载的文章体例固定，内容为地方检察院办理的具有影响力、可供其他院借鉴的典型案例及分析。

此外，为丰富检察机关的文化生活，展示检察人员的业务素能和精神风貌，《检察调研与指导》封二刊发全国检察机关工作人员拍摄的以一年四季风景为主题的摄影作品，要求作品为原创，符合社会主义核心价值观要求，弘扬主旋律，传递正能量，JPEG格式，建议横版，高清原图，可作必要的后期处理，但不得通过技术合成等方式改变作品原貌，并附注作品名称，拍摄者姓名、单位职务及联系方式。

欢迎各级检察院及检察官投稿。

《检察调研与指导》编辑部

2024年10月

《检察调研与指导》征订单

《检察调研与指导》是由最高人民检察院法律政策研究室和中国检察出版社共同编辑出版的连续出版物。《检察调研与指导》服务检察，面向基层，内设特稿、专题研讨、调研聚焦、实务研究、案例剖析等栏目，对广大检察干警了解检察工作重要部署、学习交流办案和调研经验、提高调研能力和水平，具有很强的促进和指导作用。

为进一步扩大《检察调研与指导》连续出版物的影响力，《检察调研与指导》2025 年面向全国公开发行，请各级检察机关积极订阅。

《检察调研与指导》全年共 4 辑，每辑定价 60 元，全年定价 240 元（免邮寄费）。可通过中国检察出版社官网进行网上征订（www.zgjccbs.com）。中国检察出版社将以网上征订平台上确认的信息作为发书的依据，请尽量使用网上征订平台，如无法网上订阅，请填写附件回执（复印有效），并传真至出版社。

中国检察出版社

2024 年 10 月

2025 年《检察调研与指导》订阅回执单

（汇款必传）

<table>
<tr><td>订购单位名称</td><td colspan="2"></td><td>收书人</td><td colspan="2"></td></tr>
<tr><td>地　址</td><td colspan="2"></td><td>电话（手机）</td><td colspan="2"></td></tr>
<tr><td colspan="3">单位统一信用代码</td><td colspan="3"></td></tr>
<tr><td colspan="3">电子发票接收邮箱</td><td colspan="3"></td></tr>
<tr><td colspan="3">名　称</td><td>定　价</td><td>订　数</td><td>金　额</td></tr>
<tr><td colspan="3">2025 年《检察调研与指导》</td><td>240.00</td><td></td><td></td></tr>
<tr><td colspan="2">合计金额（大写）</td><td colspan="4">万　　仟　　佰　　拾　　元整</td></tr>
<tr><td colspan="6">备注：款到后三个工作日，发票发送至您的邮箱！</td></tr>
</table>

订购方式说明

第一种：网站订购（www.zgjccbs.com）（不用发传真、款到开票）
1. 网站下单，直接在线支付（微信、支付宝）
2. 网站下单，银行汇款需备注订单编号后 6 位数字
网站订购负责人　张惠 010-86423745、18101137669　技术咨询 010-86423763

第二种：微信订购（仅支持微信在线支付）
1. 使用微信扫描右侧二维码可直接在线订购
2. 了解最新书讯请关注“中国检察出版社”微信公众号

第三种：传真订购
书款汇至出版社账号后，请传真订书回执单至 010-68659465

中国检察出版社账户信息
户　名：中国检察出版社有限公司　　**开户行：**建设银行北京西山枫林支行
账　号：11050164860000000056　　**行　号：**105100050751

中国检察出版社联系人：
盛　丹 010-86423727　18101137660（微信同号）传真 010-68659465
（北京、天津、山西、陕西、河北、黑龙江、吉林、辽宁、内蒙古、青海、山东）
董艳芬 010-86423726　18101137661（微信同号）传真 010-68659465
（河南、浙江、江苏、安徽、上海、福建、甘肃、江西、新疆、西藏）
薛建娜 010-86423728　18101137662（微信同号）传真 010-68659465
（广东、广西、海南、重庆、四川、云南、贵州、湖北、湖南、宁夏）